思想政治教育 优博文库

教育部思想政治工作司
全国高等学校思想政治教育研究会 组织编写

政治教育学范畴研究

ZHENGZHI JIAOYUXUE FANCHOU YANJIU

黄少成 ◎ 著

知识产权出版社
全国百佳图书出版单位

图书在版编目（CIP）数据

政治教育学范畴研究 / 黄少成著. —北京：知识产权出版社，2015.5
（思想政治教育优博文库）
ISBN 978-7-5130-3171-4

Ⅰ. ①政… Ⅱ. ①黄… Ⅲ. ①思想政治教育—教育学—研究 Ⅳ. ①D64

中国版本图书馆CIP数据核字（2014）第273764号

内容提要

本书按照逻辑范畴体系结构的一般原则，结合政治教育学研究领域的特殊矛盾和规律，确立了政治教育学范畴的逻辑结构。这个结构就是以政治教育学基项范畴为基础，以中心范畴为轴心，从逻辑起点经过逻辑中项到逻辑终点的逻辑范畴结构体系，即以政治文化为基项范畴，教育主体与教育客体为中心范畴，政治认知为起点范畴，政治情感、政治价值观和政治认同为中项范畴，政治参与为终点范畴的逻辑结构体系。同时，还明确提出了认知构建、情感培养、认同培育、技能训练、参与引导等介体范畴。政治教育学范畴及其逻辑结构体系的确立，为政治教育学理论及学科研究提供了思路，对思想政治教育领域的理论研究和创新具有重要的启示作用。

责任编辑： 李海波　　**责任出版：** 孙婷婷

政治教育学范畴研究

黄少成　著

出版发行： 知识产权出版社有限责任公司	**网　址：** http://www.ipph.cn
电　话： 010—82004826	http://www.laichushu.com
社　址： 北京市海淀区马甸南村1号	**邮　编：** 100088
责编电话： 010—82000860转8582	**责编邮箱：** 277199578@qq.com
发行电话： 010—82000860转8101 / 8029	**发行传真：** 010—82000893 / 82003279
印　刷： 北京中献拓方科技发展有限公司	**经　销：** 各大网上书店、新华书店及相关专业书店
开　本： 720mm×1000mm　1/16	**印　张：** 13.75
版　次： 2015年5月第1版	**印　次：** 2015年5月第1次印刷
字　数： 216千字	**定　价：** 42.00元

ISBN 978-7-5130-3171-4

总 序

2014年是思想政治教育学科设立30周年。为深入学习贯彻党的十八大和十八届三中全会精神，全面总结思想政治教育学科设立30年来取得的成绩和经验，提升思想政治教育学科研究生的培养质量和创新能力，推动思想政治教育学科建设和人才培养，在教育部思想政治工作司指导下，全国高等学校思想政治教育研究会从2014年起组织开展“全国高校思想政治教育专业优秀博士学位论文”评选活动。

经过部直属高校及各地思研会遴选推荐、全国高校思研会组织专家评审，首批思想政治教育专业优秀博士学位论文已经揭晓。这些获奖论文选题紧扣思想政治教育领域规律性、前沿性问题，具有较高理论价值和较大学术创新贡献，一定程度反映了思想政治教育理论研究和实践探索相关领域的重要进展和最新成果，对推动学科发展、理论和实践创新产生了积极影响，是大学生思想政治教育创新发展的宝贵财富。

为进一步推动成果交流、转化和应用，为广大思想政治教育专业优秀博士毕业生出版理论和实践研究成果搭建平台、创造条件，教育部思想政治工作司、全国高等学校思想政治教育研究会联合知识产权出版社共同建立《思想政治教育优博文库》，为“全国高校思想政治教育专业优秀博士学位论文”评选活动获奖论文提供出版资助。

学术有幸，薪火相传，希望广大思想政治教育专业博士生树立问题意识，开展行动研究，聚焦当前时代的重点难点问题，回应重大理论现实关切，着眼指导和服务实践，坚持理论联系实际，通过扎实研究，深入探索，推出有影响力和感染力的高质量研究成果。

教育部思想政治工作司
全国高等学校思想政治教育研究会
2014年12月

序

思想政治教育学作为一门独立的学科，自1984年建立至今刚好30年。30年来，思想政治教育学在结构论、过程论、方法论、价值论、环境论、管理论、创新论、发展论等基础理论研究方面取得较为丰富的成果，并已逐步构建起比较完整的学科体系。在思想政治教育的基本理论、学科建设取得成效并逐步完善的同时，如何遵循学科建设与发展的内在逻辑，探索思想政治教育理论创新深化发展的新路径，成为思想政治教育学科建设的瓶颈和重要议题。

自1997年赴德国法兰克福大学访学开始，我便开始关注、瞄准并一直坚守国外政治教育（公民教育）比较研究这一领域，并组建了较为固定的研究团队。

通过对国外政治教育（公民教育）较为系统的梳理和较为深入的研究，特别是对德国政治教育的研究，我们发现，西方国家特别是德国不仅十分重视政治教育，而且无论作为学术研究对象，还是教育的实践形态，政治教育都是一个相对独立的领域。在德国大学，政治教育多划属政治学、社会学学科领域，并设置了政治教育（教学法）专业，道德教育则分属于教育学或伦理学学科。在教育实践中，政治教育与道德教育也属于两个相对独立的实践领域，基本上不交叉。国外政治教育和道德教育理论研究与实践活动实际，为我们的研究提供了启示。

在我国，思想政治教育包含了政治教育、道德教育和思想教育等方面的主要内容。一定意义上，思想政治教育成为思想教育、政治教育、道德教育的辩证统一体。但是，同作为教育社会实践活动，思想教育、政治教育、道德教育既相互区别又相互联系，三者有着各自的特征和规律。特别是政治教育和道德教育作为两种不同类质的教育实践活动，其产生根源、理论基础、施教规律，以及人的政治素养和道德素养形成发展过程等方面的差异，使得政治教育和道德教育的实践及其理论存在着本质上的差异。深入到思想政治教育的内部，分别对政治教育和道德教育开展研究，更好地把握政治教育和道德教育各自的特点和规律，再来深入推进思想政治教育的研究，不乏为推进思想政治教育研究的重要维度。其中，作为思想政治教育的核心内容，对政治教育开展专门研究并在思想政治教育学之下建立一门政治教育学，成为思想政治教育学细化、深化发展的必然结果。

博士生黄少成正是在这样的背景下，开展了博士论文《政治教育学范畴研究》选题研究工作。对政治教育学范畴开展研究，实际上是依次回答这三个问题：一是为什么要建立政治教育学；二是如何建立政治教育学（为什么要研究政治教育学范畴）；三是如何研究并确立政治教育学范畴。

围绕这三个问题，整个研究有着比较清晰的逻辑线索——政治教育学是思想政治教育学之下一门相对独立的学科。这个逻辑线索是作者以理论思辨的方式，在回答一系列问题形成的思想萌动中勾勒出来的。这一系列的问题包括：政治教育的内涵；政治教育与道德教育、思想教育、思想政治教育的关系；范畴、具体科学范畴、政治教育学范畴各自的含义；政治教育学范畴与政治教育的要素、政治学范畴、教育学范畴、思想政治教育学范畴之间的关系；政治教育学的学科归属、学科属性、研究对象，以及政治教育学范畴确立的依据和原则等。这一系列问题的思辨阐述构筑起整个研究的基本框架和内容。

《政治教育学范畴研究》一书，是以黄少成博士的学位论文《政治教育学范畴研究》为基础，经过修改完善后的最终成果。作为思想政治教育理论创新成果，本书有着较为显著的特色和优点。

第一，系统地梳理并辨析了与政治教育学及其范畴相关的几组关系。该研究在首先梳理并界定政治教育内涵的前提下，分别论证了政治教育与道德教育、思想教育、思想政治教育之间的关系，重点阐述了对政治教育开展专门研究并在思想政治教育学之下建立政治教育学的重要性和必要性。同时，按照“具体—抽象—具体”的原则，在分别界定“范畴—具体科学范畴—政治教育学范畴”内涵的前提下，辨析了政治教育学范畴与政治教育的要素、政治学范畴、教育学范畴、思想政治教育学范畴之间的关系，力图为后文确立政治教育学范畴提供清晰的概念标准，界定学科研究的场域。

第二，综合运用了逻辑与历史相一致和历史与逻辑相一致的研究方法。综观全书，政治教育学范畴研究不仅遵循了逻辑与历史相一致的基本原则，而且巧妙地运用了历史与逻辑相一致的研究方法。在政治教育学范畴研究中，遵循逻辑与历史相一致，就是要求对政治教育学学科及其范畴的研究，必须遵循人的政治素养形成发展的自然历史规律和对人进行政治教育的自然历史规律。历史与逻辑相一致，就是对实践及历史的研究与探索，必须在已有的或已被证明的理论逻辑的指导下获得规范和发展。政治教育学范畴研究与探索的过程，就是运用范畴逻辑论探索并确立政治教育学范畴及其结构的过程。政治教育学范畴研究运用逻辑与历史相一致和历史与逻辑相一致的研究方法的过程实质是马克思主义唯物史观和唯物辩证法的深刻体现。这为政治教育学范畴研究提供了科学的方法论指导。

第三，抽象并确立了政治教育学的范畴及其体系。该研究按照逻辑范畴体系结构的一般原则，结合政治教育学研究领域的特殊矛盾和规律，确立了政治教育学范畴的逻辑结构。这个结构就是以政治教育学基项范畴为基础，以中心范畴为轴心，从逻辑起点经过逻辑中项到逻辑终点的逻辑范畴体系的结构。正是在这种结构的指引下，该研究按照一一对应的方式，抽象出政治教育学的一定意义上的基本范畴，并确立了政治教育学逻辑范畴所对应的类属概念，即政治教育学的基项范畴对应政治文化，中心范畴对应教育主体与教育客体，起点范畴对应政治认知，中项范畴对应政治情感、政治价值观、政治认同，终点范畴对应政治参与。政治教育学的范畴正是按照这种逻辑推导的方式被确立下来。

另外，随着国内政治实践特别是政治教育实践活动的发展，政治教育社会实践和理论领域中的某些概念已经成为政治教育学中的重要专业术语。政治教育学的建立可以说已经具备了一定的实践和理论基础。一定意义上，探索确立政治教育学范畴的过程，就是将现有重要的专业理论术语按照一定的规则进行思辨、推导、组合的过程，这个过程实质也是抽象过程的高级阶段。政治教育学范畴研究的关键，不仅在于探索、推导或最终确定了多少个新的重要概念（或者范畴），更重要的是如何将这些抽象的且政治教育领域已有的专业术语，恰如其分地嵌入到政治教育学范畴的逻辑结构对应的位置中去。因此，该研究最大突破之一，不仅是明确提出了这些范畴，更重要的是将政治文化、教育主体与教育客体、政治认知、政治情感、政治价值观、政治认同、政治参与等范畴，确立在政治教育学逻辑范畴体系结构应有的位置中。

第四，一定意义上体现了本体论、认识论、方法论的学术研究思想。基于范畴的哲学属性，对政治教育学范畴的研究，一定意义上也属于哲学的基础理论研究的范畴。传统哲学往往是以本体论、认识论和方法论为支柱建立起来的学问。其中，本体论研究何物存在及以何种方式存在，认识论研究的是以主体为中心的事物之间的相互关系，方法论则是研究物质变化的规律和基本方式。本书在研究过程中，一直试图贯穿本体论、认识论和方法论三位一体的哲学学术理路和学术思想，并运用这一思想指导政治教育学范畴研究的深入与推进，进而构建政治教育学范畴研究的较为完整的理论架构。具体而言，政治教育学范畴研究中的本体论，主要论述了政治文化与政治教育的关系，着重强调了政治文化在政治教育中的基础性作用，包括政治文化为政治教育提供了赖以存在的土壤和给养，政治文化的内在要素、结构及其矛盾蕴含着政治教育基本矛盾的胚芽，同时政治教育的主要目的在于维持、发展、创造特定的政治文化，政治教育的本质属性、阶级属性及价值取向也是由历史的、特定的政治文化所决定等；认识论包含了对政治教育与道德教育实践活动及理论关系的认知与辨析，人的政治素养的形成发展和对人进行政治教育规律的认知，以及对拟定的政治教育学范畴及其在范畴体系中逻辑位置的认知和论述；方法论包含对政治教育学范畴在政治教育学建立中的方法功能的阐述，以及在政治教育实践活动中，能够体现和反映教育方法的范畴的论证和阐述。

正是在科学研究的一般目的（揭示规律）的指引下，同时按照哲学和具体科学研究的基本学术思路，该研究初步确立了政治教育学范畴研究的基本理论构架及政治教育学范畴逻辑结构体系，即政治教育学范畴体系是以政治文化为基项范畴，教育主体与教育客体作为中心范畴，政治认知为起点范畴，政治情感、政治价值观和政治认同为中项范畴，政治参与为终点范畴确立起的基本逻辑结构。同时，该研究还提出了认知建构、情感培养、认同培育、技能训练、参与引导等介体范畴，丰富了政治教育学范畴体系结构与内容。

我想，也正是基于上述特色和优点，黄少成博士的学位论文《政治教育学范畴研究》才能获评2013年度全国高校思想政治教育专业优秀博士学位论文（注：全国共8篇）。

尽管如此，政治教育学范畴研究作为一项基础理论研究，其在广度和深度上仍有很大欠缺。这包括政治教育学范畴的逻辑结构能否支撑起政治教育学学科的基本骨架，政治教育学逻辑范畴与对应类属概念是否具有一致性，在现有的政治教育学范畴的同一层次上是否确立了所有应该确立的范畴等。

总体上，本书初步以范畴的形式确立起政治教育学的基本构架，为政治教育学理论及学科研究提供了思路，为思想政治教育学创新研究开辟了新的路径。同时，本书的思路和方法，对于思想政治教育领域的理论研究和创新具有重要的启示作用。

中国地质大学（武汉）党委副书记、博士生导师

傅安洲

2014年仲夏于武汉

前　言

理论的发展源自实践的发展，同时，理论发展的水平取决于人类认识事物的水平。新的学科的建立同样源自实践发展的需要，也是人类认识和科学理论发展到一定水平的必然结果。

一、政治教育学范畴研究的必要性与重要性

政治教育学范畴研究不是对已经建立起来学科的范畴开展研究，而是对一门尚未建立的学科的范畴进行探索。目的是通过首先确立政治教育学的范畴来构建政治教育学学科体系。基于此，政治教育学范畴的研究实质包含着两个层面的问题：一是对政治教育学建立的必要性和重要性开展研究；二是对政治教育学范畴及其体系相关问题的研究。对政治教育学建立的必要性与重要性开展研究，是对政治教育学范畴开展研究的前提条件。只有在这一前提成立的情况下，政治教育学范畴的研究才具有实际意义。

必要性是指事物发展的规律性。具体到社会实践活动中，表示某项工作必须这样做，否则就不符合事物发展的基本规律。本研究中所述的政治教育学，是以马克思主义理论一级学科为依托，在思想政治教育学二级学科之下建立的一门下位学科。思想政治教育学经过30年的建设与发展，已经构建起比较完整的学科体系。学界一般认为，思想政治教育包含了政治教育、道德教育和思想教育等方面的主要内容。在一定意义上，思想政治教育成为思想教育、政治教育、道德教育的辩证统一体。但是，同作为教育社会实践活动，思想教育、政治教育、道德教育既相互区别又相互联系，三者有着各自的特征和规律。基于政治教育和道德教育在产生根源、理论基础、施教规律，以及人的政治素养和道德素养形成发展过程等方面的差异，政治教育和道德教育的实践及理论存

在本质上的差异。深入到思想政治教育的内部，分别对政治教育和道德教育开展研究，以更好地把握政治教育和道德教育各自的特点和规律，成为思想政治教育研究的重要维度。其中，作为思想政治教育的核心内容，对政治教育开展专门研究并在思想政治教育学之下建立一门政治教育学，就成为思想政治教育学细化、深化发展的必然结果。

重要性指的是事物发展的作用与意义。理论的发展源自实践，同时理论的发展对实践具有重要的指导意义。政治教育学的建立正是源于现实政治发展的需要，同时，它作为专门的、系统的理论，也会对我国政治教育实践产生重要的指导作用。在当前及今后很长一段时间内，随着我国社会经济成分、组织形式、物质利益、就业方式日益多样化，人们思想活动的独立性、选择性、多样性、差异性都会持续显著增加。同时，西方敌对势力不断加紧对我国实施“西化”“分化”策略，社会主义主流意识形态也将在未来很长时间内面临严峻挑战。在全社会开展专门的政治教育社会实践活动，对于推进社会主义民主政治建设，培育践行社会主义核心价值观，增强全体社会成员对中国特色社会主义道路、中国特色社会主义理论及中国特色社会主义制度的自信，以及提升国家政治文化软实力具有重要的现实意义。

二、政治教育学范畴研究的内容

对政治教育学范畴的研究，也需要从两个层面进行。一是关于政治教育学范畴基本理论问题的研究。这一层面主要以范畴的哲学内涵为依据，通过探索范畴的古汉语词义、具体科学范畴的内涵，深刻分析作为政治教育学上位学科[1]的思想政治教育学范畴的含义、特征、结构、功能、研究缘起及发展的趋势，比较借鉴、辨析厘定政治教育学范畴的含义，确立政治教育学的研究对象，澄清政治教育学范畴与政治教育的要素、政治学的范畴、教育学的范畴及

[1] 在教育部关于学科体系的划分中，只有学科门类、一级学科、二级学科之分，并没有对二级学科下的学科进行分类，同时也没有“上位学科”和“下位学科”之分。本研究为了更好地对思想政治教育及所属的学科进行归类，使用了便于理解的“上位学科”和“下位学科”两个概念。这里的“上位学科”特指“思想政治教育”这个二级学科，“下位学科”在这里指思想教育、政治教育和道德教育等。

思想政治教育学的范畴的关系，明确政治教育学范畴的学科领域。只有熟练把握了政治教育学范畴的理论特点，才能准确地在政治教育学的领域中筛选、概括、提炼出政治教育学的范畴。

二是关于政治教育学范畴逻辑结构的研究。一门学科的范畴，按照不同的分类方法有不同的层次和类别。在形式上，范畴作为该门学科领域中的基本理论单位——概念，数量之巨难以穷尽。因此，本书对政治教育学范畴的研究，更多的是探索该门学科中体现和反映政治教育学研究领域最基本、最重要特性的那些概念，即一定意义上的政治教育学的基本范畴。这些范畴不是各自独立的，而是按照一定的规律和原则相互关联的范畴体系。其中的规律即人的政治素养形成发展的规律，其中的原则即范畴逻辑结构必须遵循的“逻辑起点—逻辑中项—逻辑终点”的原则。同时，政治教育学范畴逻辑行程必须与人的政治素养形成发展规律相符合、相一致。这一规律和原则，为最终确定政治教育学范畴提供了研究方法与学术路径。

按照人的政治素养形成和发展的一般规律，本书确立了政治教育学范畴的一般的、共同的逻辑结构，这个结构就是由基项范畴、中心范畴、起点范畴、中项范畴、终点范畴及介体范畴等逻辑标识（或逻辑指代）构建起来的逻辑体系。只要找到与这个标识（或指代）相对应的类属概念，就确立了本研究所探索的政治教育学的范畴。笔者认为，政治教育学范畴的逻辑结构体系，是以政治文化为基项范畴，教育主体与教育客体为中心范畴，政治认知为起点范畴，政治情感、政治价值观和政治认同为中项范畴，政治参与为终点范畴的逻辑结构体系。同时，研究中还明确提出了认知构建、情感培养、认同培育、技能训练、参与引导等介体范畴。总体上，本研究共分为三大部分，共计10章，具体如下。

第一部分主要围绕政治教育这一核心概念，论述建立政治教育学的必要性与重要性。

一是以马克思主义基本理论为指导，以国内政治学、思想政治教育学等学科关于政治教育及相关概念的理解为基本依据，借鉴美国、德国等西方主要国家政治教育相关理论的概念，辨析政治教育的内涵。全面梳理30年来国内关于政治教育研究的基本情况，总结前期相关研究成果，客观评价前期研究取得的成果和不足之处，分析政治教育及相关研究的发展趋势。厘定政治教育与思想政治教育、思想教育和道德教育之间的关系，重点阐述政治教育和道德教育这两种不同施教规律的社会实践活动的异同，从学理上论证建立政治教育学的必要性。

二是分析政治教育社会实践活动与社会政治经济形势的深刻变化、提升国家的软实力、落实科学发展观的人本思想、培育践行社会主义核心价值观及社会主义民主政治建设等方面的相互关系，阐述开展政治教育的实践意义。通过论证政治教育学范畴作为理论工具的功能与作用，阐述政治教育学范畴研究对于政治教育学自身学科体系、思想政治教育学科体系建设的作用及理论意义。

三是以科学研究发展的一般历程和新的学科建设发展的基本规律为依据，论述思想政治教育学和政治教育学之间的关系，辨析并界定政治教育学的学科属性及学科归属。同时，通过政治教育学的上位学科——思想政治教育学研究对象确立的学术思路，探索确立政治教育学的研究对象。

第二部分主要阐述政治教育学范畴的基本理论，论述政治教育学范畴的含义，梳理与政治教育学范畴相关的几组关系，阐述政治教育学范畴的特征、功能和范畴确立的基本原则。

一是追溯范畴的哲学内涵。从《范畴篇·解释篇》对范畴的释义为起点，系统地梳理亚里士多德、康德及黑格尔关于范畴含义的嬗变过程，从哲学认识论的视角辨析范畴这一概念的内涵，为界定政治教育学范畴的内涵确立理论依据。从马克思、恩格斯、列宁、毛泽东的范畴认识中，抽象出马克思主义经典作家关于范畴的唯物辩证法思想，为构建政治教育学逻辑范畴体系奠定基础。

二是辨析政治教育学范畴的含义，阐述几组相关概念的关系。以范畴的哲学内涵为依据，通过探索范畴的古汉语词义、具体科学范畴的内涵，深刻分析作为政治教育学上位学科的思想政治教育学范畴的含义、特征、结构、功能、研究缘起及发展的趋势，比较借鉴、辨析厘定政治教育学范畴的含义。基于政治教育学的相关概念与相关学科的紧密联系，在明确政治教育学范畴含义的基础上，进一步澄清政治教育学范畴与政治教育的要素、政治学的范畴、教育学的范畴及思想政治教育学的范畴的关系，明确政治教育学范畴的学科领域。

三是分析政治教育学范畴的特征、功能，确立探索政治教育学范畴的基本原则。以辩证唯物主义认识论为基础，阐述政治教育学范畴的客观性与主观性、抽象性与具体性、阶级性与科学性、开放性与稳定性相统一的基本特征，并确立政治教育学范畴体系“逻辑起点—逻辑中项—逻辑终点”的逻辑行程与人的政治素养形成发展规律的一致性，以及范畴自身的规律性、承载性和可知性原则，为最终确定政治教育学范畴提供研究方法与学术路径。

第三部分以范畴体系的一般逻辑结构为基本原则，确立以政治文化为基项范畴，教育主体与教育客体为中心范畴，政治认知为起点范畴，政治情感、政治价值观和政治认同为中项范畴，政治参与为终点范畴的政治教育学逻辑范畴结构体系，并对上述范畴逐一论述。

一是界定政治教育学逻辑基项范畴的含义和特征，辨析政治教育学基项范畴——政治文化的内涵，阐述政治教育与政治文化之间的关系，论证政治文化作为政治教育学基项范畴的特征和意义。

二是界定政治教育学中心范畴的含义，分析政治教育学中心范畴与基项范畴之间的关系，辨析政治教育学中心范畴——教育主体与教育客体的内涵，论证教育主体与教育客体作为政治教育学中心范畴的特征和意义。

三是界定政治教育学起点范畴的含义，辨析政治教育学起点范畴——政治认知的内涵，论证政治认知作为政治教育学起点范畴的特征和意义。

四是界定政治教育学终点范畴的含义，辨析政治教育学终点范畴——政治参与的内涵，论证政治参与作为政治教育学终点范畴的特征和意义。

五是界定政治教育学中项范畴的含义，分别辨析政治教育学中项范畴——政治情感、政治价值观、政治认同的内涵，论证政治情感、政治价值观、政治认同作为政治教育学中项范畴的特征及意义。

三、政治教育学范畴研究的学科意义

政治教育学学科构建的意义是在研究政治教育学范畴基础上自然衍生而来的。因为范畴作为理论知识抽象后的概念和理论单元，具有很多方法上的功能，包括理论认知功能、逻辑推演功能及摹写现实功能等。研究政治教育学的范畴，把握范畴之间的逻辑关系，构建政治教育学范畴体系，就搭建起了政治教育学学科体系的基本骨架，对于政治教育学学科建设具有重要作用。同时，政治教育学的建立，实际上也是政治教育实践活动的理论系统化、科学化、学科化的过程。

第一，政治教育学的建立，有利于进一步总结国内外政治教育的实践经验和理论成果，促进政治教育理论的科学化与系统化。政治教育学作为思想政治教育学的下位学科，具有独特的借鉴、整合、汇聚功能。政治教育是随阶级和国家产生而产生的一种意识形态鲜明的教育实践活动，已经历经了漫长的历史发展时期。同时，当代资本主义国家开展的政治教育活动及其理论成果，为我国的政治教育及理论研究提供了重要启示。在思想政治教育学之下建立政治教育学，对于系统地总结梳理各个历史时期的政治教育的经验，运用马克思主义的基本原理、立场、方法，借鉴分析资本主义国家政治教育的有益成果，不断汲取中国特色社会主义最新的相关理论成果，进一步强化政治教育的地位和作用，都具有十分重要的意义。

第二，政治教育学的建立，有利于其上位学科——思想政治教育学的深入发展。一方面，从思想政治教育到政治教育的研究过程，是一个从一般到个别、从共性到个性的研究过程，反映的是思想政治教育的研究达到一定高度以后，要求进一步深化和细化的过程；另一方面，只有通过学科细化，深入到思想政治教育活动的内部，分别对其所内含的思想教育、政治教育、道德教育的过程进行研究和比较，探明各自的基本内涵、特点和规律，才能对思想政治教育的一般进程和共性规律进行更高层次的提炼、概括和总结。归纳起来，可以将思想政治教育与政治教育研究过程，概括为“思想政治教育研究—政治教育研究—思想政治教育研究”的过程。这一过程是思想政治教育学研究深化与细化的必然趋势，对丰富思想政治教育学理论研究具有重要意义。

第三，政治教育学的建立，有利于政治教育学自身学科及政治教育理论系统的发展。一直以来，政治教育学的概念、内涵等相关的基本理论，都散落在政治学、教育学及思想政治教育学等学科之中。在思想政治教育学之下，系统地构建政治教育学，深入探索并集中阐述政治教育学的基础理论，将使其以更加明确的研究对象、规定性的学科范畴，引领学界深入推进政治教育学学科建设与发展，更好地拓展政治学、教育学和思想政治教育学等学科领域的广阔学术空间。政治教育学学科体系包含政治教育学的原理论、政治教育规律论、政治教育价值论、政治教育机制论、政治教育学方法论等内容，政治教育学的建立将成为政治教育学学科体系构建的基础和核心内容。

目　录

第一章 绪论

随着社会政治实践与理论及政治教育实践与理论的快速发展，以完整系统的政治教育理论指导政治教育实践的要求越来越迫切。同时，作为思想政治教育的主要内容之一，对政治教育开展专题研究，也是深化思想政治教育研究的重要维度。

第一节 选题依据和研究意义

一、选题依据

思想政治教育学经过30年的建设与发展，在结构论、过程论、方法论、价值论、环境论、管理论、创新论、发展论等基础理论研究方面取得了较为丰富的成果，已经构建起比较完整的学科体系。尽管如此，从思想政治教育理论与实践活动所包含的内容或涉及的领域来看，思想政治教育仍然存在着一系列尚待深入研究的课题。

思想政治教育的基础理论认为，思想政治教育包含了政治教育、道德教育和思想教育三个方面的主要内容。其中，思想教育是先导，政治教育是核心，道德教育是基础。在这一学术思路的指导下，思想政治教育一直作为政治教育、道德教育和思想教育的辩证统一体得到丰富和发展。如果将思想政治教育这一相对宏观的、整体的层面作为一个研究维度，那么，深入到思想政治教育活动的内部，分别对其所包含的政治教育、道德教育和思想教育进行研究，就成为另一个重要的研究维度。从理论研究的视角看，只有深入到思想政治教育所包含的政治教育、道德教育和思想教育的内部，探明其各自特点、规律，才可能更准确地提炼、概括思想政治教育的一般特点与规律。当对思想政治教育的一般特点与规律有了比较准确的把握之后，对政治教育、道德教育和思想教育各自特点与规律的探讨才可能进一步深化。❶

从政治教育实践对理论的需求及目前学科建设情况来看，系统的、专门的指导政治教育的社会实践活动的理论还没有完全构建起来。与政治教育相关的学科主要是政治学、教育学和思想政治教育学，但是在这些学科中将政治教育及相关内容作为重点进行专门研究和论述的内容并不多。

在政治学中，政治教育是重要概念之一。但是，政治学研究的是以国家为中心的人类社会政治现象及其发展规律，其内容主要包括政治、阶级、国家、国体、政党、政权等。❷政治教育在政治学中属较为边缘化的概念，政治学中对政治教育着墨并不重。

在教育学中，政治教育的概念和内涵，主要出现在德育相关的论著之中。但德育相关的论著，又以道德教育为主要内容，政治教育并不居于主导地位。鲁洁教授的《德育新论》可以视作代表。❸因此，对政治教育实践活动的理论指导不可能由一级学科教育学来完成，也不可能由德育学来完成。

在国内，目前对政治教育的研究主要置于二级学科思想政治教育学中。但是，作为一门二级学科，思想政治教育学有其特有的研究重点和长期以来形成的学术理路。思想政治教育学也难以完成对政治教育实践活动的理论指导。

第一，思想政治教育学在政治教育相关理论内容上的研究严重缺失。思想政治教育学作为一门二级学科，经过30年的建设和发展，尚处在构建学科体系的阶段。尽管思想政治教育学已经把政治教育纳入其研究视域，但仅仅是作为教育内容体系的组成部分。因此，思想政治教育学在论述思想政治教育的过程、规律、环境、机制、原则、方法、价值及其实现等方面并没有把政治教育作为专门的内容进行探索，也没有开展与政治教育相关的专门研究。

---

❶ 沈壮海. 思想教育、政治教育、道德教育过程之比较分析［J］. 教学与研究，2004（6）：83.

❷ 王浦劬. 政治学基础［M］. 北京：北京大学出版社，2006：20.

❸ 鲁洁，王逢贤. 德育新论［M］. 南京：江苏教育出版社，1994：91.

第二，思想政治教育学建立在政治教育和道德教育功能融合和两者作为辩证统一体共同规律的基础之上。思想政治教育实质是政治教育、思想教育和道德教育的集合体。思想政治教育学隐含着两个基本假设：其一，政治教育和道德教育是同类质的社会实践活动；其二，政治教育和道德教育有着共同的施教规律。因此，在思想政治教育实践活动方面，既要对社会成员灌输政治观念和政治信仰，也要对其进行道德规范和道德理想的教育。在理论建设方面，政治认知与道德认知、政治信仰与道德信仰、政治行为与道德行为等都被集合在一起进行阐释和理解。将政治教育和道德教育作为统一体进行研究可能导致两个后果：一是道德教育泛政治化，即在道德教育的理论和实践中渗透政治教育的内容；二是政治教育作为一项专门的社会实践活动没有得到应有的重视，政治教育的地位和作用没有凸现。

从政治与道德的特点和政治教育与道德教育施教规律的区别而言，对政治教育和道德教育分别开展研究，是学术理论研究与政治、道德实践发展必须相符合的、客观的、必然的要求和趋势。开展政治教育专题研究既是深化思想政治教育研究的重要路径，也是顺应思想政治教育实践与理论发展趋势的重要一环。

在学科建设方面，研究对象和学科范畴是建立一门学科的基石。同样，政治教育学的建立，必须倚赖其特有的研究对象和学科范畴。本研究在论证确立政治教育学研究对象的基础上，探索并拟定政治教育学的范畴，构建政治教育学的范畴体系，旨在为建立一门政治教育学奠定基础。

二、研究目的

政治教育学范畴研究是具有中国特色、中国风格、中国气派的自主性研究。这一自主性研究的前提是以马克思主义基本理论为指导，以当前我国政治实践及发展现实和思想政治教育的基本理论内容为依据，以深化思想政治教育研究为目的，借鉴参考国内相关学科和其他国家政治教育理论体系的研究，促进政治教育学及其范畴体系科学化的过程。在经济全球化背景下，实现政治教育理论科学形态，成为增强一国与他国对话能力的重要途径之一。具有中国特色、中国风格、中国气派的政治教育理论实现其科学形态的目的，就是使这些理论能深层次地解释和解决自己的问题。因此，结合政治教育的本土经验，厘定政治教育理论中一系列概念、方法、分析框架，使之成为政治教育社会实践活动中有用的工具，并界定使用这些概念工具的限度，是政治教育理论研究的重要目标。

政治教育学范畴是政治教育理论及知识体系中最重要的概念，是构建政治教育学学科体系最基本的理论单元。对政治教学范畴开展研究，是政治教育理论研究的基本任务，也是政治教育理论实现其科学形态的基本任务。本研究在马克思主义基本理论的指导下，充分借鉴思想政治教育学范畴研究思路和国外政治教育基本理论概念与研究方法，探索确定政治教育学的范畴，并分析政治教育学范畴的特征与功能，厘清政治教育学与其范畴之间的逻辑关系，从而为在思想政治教育学之下建立一门政治教育学，进一步形成具有中国特色、中国风格、中国气派的政治教育理论奠定基础。

三、研究意义

研究政治教育学范畴的主要目的是在思想政治教育学之下构建政治教育学。政治教育学范畴研究的意义包括政治教育学范畴自身的功能与作用，以政治教育学范畴为基础建立起来的政治教育学的实践和理论意义。

1. 政治教育学范畴的作用

第一，政治教育学范畴的认知作用。政治教育学范畴是对政治教育学丰富理论知识高度概括抽象后的一系列概念，是认识和把握政治教育的本质和规律的基本理论工具。研究探索政治教育学范畴及其体系，有利于深刻认识政治教育社会实践活动的本质及规律，有利于较为系统地掌握政治教育学理论知识。

第二，政治教育学范畴对学科的构建作用。政治教育学范畴是构建政治教育学学科体系的基本理论单元，同时也是政治教育学学科网络上的纽结。研究政治教育学的范畴，把握范畴之间的逻辑关系，构建政治教育学范畴体系，实质就搭建起了政治教育学学科体系的基本骨架，对于政治教育学学科建设具有重要作用。

第三，政治教育学范畴的思维工具作用。政治教育学范畴的思维工具作用首先体现在对范畴探索的思维方式上，包括剖析政治教育学范畴内在的矛盾、推演政治教育学范畴从个别到一般的运动过程、实现政治教育学范畴的新旧转化等思考辨析的方式方法等。其次，政治教育学范畴的思维工具作用在很大程度上展现的是政治教育学学科建设的思维方式和方法。政治教育学范畴一定程度上反映的是政治教育实践活动中具有本质性和规律性的内容，其范畴及体系拓展到哪里，政治教育学学科网络就延伸到哪里。作为认知手段和思维方式，政治教育学范畴的运动思辨过程对政治教育学学科的研究具有重要启示意义。此外，政治教育学范畴的方法作用还体现在范畴摹写现实的功能等。

2. 政治教育学学科建设的实践意义

政治教育学学科建设的实践意义主要体现在其对政治教育社会实践活动的指导作用上。政治教育重点是解决社会成员对国家、阶级、社会制度等重大政治问题的立场和态度，形成和发展反映一定社会、阶级利益和发展要求的政治共识，具有明显的表达和实现一定阶级利益的政治倾向性，因此开展政治教育具有十分重要的意义。

重视政治教育是社会政治经济形势深刻变化的必然要求。目前，我国已进入改革发展的关键时期，经济体制深刻变革，社会结构深刻变动，利益格局深刻调整，思想观念深刻变化[1]，人们思想的独立性、多变性、选择性、差异性增强；社会还存在着许多不和谐因素，一定范围的社会冲突和群体性事件时有发生，影响社会稳定。同时，随着人们自主性意识的提高，其社会参与、表达政治诉求的愿望和公民权利意识不断增强。重视并有效开展政治教育活动，有利于整合社会政治资源，提高社会成员的政治素质；有利于拓宽社会成员民意表达渠道，使党和政府与社会更好地沟通；有利于引导民众合理表达情绪、有序参与社会，协调不同群体的政治社会利益关系。重视并加强政治教育，使社会成员树立共同的政治理想，进而为构建充满生机与活力的和谐社会提供支撑力、凝聚力。

---

[1] 中共中央关于构建社会主义和谐社会若干重大问题的决定［EB/OL］.（2006-10-18）. http://www.china.com.cn/policy/txt/2006-10/18/content_7252336_4.htm.

重视政治教育是提升国家软实力的必然要求。国家软实力包括国家的社会凝聚力、文化和意识形态的吸引力、控制国际规则和机制的能力等。随着经济全球化的深入发展，国际力量对比出现新的态势，全球思想文化交流交融交锋呈现新的特点，发达国家在经济、科技等方面仍占优势[1]，以政治文化为内核的文化和意识形态的冲突也越来越激烈。政治文化是经过长期社会历史过程在人们内心积淀、形成的相对稳定的政治认知、政治信念和政治态度的综合[2]，是政治体系存在的隐形结构和重要基础，是一个国家软实力的重要内容。政治教育是政治文化变迁和发展的基本途径和手段，并贯穿于政治文化发展的始终，发挥着维持、改变、创造政治文化和整合政治亚文化的重要作用。重视并加强政治教育的实践活动是承袭政治文化，增强以政治文化为核心的国家吸引力、凝聚力、向心力，提升国家软实力的必然要求。

重视政治教育是科学发展观人本思想的必然要求。党的十七大指出："科学发展观第一要义是发展，核心是以人为本，基本要求是全面协调可持续，根本方法是统筹兼顾。"人本思想要求将满足人的合理需要、发挥人的主体性、促进人格完善、实现人的全面发展作为一切工作的出发点和宗旨。政治教育的重要作用在于培养社会成员独立的认知能力、正确的政治价值观念，增强社会成员作为主人翁的政治参与意识，培育社会成员自主自立的人格意识。因此，加强政治教育对深入贯彻落实科学发展观，强化以人为本思想，促进人的全面发展具有重要意义。

重视政治教育是培育和践行社会主义核心价值观的必然要求。党的十八大报告明确提出，将建设社会主义民主政治等六个方面作为"逐步实现全体人民共同富裕，建设富强民主文明和谐的社会主义现代化国家"的重要内容，并号召亿万人民沿着中国特色社会主义的政治道路前进。[3]要使我国社会主义民主政治展现出更加旺盛的生命力，政治教育是调动亿万人民在政治实践中的积极

---

❶ 中共中央关于加强和改进新形势下党的建设若干重大问题的决定［EB/OL］.（2009-09-27）. http://news.xinhuanet.com/politics/2009-09/27/content_12118429.htm.

❷ 孙东方，傅安洲. 政治文化与政治教育［J］. 学校党建与思想教育，2006（6）：20.

❸ 胡锦涛. 坚定不移沿着中国特色社会主义道路前进 为全面建成小康社会而奋斗——在中国共产党第十八次全国代表大会上的报告［N］. 人民日报，2012-11-09.

性、创造性，发挥他们在政治实践中的主体性和主人翁意识的重要途径。同时，党的十八大报告明确提出，倡导富强、民主、文明、和谐，倡导自由、平等、公正、法治，倡导爱国、敬业、诚信、友善，积极培育社会主义核心价值观。[1]在新的历史时期，重视加强政治教育，坚持正确导向，提高引导能力，壮大主流思想舆论，对于我们坚定中国道路、弘扬中国精神、凝聚中国力量、实现中国梦，具有重要的现实意义。

同时，加强政治教育对于社会主义政治文明建设具有重要意义。社会主义政治文明建设已成为当前和未来重要的任务之一。政治文明建设是一项庞大的系统工程，包括政治制度文明、政治意识文明和政治行为文明等方面，总体表现为政治制度的完善和政治生活的进步。政治教育对政治意识文明和政治行为文明建设起着重要的促进作用，同时，它又受制于政治制度文明建设。因此，重视并加强政治教育也是实现社会主义政治文明的重要途径。

3. 政治教育学学科建设的理论意义

政治教育学学科构建的意义是在研究政治教育学范畴基础上自然衍生而来的。政治教育学的建立，实际上也是政治教育实践活动的理论系统化、科学化、学科化的过程。

第一，政治教育学的建立，有利于进一步总结国内外政治教育的实践经验和理论成果，促进政治教育理论的科学化与系统化。政治教育学作为思想政治教育学的下位学科，具有独特的借鉴、整合、汇聚功能。政治教育是随阶级和国家产生而产生的一种意识形态鲜明的教育实践活动，已经历经了漫长的历史发展时期。同时，当代资本主义国家开展的政治教育活动及其理论成果，为我国的政治教育及理论研究提供了重要启示。在思想政治教育学之下建立政治教育学，对于系统地总结梳理各个历史时期的政治教育的经验，运用马克思主义的基本原理、立场、方法，借鉴分析资本主义国家政治教育的有益成果，不断汲取中国特色社会主义最新的相关理论成果，进一步强化政治教育的地位和作用，都具有十分重要的意义。

---

[1] 胡锦涛. 坚定不移沿着中国特色社会主义道路前进 为全面建成小康社会而奋斗——在中国共产党第十八次全国代表大会上的报告［N］. 人民日报，2012-11-09.

第二，政治教育学的建立，有利于其上位学科——思想政治教育学的深入发展。一方面，从思想政治教育到政治教育的研究过程，是一个从一般到个别、从共性到个性的研究过程，反映的是思想政治教育的研究达到一定高度以后，要求进一步深化和细化的过程；另一方面，只有通过学科细化，深入到思想政治教育活动的内部，分别对其所内含的思想教育、政治教育、道德教育的过程进行研究和比较，探明各自的基本内涵、特点和规律，才能对思想政治教育的一般进程和共性规律进行更高层次的提炼、概括和总结。归纳起来，可以将思想政治教育与政治教育研究过程，概括为“思想政治教育研究—政治教育研究—思想政治教育研究”的过程。这一过程是思想政治教育学研究深化与细化的必然趋势，对丰富思想政治教育学理论研究具有重要意义。

第三，政治教育学的建立，有利于政治教育学自身学科及政治教育理论系统的发展。一直以来，政治教育学的概念、内涵等相关的基本理论，都散落在政治学、教育学及思想政治教育学等学科之中。在思想政治教育学之下，系统地构建政治教育学，深入探索并集中阐述政治教育学的基础理论，将使其以更加明确的研究对象、规定性的学科范畴，引领学界深入推进政治教育学学科建设与发展，将会更好地拓展政治学、教育学和思想政治教育学等学科领域的广阔学术空间。政治教育学学科体系包含政治教育学的原理论、政治教育规律论、政治教育价值论、政治教育机制论、政治教育学方法论等内容，政治教育学的建立将成为政治教育学学科体系构建的基础和核心内容。

第二节　研究现状和发展趋势

一、国外研究现状

政治教育作为一项社会实践活动在西方国家普遍存在。西方国家及其学者都宣称其相关的教育是中立性的活动，不带有政治倾向性。因此，除极少数国家，如德国，将与意识形态相关的教育称为“政治教育”（Politische Bildung）

外，西方主要资本主义国家一般不使用政治教育这一意识形态鲜明的概念，而是以政治社会化或公民教育替代政治教育的概念或者政治教育的社会实践活动，以此掩盖其教育的政治倾向性。

当然，不使用政治教育这一概念，不表明西方国家就没有与政治教育相关的社会实践活动，更不表明没有与政治教育相关的概念、理论和思想。相反，美国的公民教育，德国的政治教育，英国、法国等国的公民教育及其良好的成效，都充分显示出西方发达国家成熟的政治教育理论与实践所发挥的作用。总体而言，尽管国外没有或者很少直接使用政治教育的概念，也鲜见政治教育学及其范畴的论著，但是它们却有着丰富的政治教育理论及相应的流派，特别是当代德国的政治教育实践与理论及其相关概念、西方其他国家政治社会化与公民教育理论及其相关概念，仍然是中外相关学术领域关注和研究的重点。

1. 德国政治教育实践与理论及其相关概念研究状况

德国政府和社会各界历来重视政治教育在政治宣传、政权巩固、社会转型中发挥的作用。在当代德国，政治教育研究领域是发展成熟、学者众多、成果极为丰硕的学术领域，有关政治教育的著作浩如烟海，正如英国当代教育学家杰弗里・罗伯茨在2002年的《议会事务》上提到的，“德国是欧洲少有的政治家、学者和其他专家都普遍关注政治教育的国家”。可见，对德国的政治教育研究状况进行概述具有一定的代表意义。西方学术界对德国政治教育及其理论的研究，主要体现在德国学者对德国政治教育的研究。其研究状况概括起来有以下几个方面。

（1）德国学术界对政治教育理论研究的流派众多，并产生了一大批知名学者。比较著名的政治教育研究流派及代表人物，如精神文化教育理论的代表李特（Theodor Litt，1880—1962）和斯普朗格（Eduard Spranger，1882—1963）、合作教育理论的代表欧廷格（Friedrich Oetinger）和特奥多・威廉（Theodor Wilhelm）、交往行为理论的代表哈贝马斯（Jurgen Habermas，1929—）、政治教育冲突理论及批判理论的代表基泽克（Hermann Giesecke，1932—）、理性教育理论的代表苏特（Bernhard Sutor，1930—）、宽容教育理论的代表加格尔（Walter Gagel，1926—）等，他们的研究集中在政治教育基本原理、政治社会化理论、政治教育教学法、政治教育史等方面。

（2）德国政治教育研究的理论成果十分丰硕。德国每年都会出版大量的政治教育著作，2010—2011年，联邦政治教育中心出版的著作清单（含书籍、期刊、音像制品等）每年都长达100多页，仅2012年1月至3月，这一数据就达到了24页，呈现出政治教育理论发展与学术思想争鸣的局面。

（3）尽管众多流派和丰富的理论成果中没有专门关于政治教育学及其范畴的论著，但是不同流派和相应理论都提出了其重要的概念（或范畴）。如精神文化学派提出了陶冶、修养、精神、文化等范畴，合作教育理论学派提出了合作、体验、责任、权利等范畴，交往行为理论学派提出了交往行为、生活世界、交往理性等范畴，政治教育冲突理论及批判理论学派提出了冲突、利益、责任等范畴，理性教育理论学派提出了政治理性、规范政治、理智、人性等范畴，宽容教育理论学派提出了宽容、尊重、批判等范畴。不同理论学派提出的范畴总体上集中围绕政治教育、政治文化、政治认知、政治认同、政治参与等基本概念阐述和辨析，并形成了相应的理论成果。其中，政治教育是以人的独立价值和人的自由发展为出发点，倾向于经过锻炼和培养而达到一定的政治素质或水平，其目的是促进民众对政治事件真相的认识，强化民主意识，增强参与政治合作的准备；政治认知是指认识、理解各种政治现象，获得政治知识的含义，也指人们政治认知的水平和政治认知的能力，是一个包括政治认知活动、认知水平、认知能力等更为宽泛的概念；政治认同是指人们的一种政治心理，是特定政治主体在与政治系统发生作用时，基于政治认知、政治判断而产生的政治情感、政治态度和价值取向；政治参与是公民“采取恰当的方式和途径参与政治的能力”和有效的政治参与行为，是民主政治教育的最高目标。[1]

此外，其他国家对德国的政治教育理论也有较为深入的研究。国外研究当代德国政治教育的学者主要有美国印第安纳大学的约翰·帕特里克（John J. Patrick）、美国公民教育中心执行主席查尔斯·奎葛莱（Charles N. Quigley）、耶鲁大学的彼得·盖伊（Peter Gay）、英国的欧本海姆（A. N. Oppenheim）、日本的青木武矢、近藤孝弘、中野和光、船尾日出志、宫野安治、吉冈真佐树等。国外学者的研究重点包括德国政治教育与德国政治文化变迁、学校的民主

---

[1] 傅安洲，阮一帆，彭涛. 德国政治教育研究［M］. 北京：人民出版社，2010：5.

教育、德国民众的政治认同与社会教育、青少年政治社会化、政治教育的全球化、德国学者的政治教育思想等。美国公民教育中心与德国联邦政治教育中心每年都举办研讨会，学术交流频繁。

2. 西方其他国家政治社会化理论研究状况

（1）注重对政治社会化基本理论的研究。比较有代表性的研究，如1958年美国学者伊斯顿首次发表的关于政治社会化的论文，1959年海曼出版的专著《政治社会化：政治行为之心理研究》，首次系统阐述了政治社会化理论。

（2）十分关注政治社会化与政治稳定、政治文化、民主政治之间的关系以及政治社会化的手段和方法研究。具有代表性的学者及著作，如1977年伦肖恩主编的《政治社会化大全：理论与研究》，克里克主编的《政治教育论文集》（1977）等。

（3）注重通过会议形式加强对政治社会化或政治教育相关问题的研究。20世纪80年代以来，西方国家举行了一系列国际学术会议来研讨政治教育和政治社会化问题，如国际政治学学会于1980年召开了政治教育圆桌会议，欧洲政治研究会和国际政治学会于1981年联合召开了“性别与政治社会化”国际研讨会，以强化对政治社会化理论与实践的研究。[1]

3. 西方国家的公民教育实践活动十分广泛

公民教育成为各国政治教育体系中的重要组成部分，公民教育的概念盛行于西方国家，并成为学者研究的重要对象和内容。西方国家学者对公民教育的探索与研究，主要有以下几个方面。

（1）关于公民资格教育的研究。公民资格教育即“为了公民资格的教育”（Education for Citizenship）。关于公民资格的教育将重点放在如何为学生提供作为一个合格公民必须具备的知识上，强调对国家历史、政府的结构及政治生活过程的理解。比较有代表性的研究，如美国学者考根（John Cogan）与英国学者德瑞科特（Ray Derricott）共同完成的“公民教育政策研究”项目的研究成果《21世纪的公民资格：教育的一个国际视角》，其中提出了多维度公民教育的思想。他们把21世纪初所需要的公民资格划分为四个相互关联的维度，即

[1] 范树成. 西方国家政治教育与政治社会化理论与实践[J]. 比较教育研究，2003（2）：34.

个人维度（Personal Dimension）、社会维度（Social Dimension）、空间维度（Spatial Dimension）、时间维度（Temporal Dimension）。目前这一多维度的分析框架在国际公民教育范围内也有较大的影响。

（2）关于公民教育发展趋势的研究。该研究主要集中于对公民知识、技能等核心概念及内容的研究上，主要代表人物有美国学者查尔斯·奎葛莱、约翰·帕特里克等，他们重点研究了学校公民教育的全球趋势。

（3）公民教育比较研究。西方国家十分注重对不同国家公民教育的比较研究，而且成立了专门开展公民教育比较研究的机构，形成了一系列关于公民教育的成果。比较著名的如国际教育成就评价协会（IEA）和英格兰资格与课程局（QCA）两大组织。他们从20世纪70年代以来开展了一系列关于公民教育的调查研究，并形成了丰富的研究成果，如《十个国家的公民教育：经验研究》（1971）、《跨国公民教育：来自国际教育成就评价协会公民教育项目24个国家的个案研究》（1999）、《公民教育：一项国际比较》（1999）。此外，还有考根等编的《亚太地区的公民教育》和《21世纪的公民资格：教育的一个国际视角》、肯尼迪（Kerry Kennedy）主编的《公民教育与现代国家》等成果。[1]

4. 西方国家公民教育理论和政治社会化理论相关的范畴研究状况

从当前国内相关外文资料库中，尚未检索到与公民教育和政治社会化理论范畴紧密相关的、专门的研究成果。不过，相关文献及学者观点中提及了与政治教育理论相关的重要概念或范畴。美国《公民学与政府的国家标准》中明确提出了公民教育、公民责任、公民知识、公民技能、民主、民主价值、公民品性等概念。德国著名学者、教育学家赫尔曼·基泽克在其冲突教育理论中提出了11个范畴，即冲突、具体性、权力、法律、功能的关联性、利益、共同决定、团结一致、意识形态、历史性、人性尊严。基泽克的这11个政治范畴一方面强调生活各个领域中的冲突性质和争议属性，另一方面也反映出政治教育冲突理论的基本构架和主要内容。概而言之，公民教育理论和政治社会化理论主要讨论的是公民知识、公民技能、公民品性三个维度的内容和内涵，学者们

---

[1] DAWSON，PREWITT. Political socialization [M]. Boston：Little Brown，1969：17-18.

一般都对政治文化、公民教育、政治社会化等相关的概念进行了较为深入的研究和辨析。西方国家关注研究的重点及其成果显示，公民知识、公民技能、公民品性、公民教育、政治社会化、政治文化等概念是公民教育和政治社会化相关理论的重要概念（或范畴）。

二、国内研究现状

在国内，由于政治教育学是一门尚未建立起来的学科，因此，政治教育学范畴的研究也几乎没有起步。本研究主要从政治教育学、思想政治教育学范畴及政治教育学范畴三个层次对政治教育学范畴的国内研究发展予以概括说明。

1. 关于政治教育及相关理论的研究

经过期刊网检索，近30年来，关于政治教育及相关的理论研究文章为400余篇，其中，有一半以上是关于军队或民兵政治教育的文章，1/5是针对中小学政治教育课程的文章，1/5是关于国外政治教育的文章。除此之外，仅有30余篇与本研究中“政治教育”概念相类似的文章。国内没有关于政治教育的专著，政治教育的概念及内涵散见于相关的政治教育的专著之中，如邱伟光等编著的《思想政治教育学原理》、鲁洁编著的《德育新论》、王玄武等人编著的《思想教育、政治教育、道德教育比较研究》[1]等都对政治教育的内涵进行了界定。关于政治教育的研究内容具体体现 在以下几个方面。

（1）关于政治教育的科学内涵。政治教育的内涵是政治教育研究必须首先要解决的问题，不少学者对政治教育的内涵进行了辨析和界定，主要有以下三类。

第一类：从思想政治教育内容的视角辨析，即将政治教育与思想政治教育的概念进行对比理解和描述。①《思想政治教育学原理》一书认为，政治教育旨在形成人们正确的政治意识，正确认识和掌握党和国家的方针政策，并在实际工作中贯彻执行。[2]②《思想政治教育学》一书认为，政治教育是进行政治方向、政治原则、政治观点和政治品质的教育，以坚定人们的政治立场和

---

[1] 王玄武，骆郁廷. 思想教育、政治教育、道德教育比较研究[M]. 武汉：武汉大学出版社，2002：6.

[2] 邱伟光，张耀灿. 思想政治教育学原理[M]. 北京：高等教育出版社，1999：119.

政治态度。[1]③《思想教育、政治教育、道德教育比较研究》一书认为，政治教育，即培养政治素质的教育……它是以政治思想为内容的。其中，政治思想，就是人们关于社会政治制度、政治组织、政治关系、政治生活以及政策和策略等问题的观点、理论的总和，或者说是关于政治现象和政治问题的思想体系。

这类著作大多将政治教育作为思想政治教育的重要内容，因而对政治教育的理解是以思想政治教育学的视角和研究方法进行表述的。

第二类：从教育学视角辨析政治教育的内涵。①《教育大辞典》认为，政治教育是有目的地形成人们一定的政治观点、信念和政治信仰的教育。[2]②《德育新论》一书认为，政治教育主要是指对民族、阶级、政党、国家、政权、社会制度和国际关系的情感、立场、态度的教育，其中虽也有思想观点、法制和道德观念问题，但作为行为对象和品德的性质是不同的。我国德育中的“四项基本原则”教育、社会主义制度教育、党的基本路线教育等，即属于政治教育的范畴。[3]③也有学者认为，政治教育在于对人们进行马克思主义、社会主义、爱国主义、集体主义教育，进行路线方针政策教育。[4]

这类著作对政治教育含义的界定相对抽象、宽泛，对政治教育的理解体现的是社会主义对人民开展政治教育的基本要求。

第三类：从政治学的视角辨析政治教育的内涵。①《政治学基础》一书认为，政治教育是人们直接获得政治知识和技能的重要方式，它具有广泛的作用范围，大多数社会成员的基本政治知识和价值规范一般都是通过政治教育获得的，它可以通过反复作用而有效地灌输特定政治价值和信念。[5]②有学者从政治教育与政治文化相互关系的角度理解政治教育的概念，具有代表性的表述主要有两个方面：一是认为，政治教育是指一定的政治共同体对其成员进行直接

---

[1] 邱伟光.思想政治教育学[M].上海：学林出版社，1990：3.
[2] 顾明远.教育大辞典：第1卷[M].上海：上海教育出版社，1990：98.
[3] 鲁洁，王逢贤.德育新论[M].南京：江苏教育出版社，1994：91.
[4] 傅大友.高校《思想道德修养》课程建设与改革的思考[J].德育天地，1999（4）：51.
[5] 王浦劬.政治学基础[M].北京：北京大学出版社，2006：292.

或间接的政治文化的传输过程。[1]二是认为，政治教育是包括阶级、国家、政府、政党等具有共同的政治利益和政治理想的社会政治共同体对其社会成员实施的旨在提高政治素质的教育活动。[2]

从上述学界对政治教育概念的理解可以看出，目前已经有不少学者从不同的视角对政治教育这一概念的内涵进行了探索。与此同时，也有学者不断地对这些研究进行总结分析，其中有代表性的总结观点认为：当前大部分对政治教育含义的界定可以分为三大类，即政治教育“目的论”、政治教育“活动论”、政治教育“过程论”。[3]

当然，在对前人的研究成果进行总结、综合、分析的同时，学者们也批判性地吸收了他人对政治教育的理解，并提出了自己的观点。总体而言，由于政治教育的基本特征、基本内容及基本目标大致相同，因此，对政治教育内涵的表述，实质上并不存在相互否定或者截然不同的观点。

（2）关于政治教育的地位和作用。探索政治教育的地位与作用，是政治教育研究的重要内容。当前的论著对政治教育地位和作用的阐述可分为两大类：一是将政治教育作为思想政治教育的重要内容，阐述政治教育的地位和作用。以《现代思想政治教育学》为代表的主流学派，将政治教育作为思想政治教育的核心内容，认为其他教育内容，如思想教育、道德教育和心理教育始终服从服务于政治教育的内容。[4]这一观点强调，思想政治教育应该而且必须形成政治教育内容占主导地位的内容体系结构，应当突出思想政治教育的强烈的政治性。二是从维护政治统治的合法性层面，阐述政治教育的作用。有学者提出，一定的统治阶级要想实现自己的统治利益，都要不遗余力地宣扬自己的政治思想，统治阶级要使自己的思想成为占统治地位的思想，就必须借助政治教育这

---

[1] 宋迎法. 论政治教育的本质、内容和途径[J]. 江苏社会科学，1997（2）：71.

[2] 孙东方，傅安洲. 论政治文化与政治教育[J]. 学校党建与思想教育，2006（6）：21.

[3] 李平贵. 近十年国内政治教育研究综述[J]. 思想政治工作研究，2007（11）：184；孙其昂. 政治教育的内涵及其在思想政治教育中的应有地位[J]. 南京师范大学学报，2001（4）：18.

[4] 张耀灿，郑永廷，刘书林，等. 现代思想政治教育学[M]. 北京：人民出版社，2001：181-182.

一有效的途径来对自己的政治理论进行传播，使自己的价值观念和理论规范转变成为政治共识。这个过程就是政治统治的合法化的过程，而政治教育正是实现政治统治合法化过程的途径之一，它通过对主流政治意识的宣传教化，为现行政治统治的合法化辩护，以达到维护既存的政治秩序的目的。这种作用具体表现为：传授政治知识；培养现代政治理念；树立政治价值观；培养政治信念，树立政治理想；培养政治情感；锻炼政治意志；训练政治技能；掌握政治规则；培养政治人才。[1]

（3）关于政治教育的特点和方法。对于政治教育的特点，学者孙立昂提出，政治教育性质具有鲜明阶级性；政治教育目的具有明确倾向性；政治教育内容具有丰富文化性；政治教育手段具有形式多样性；政治教育主体具有相互配合性；政治教育本质具有社会实践性。[2]还有学者从比较视角对国外政治教育的特点进行了探讨，认为国外政治教育具有教育形式的渗透性——通过环境熏陶、媒体感化、学校引导、家庭配合等形式影响着学生和社会公民；教育手段的隐蔽性——名称隐蔽、教育内容隐蔽、教育过程隐蔽；教育方法的参与性——鼓励学生亲身经历和体验社会，培养学生社会责任感和自信心等特点。[3]

（4）关于政治教育的价值形态。价值是一个关系范畴，它反映的是主体和客体之间的需要和满足的关系。政治教育的价值，是指政治教育活动或过程对人的发展和社会的稳定与进步的效用。对政治教育价值形态研究的论著并不多见，以刘湧为主要代表的学者对政治教育的价值及其生态价值进行了论述。他提出：政治教育的价值类型可以分为个体价值、社会价值和生态价值三种。[4]政治教育的社会价值包括经济价值、政治价值、文化价值三个方面。其中经济价值表现为，政治教育对经济发展的导向价值；政治教育对推动生产力发展的

---

❶ 刘湧．政治教育的社会价值形态初探[J]．贵州社会科学，2005（6）：50.

❷ 孙立昂．政治教育的内涵及其在思想政治教育中的应有地位[J]．南京师大学报，2001（4）：19.

❸ 张丽霞．国外政治教育的隐蔽性、渗透性、参与性[J]．中国青年政治学院学报，2001（1）：36.

❹ 刘湧．政治教育的社会价值形态初探[J]．贵州社会科学，2005（6）：50.

精神动力价值；政治教育对营造经济进步的政治环境的价值。政治价值表现为，政治意识的传播与发展的价值；政治生产关系再生产的价值；维护政治稳定、促进政治发展的价值。文化价值表现为，政治教育对政治文化的传播与继承价值；政治教育对政治文化的变异和创造价值。此外，政治教育还具有生态价值，具体表现为，树立人们的生态意识；促进生态政治的发展；建立生态文明。[1]

（5）对国外政治教育相关的研究。国内对国外政治教育相关的研究，以国别研究为主，其中以对美国和德国的政治教育相关的研究最具代表意义。

美国的政治教育主要体现为美国的公民教育，或者包含于公民教育之中。美国作为现代公民教育理论研究的策源地，其公民教育不仅对美国本土，而且对世界许多国家的公民教育均产生了广泛而深刻的影响。在国别政治教育相关研究中，国内对美国公民教育的成果最为丰硕，对美国公民教育的研究主要有以下四个方面。

一是辨析美国公民教育的内涵。有学者认为，美国公民教育的内涵源自民主社会中关于自治政府的理念，即指民主社会中旨在培养知情的、有效的和负责任公民的自治政府的教育。[2]有学者明确界定，“美国公民教育是以公民理念为核心和目标而展开的为民主社会培养一代又一代积极、负责、有效能的社会成员的教育过程，它贯穿于公民的整个生命历程，有赖于家庭、学校、社会和媒介的共同教育作用，是终身教育过程。”[3]总体上看来，学界对美国公民教育内涵的理解没有实质性的差异，都认同美国公民教育的内涵一般包含“民主社会”“公民理念”“自治政府”等核心概念。

二是界定美国公民教育包含的内容。学界普遍认为，美国公民教育可以概括为三大内容，即公民知识、公民技能和公民品性。[4]公民知识一般围绕公民生活、政治和政府的内容，美国政治体制运行基础，以宪法为基础形成的政府

---

[1] 刘湧. 试论政治教育的生态价值[J]. 贵州师范大学学报，2005（1）：117.

[2] 高峰. 美国公民教育的基本内涵[J]. 比较教育研究，2005（5）：55.

[3] 王颖. 当代中国公民教育历史性复兴的现实反思[J]. 教育理论与实践，2003（2）：7-11.

[4] 高峰. 美国公民教育的基本内涵[J]. 比较教育研究，2005（5）：56.

如何体现美国民主的主旨、价值和原则，美国与世界其他国家相互关系，如何处理国际事务及公民在美国民主政治中扮演着何种角色五个方面的问题构建。公民技能包括智力技能和参与技能。智力技能分为识别与描述，解释与分析，评估公共问题、采取立场、为立场辩护等。除了获得公民知识和智力技能之外，民主社会中的公民教育还必须注意保证公民知情地、有效地、负责任地参与政治过程和公民社会所必需的技能，即参与技能。公民品性主要包括成为社会的一个独立的成员，担负起公民在个人的、政治的、经济方面的责任，尊重个人价值和尊严，创造性地、有效地参与公民事务，促进宪政民主政治的健康运作等。[1]

三是阐述美国公民教育的主要途径。一般认为，美国公民教育的途径可分为三大类，即课堂教学、课外活动和社会（社区）服务。[2]课堂教学主要包括以教师主导的讨论法、角色扮演与模拟、价值澄清、道德发展等方法；课外活动主要是学生政府组织的参与班级、学校等相关“民主政治”的相关活动；社会服务是指通过服务学习、社区指导、体验学习等方式开展的各项教育活动。

四是解析美国公民教育的主要目的。培养负责任的合格的好公民是现代公民教育的宗旨。根据美国国内的法案、法规等规定，美国的公民教育主要目的有五个方面，即培养公民责任感，提高公民的政治参与意识，凝聚国民的精神力量，形成包容的、多元的公民文化，塑造世界公民形象。[3]国内学界认为，美国的公民教育实质是一种政治教育，它具有鲜明的和强烈的意识形态性，其根本任务就是为了培育美国资本主义政治制度下的合格公民，其最终目的是维护美国现存的社会政治经济制度，维持资本主义社会的秩序和稳定。[4]

此外，国内关于美国公民教育的研究，还包括美国公民教育的历史研究、公民宗教与公民教育、不同阶段学校教育实践研究、课程设置研究等。

---

❶ 解语. 全球化背景下的美国学校公民教育研究[D]. 长沙：湖南师范大学，2010：4.

❷ 王红. 美国公民教育的目标、内容、途径与方法综述[J]. 外国教育研究，2004（3）：14.

❸ 许瑞芳. 公民服务：美国公民教育的基本策略[J]. 思想教育研究，2010（17）：34.

❹ 高峰. 美国公民教育的基本内涵[J]. 比较教育研究，2005（5）：60.

国内学者对德国政治教育的研究也极具代表意义。德国从一个曾经的极力崇尚专制主义、军国主义、极端民族主义的国度，两次世界大战的策源地，转变成为维护世界和平与安全的一支重要力量，成为西方资产阶级民主国家的典范，政治教育在其中发挥了重要作用。国内学者对德国政治教育的主要研究成果，可分为对德国政治教育的专门研究和作为国别政治教育的研究两个方面。在专门研究方面，以傅安洲等著的《德国政治教育研究》（2010）及相关系列论文为代表，这项研究按照“历史研究—体系研究—理论研究—功能研究—借鉴研究”的基本路径，遵循“描述、解释、规范、比较”的技术路线，对德国政治教育进行了深入的、专门的研究。[1]作为国别政治教育比较研究的相关成果，一是以王瑞荪主编的《比较思想政治教育学》（2001）、王玄武等著《比较德育学》（2000）为代表运用通观比较、专题比较、综合比较的方法对德国政治教育的某些要素如目标、方法、模式等进行的研究；二是以陈立思的《当代世界的思想政治教育》（1999）、苏崇德主编的《比较思想政治教育学》（1995）、苏振芳主编的《当代国外思想政治教育比较》（2009）为代表，从国别研究的角度对德国政治教育的总体情况作了介绍和专题研究；三是以高峰著的《比较思想政治教育专题研究》（2005）、蓝维等著的《公民教育：理论、历史与实践探索》（2007）、唐克军著的《比较公民教育》（2008）为代表，从公民教育的视角对德国政治教育进行的研究。总体上看，当前国内关于德国政治教育的研究，具体有以下四个方面。

一是在历史研究方面，比较系统地梳理了第二次世界大战结束之前德国政治教育的历史演变，包括第二帝国（1871—1918）的“国民教育”（Staatbürgerliche Erziehung）、魏玛共和国（1919—1933）的“基于国家和民族的政治教育”（Staat und Volk Bezugspunkte Politische Bildung）、第三帝国（1933—1945）的“政治教化”（Politische Erziehung），阐述了当代德国政治教育体系重启与构建的历史背景和思想文化境遇。

二是在体系研究方面，主要围绕以下四类问题和三个维度展开。四类问题包括：①德国为何及怎样构建国家政治教育体系？②在构建政治教育体系中遇

[1] 傅安洲，阮一帆，彭涛. 德国政治教育研究[M]. 北京：人民出版社，2010：2.

到了哪些内部和外部挑战？是如何应对的？③国家政治教育体系有哪些重要构成要素？有何结构特征？④在此过程中，形成了怎样的政治教育思想？三个维度包括“联邦政治教育中心”（Die Bundeszentrale für Politische Bildung）、“学校政治教育”和“政治教育理论”等。通过对上述四类问题和三个维度进行研究，较为系统地描述了德国政治教育的历史演化进程，揭示了联邦德国政治教育体系构建和发展历程。

三是在理论研究方面，系统地梳理了当代德国政治教育的基本理论问题，探讨当代德国民主政治教育体系背后那些有形的各种力量和无形的、潜在的精神与文化的影响因素。具体而言，包括追溯德国政治教育理论的思想渊源，辨析德国政治教育的概念，阐述政治修养理论、政治认知—参与理论和政治社会化理论三个当代德国政治教育基本理论。

四是在功能研究方面，从第二次世界大战后德国政治文化变迁的角度，说明当代德国政治教育体系的功能及作用。在“政治教育是政治文化学习和传播的基本途径和方式，也是政治体系能强力主导的、有效的政治文化学习和传播的途径和方式”的理论预设下，以德国民众的“二战史观”和“对资产阶级民主政体及其价值观念的集体认同”为主要观测点，研究并阐明了第二次世界大战之后德国政治文化的变迁与转型，论证了德国政治教育体系在改变、创造、维持政治文化，培养资产阶级民主社会公民中发挥的作用。

2. 关于思想政治教育学范畴的研究

思想政治教育学范畴的相关论文有100余篇，其中近50篇出自武汉理工大学徐志远教授为代表的学术团队；以专门的章节对思想政治教育学范畴论述的著作有10余部；关于思想政治教育学范畴的专著有《现代思想政治教育学基础范畴研究》和《现代思想政治教育学范畴研究》2部，均为徐志远教授所著。关于思想政治教育学范畴的论著，绝大部分出现在20世纪90年代以后，表明随着思想政治教育社会实践和理论的发展，思想政治教育学范畴研究日显重要，其对于思想政治教育学学科建设的作用也越来越大。思想政治教育学范畴研究的发展，历经了“倚定对象—划分层次—构建体系”的过程。

（1）倚定对象。思想政治教育学范畴研究“倚定对象”的过程，是指思想政治教育学范畴研究是基于一定的研究对象开展研究的过程。思想政治教育学的研究对象是由思想政治教育现象领域所特有的矛盾构成的。[1]这一特有的矛盾贯穿思想政治教育的全过程和思想政治教育理论发展的全过程。在一定意义上，思想政治教育学研究对象是思想政治教育范畴的前提条件和内在根据。学界对思想政治教育学范畴的研究也正是基于这一前提条件和内在根据进行的。

思想政治教育学按照研究对象及其在学界的地位可以分为两大派：一派是以人的思想品德形成发展规律和（或）对人们进行思想政治教育的规律为研究对象的"主流派"；另一派是不以前面所述的两个规律的任何一个规律或者相似的规律为研究对象的"非主流派"。[2]"主流派"关于思想政治教育学研究对象的代表性观点：①思想政治教育学的研究对象为"思想政治教育的规律"；[3]②思想政治教育学"以思想品德和心理素质教育规律与人的思想品德和心理素质发展变化规律为研究对象"；[4]③思想政治教育学"是以思想政治教育一定要适合社会经济关系发展的最一般规律作为自己的研究对象"，即"以思想政治教育产生、本质及其发展最一般规律作为研究对象"；[5]④思想政治教育学的研究对象，"实际上就是关于帮助人们形成和发展社会主义、共产主义思想意识的教育规律"。[6]

"主流派"的学者对思想政治教育学研究对象的表述不尽一致，且不同学者对他人的表述也不完全认可，但"主流派"关于思想政治教育学的研究对象的争议，主要集中在"一个规律"和"两个规律"上，他们关于研究对象的实质都可以归结到"思想政治教育的规律"。这一规律不是思想政治教育某一层次、某一环节或某一过程的具体规律，而是思想政治教育最一般、最本质的规

---

❶ 张耀灿，郑永廷，刘书林，等.现代思想政治教育学[M].北京：人民出版社，2001：32.

❷ 傅安洲，黄少成.关于建立一门相对独立政治教育学的思考——兼论政治教育学的研究对象[J].吉首大学学报：社会科学版，2010（1）：155.

❸ 张耀灿，郑永廷，刘书林，等.现代思想政治教育学[M].北京：人民出版社，2001：32.

❹ 陈秉公.思想政治教育学原理[M].沈阳：辽宁人民出版社，2001：8.

❺ 仓道来.思想政治教育学[M].北京：北京大学出版社，2004：18.

❻ 刘书林.青年思想政治教育学原理[M].北京：中国青年出版社，1999：6.

律。正是基于“思想政治教育的规律”这一研究对象，思想政治教育学“主流派”始终围绕“思想”“行为”“主体”“客体”“个人”“社会”等范畴来开展思想政治教育理论的相关研究。

“非主流派”的代表人物有余仰涛、李鸿义等学者。余仰涛认为，思想政治教育学的研究对象是思想关系。[1]虽然余仰涛并没有专门论述思想政治教育学（思想政治工作学）的范畴，但他对思想政治工作学的要素进行了较为深入全面的探索。他认为，“思想关系是思想政治工作要素研究的起点”，“思想互动是组成思想政治工作基本要素的内在联系”，“思想联结的意识形态性是思想政治工作的基本规律”。[2]从上述命题可以推断出，思想关系、思想互动、思想联结等思想政治工作学的本质要素是思想政治教育学（思想政治工作学）的范畴。李鸿义等学者认为，思想政治教育学的研究对象应该是思想现象。[3]他们也提出了“闪光的思想”“思想的闪光”及“思想现象结构系统”等重要命题和概念。由此可知，思想现象、思想现象结构系统等是其“思想现象学”的范畴。

可见，思想政治教育学范畴的研究及相应的学科建设是以特定的研究对象作为基础的。总体而言，“主流派”主导的思想政治教育学范畴的研究，都是基于一个相同或者基本相同的研究对象进行的，这个研究对象就是“思想政治教育的规律”。基于“思想政治教育的规律”这一研究对象，思想政治教育学“主流派”始终围绕“思想”“行为”“主体”“客体”“个人”“社会”等重要概念来开展思想政治教育学范畴的相关研究。这一时期，“主流派”提出的这些重要概念为思想政治教育学范畴后期研究奠定了基础。

（2）划分层次。思想政治教育学范畴研究划分层次的过程，是指学界按照一定的标准对思想政治教育学的范畴进行分类（主要是划分层次）并分别论述的过程。思想政治教育学范畴层次研究经历了三个阶段。

---

[1] 张耀灿，陈万柏. 思想政治教育学原理［M］. 北京：高等教育出版社，2001：20.

[2] 余仰涛. 思想关系学——思想政治工作原理［M］. 武汉：武汉测绘科技大学出版社，2000：24–29.

[3] 李鸿义，霍绍周，谢圣明. 亟待建立一门思想现象学［J］. 学校党建与思想教育，1987（3）：16.

第一阶段，是以《思想政治教育学范畴层次性探微》[1]一文为标志，首次较为系统地区分思想政治教育学范畴层次，把思想政治教育学范畴层次研究提上议事日程。该文认为，“思想政治教育学的一系列范畴是有层次性的”，并将思想政治教育学的范畴划分为高层次范畴、中层次范畴和低层次范畴形态。其中，高层次范畴是指基本范畴或核心范畴，有两对，即“思想—行为”，“教育—组织”；中层次范畴是指重要范畴，包括主体与客体、手段与内容、内因与外因；低层次范畴形态是指具体范畴，包括以下10对范畴：个性与共性、积极因素与消极因素、动机与效果、教育与自我教育、理论与实际、疏导与禁堵、理想与现实、虚与实、爱与严、继承与创新。上述对范畴层次的区分和界定不一定准确，但是其对诸多混杂的范畴第一次进行了较为系统的梳理，从一定程度上增强了学界对范畴层次研究的意识，使对范畴的认识更深入。

第二阶段，是以思想政治教育学的核心范畴从基本范畴中彻底分离出来为标志，学界对思想政治教育学范畴的层次划分更趋明晰。学者陈秉公认为，思想政治教育学的范畴可以“分为两大类，即核心范畴和基本范畴”，思想政治教育的核心范畴就是思想政治教育，思想政治教育的基本范畴包括个人与社会、主体与客体、思想与行为、内化与外化。[2]从思想政治教育学范畴后期相关研究可知，陈秉公等学者将思想政治教育学的核心范畴从基本范畴中分离出来的观点，得到学界认可。不少学者以此为依据，对思想政治教育学范畴及层次进行了更为深入的研究，思想政治教育学范畴及层次研究由此进入一个新的阶段。

第三阶段，以思想政治教育学范畴研究专著类成果为标志，学界对思想政治教育学范畴层次的研究更系统、更深入。专著类成果集中体现在学者徐志远、张耀灿等所著的《现代思想政治教育学基本范畴研究》和《现代思想政治教育学范畴研究》中。徐志远等学者不仅按照不同的标准对思想政治教育学的范畴进行了系统分类，如按照思想政治教育学范畴在范畴体系中的高低层次不同，将其分为核心范畴、基本范畴、一般范畴和具体范畴；按照范畴存在的性

---

❶ 郭春娥. 思想政治教育学范畴层次性探微［J］. 高等函授学报：哲学社会科学版，1997（1）：8.（后被人大报刊复印资料《思想政治教育》1997（11）全文转载）

❷ 陈秉公. 思想政治教育学原理［M］. 沈阳：辽宁人民出版社，2001：99.

质和状态不同，将思想政治教育学的范畴分为实体范畴、属性范畴和关系范畴[1]，且其根据不同层次范畴的特征、范畴建构原则和方法，明确提出思想政治教育学的核心范畴——思想政治教育，8对对偶基本范畴，即思想与行为、教育主体与教育客体、疏通与引导、言教与身教、物质鼓励与精神鼓励、教育与管理、内化与外化、个人与社会，以及20个一般范畴及其组合而成的5个一般范畴维，即基础理论维、价值认识维、教育过程维、对偶范畴维、方法载体维。

思想政治教育学范畴层次划分的研究，不仅使长期处于模糊混杂状态的思想政治教育学范畴条分缕析地呈现出来，也为学界继续深入开展思想政治教育学范畴研究提供了明确的路径，为思想政治教育学范畴体系的构建提供了条件。

（3）构建体系。思想政治教育学范畴研究构建体系的过程，是指思想政治教育学范畴经过概念拟定、关联组合、关系推演，从而构建以范畴为基本单位的逻辑结构体系的过程。思想政治教育学范畴体系的构建过程，包含以下几个方面。

第一，在思想政治教育学范畴确定过程中，范畴的数量经历了由少到多的过程。这一过程在思想政治教育学基本范畴数量的变化上可见一斑。1997年，《思想政治教育学范畴层次性探微》提出思想政治教育学基本范畴（高层次范畴）有2对，即思想与行为，教育和组织；[2]2000年，《思想政治教育学原理》（苏振芳）提出的基本范畴有思想与政治、主体与客体、动机和行为3对；[3]2001年，《思想政治教育学原理》（陈秉公）提出的基本范畴有个人与社会、主体与客体、思想与行为、内化与外化4对；[4]2004年，《思想政治教育学》（仓道来）提出的基本范畴有思想政治教育和社会经济关系、思想和政治、教育者和被教育者3对对偶范畴，以及教育、调节、灌输、疏导、激励5

---

❶ 徐志远. 现代思想政治教育学范畴研究［M］. 北京：人民出版社，2009：52-56.

❷ 郭春娥. 思想政治教育学范畴层次性探微［J］. 高等函授学报：哲学社会科学版，1997（1）：8.（后被人大报刊复印资料《思想政治教育》1997（11）全文转载）

❸ 苏振芳. 思想政治教育学原理［M］. 厦门：厦门大学出版社，2000：131-140.

❹ 陈秉公. 思想政治教育学原理［M］. 沈阳：辽宁人民出版社，2001：99.

个单个范畴。[1]2005年，《现代思想政治教育学基本范畴研究》（徐志远）提出的基本范畴为8对对偶范畴[2]，这在前文已经提及。

由于人的认识水平和思想政治教育社会实践的发展都具有相对性，在一定时期内，不同学者提出的思想政治教育学范畴的数量也不一定绝对增加。但由于思想政治教育学范畴本身具有客观性，以及随着思想政治教育社会实践活动的发展和人的认识水平的不断提高，思想政治教育学范畴总体上应呈现出不断丰富、发展和更新之势。因此，思想政治教育学基本范畴呈现出由少及多的过程，也就成为概念拟定阶段范畴研究成果的重要体现。

第二，在思想政治教育学范畴的研究中，学界一直十分注重对范畴之间关联组合关系的研究。思想政治教育学范畴的关联组合关系突出体现在范畴之间的相互关系，尤其是在具有对偶形态范畴的关系上。虽然不同的学者提出的思想政治教育学的范畴不尽一致，但是几乎所有学者都认同范畴之间是相互联系的。如郭春娥认为，思想政治教育学范畴“不是孤立存在的，它们之间是相互联系、相互制约、不断运动变化发展的有机整体”；[3]张耀灿、徐志远等认为，思想政治教育学范畴是“相互联系、相互作用、相互渗透和相互转化的统一整体”。[4]如前所述，学界多数学者都基于范畴之间的关联性，以对偶的方式提出思想政治教育学的范畴。如《思想政治教育学原理》（苏振芳，2000）提出3对对偶范畴；[5]《思想政治教育学原理》（陈秉公，2001）提出4对对偶范畴；[6]《现代思想政治教育学范畴研究》提出8对对偶基本范畴和4对对偶一般范畴，并对各对对偶范畴的关系进行了较为深入的阐述。[7]《现代思想政治教育学范畴研究》认为，唯物辩证法中对立统一的关系，是构成思想政治教育学基本范畴本质特性的根本原因，也是思想政治教育学8对基本范畴成对偶关系

---

❶ 仓道来.思想政治教育学[M].北京：北京大学出版社，2004：98.

❷ 徐志远.现代思想政治教育学基本范畴研究[M].武汉：湖北人民出版社，2005：69.

❸ 郭春娥.思想政治教育学范畴层次性探微[J].高等函授学报：哲学社会科学版，1997（1）：8.（后被人大报刊复印资料《思想政治教育》1997（11）全文转载）

❹ 徐志远.现代思想政治教育学基本范畴研究[M].武汉：湖北人民出版社，2005：69.

❺ 苏振芳.思想政治教育学原理[M].厦门：厦门大学出版社，2000：131-140.

❻ 陈秉公.思想政治教育学原理[M].沈阳：辽宁人民出版社，2001：99.

❼ 徐志远.现代思想政治教育学基本范畴研究[M].武汉：湖北人民出版社，2005：69.

的内在原因。其对立性表现为对偶范畴之间的支配与被支配、传播与接受、输入与输出、适应与排斥等关系，其统一性表现为对偶范畴之间的相互依赖、不可分割，在一定条件下相互转化的关系。

思想政治教育学范畴关联组合关系，深刻地揭示了思想政治教育学范畴作为思维工具的辩证运动特性和范畴之间的内在联系，为思想政治教育学范畴体系的构建提供了条件。

第三，思想政治教育学范畴研究的最高层次，即构建思想政治教育学范畴体系。思想政治教育学范畴经过概念拟定、内涵辨析、关系厘定等研究，为思想政治教育学范畴体系的构建奠定了基础。思想政治教育学范畴体系构建研究成果，也集中体现在徐志远所著的《现代思想政治教育学基本范畴研究》和《现代思想政治教育学范畴研究》两部著作中。这两部著作对思想政治教育学范畴的科学内涵、基本特征、逻辑功能、构建原则进行了深入剖析和论述，对思想政治教育学基本范畴与一般范畴的体系构建分别作了较为系统的阐述。思想政治教育学范畴体系的构建遵循“逻辑起点—逻辑中项—逻辑终点”的基本原则，其中思想政治教育学基本范畴逻辑结构体系，是围绕“教育主体与教育客体”这一逻辑基项，以“思想与行为”为起点，经过“疏通与引导”“言教与身教”“教育与管理”“物质鼓励与精神鼓励”等中介，完成思想政治教育的“内化与外化”两个阶段，达到“个人与社会”的终点的逻辑过程。在思想政治教育学一般范畴逻辑结构体系的构建过程中，徐志远通过20个一般范畴聚合、运动、演绎、展示，建构了以“基础理论维”为逻辑起点，经由“价值认识维”“教育过程维”“对偶范畴维”等逻辑中介，到达“方法载体维”的逻辑终点的思想政治教育学一般范畴体系。思想政治教育学范畴体系的构建，将思想政治教育学范畴研究推上新的高度，为思想政治教育学范畴及学科的建设和发展奠定了良好基础。

3. 关于政治教育学范畴的研究

由于对政治教育及其相关理论的研究尚处于起步阶段，目前国内还没有关于政治教育学范畴研究的论著。

三、总体概况及存在问题

通过分析可看出，当前国内对政治教育的研究基本上形成了三种学术取向：一是内涵解析取向，从不同的视角描述、解释政治教育的内涵、内容和途径，分析其特点和方法；二是价值分析取向，分析政治教育的地位与作用，以及其个体、社会和生态价值等；三是比较研究取向，研究典型的或者具有代表意义的国家政治教育或公民教育相关理论。

当前，国内外关于政治教育理论及其范畴研究可概括如下。

（1）国外对政治教育及其相关理论的研究深入而广泛，但对政治教育理论范畴的研究并没有系统开展，没有对政治教育理论中的基本范畴逐一进行界定，也没有论述各个范畴之间的逻辑关系，更没有形成政治教育学的范畴体系。

（2）国内政治教育的研究整体上呈兴起之势，但研究方向零散，每一个方向涉入的程度并不深。在目前搜集到的与本研究“政治教育”相似或者相关的30余篇文章中，仅从文章的标题来看，研究的内容也比较宽泛，其中有相当一部分是对政治教育实践活动开展的研究，如政治教育面临的挑战及对策、大学生政治教育实践活动如何开展等。专门就政治教育某一个理论问题进行系列研究和深入挖掘的文章并不多见。

（3）国内已开始关注对政治教育的内涵和基本特征等基本理论问题的研究，但这些研究仍然停留在描述和相互比较的阶段，没有形成系统的理论研究框架。即便是在对政治教育研究的综述文章里，也仅对过去的研究进行了概述性的分析，没有对政治教育的构架进行系统设计和设想，更没有将政治教育作为一门专门的学问，以深入探索其研究对象、学科范畴、功能价值等问题。

（4）国内对国外政治教育的研究已逐渐深入，但将国外政治教育的有益经验系统借鉴到我国政治教育实践的理论文章并不多。在国外政治教育研究方面，主要是对国外政治教育的基本内涵、历史发展、理论体系等进行较为精细的“描述”“解释”“规范”，尚处于对国外政治教育批判、比较和简单借鉴的阶段，不足以完全反映和满足我国当前政治教育的实际需求，没有形成系统的指导我国政治教育实践的理论及体系。

（5）国内对政治教育某一具体方向进行了较为深入的研究和探索，但没有专门针对政治教育的基础理论专著。现有的理论专著如王玄武、骆郁廷主编的《思想教育、政治教育、道德教育比较研究》、鲁洁主编的《德育新论》、王浦劬主编的《政治学基础》等，只是分别从比较研究、广义德育研究和政治学研究的视角对政治教育作了概念和性质上的描述与解释，没有对政治教育学的范畴、施教规律、政治教育的机制、价值及其实现作专门的、深入的研究，因此都不能构成政治教育学的基础理论。

第三节　研究方法和研究思路

一、研究方法

本研究以马克思主义的唯物史观和辩证唯物主义认识论为指导，采用文献研究、理论思辨、比较借鉴、历史验证研究相结合的方式开展研究。

（1）文献研究。主要通过人工和网络搜集相关图书、期刊等资料，系统梳理、总结国内外政治教育学范畴相关的理论，深入分析相关的内容及观点，以此论证、厘定政治教育学范畴及其逻辑结构体系。

（2）理论思辨。对基础理论进行分析、思考、判断，即理论思辨。它是社会科学理论发展、进步的重要方式。政治教育学范畴研究属于基础理论研究。逻辑推导和理论思辨是政治教育学范畴的确定及其体系构建的重要手段。本研究以辩证唯物主义认识论为基础，以理论思辨作为研究的主要方法，对政治教育学与相关学科的关系、政治教育学范畴的逻辑结构和政治教育学范畴相互之间的逻辑关系进行科学推导、论证，从而构建较为完整的范畴体系。

（3）实践验证。在政治教育学范畴研究中融入实践验证研究法是由政治教育学范畴的实践性特征所决定的。政治教育学范畴反映的是政治教育学的特殊研究领域，即政治教育社会实践活动领域中的各种现象、特性、关系和方面等的本质。政治教育学范畴是对政治教育实践活动现象、特性、关系和方面的抽象和概括，其基本的特征就是实践性。但是，政治教育学范畴及其体系研究的最终目的不是产生新的理论，而是通过形成理论指导实践。这在客观上要求范畴及其体系必须在实践中得到一定的验证。范畴的研究，一方面是阐述范畴自身的推演、思辨的逻辑思维过程；另一方面，也是将这些范畴置于政治教育实践活动的论证验证过程。因此，政治教育学范畴研究都是以政治教育实践活动为依据，并在政治教育实践活动及其发展中获得（一定的）证实（论证）。唯如此，概念的发展才能与实践的发展相匹配、相一致。

（4）比较借鉴。政治教育学作为思想政治教育学的下位学科，其范畴研究的依据、研究的方式方法，都可以在其上位学科——思想政治教育学中获得启示。如政治教育学范畴的逻辑关系及其逻辑结构体系的拟定，包括政治教育学的基项范畴、中心范畴、起点范畴、中项范畴、介体范畴、终项范畴等，都源自逻辑范畴的基本思想，同时也是思想政治教育学范畴结构体系构建的基本方式。此外，西方国家政治教育相关的理论也为政治教育学范畴的确定提供了启示。西方国家政治教育相关学科理论中的政治认知、政治认同、政治参与、政治社会化、政治文化等概念、范畴具有丰富的内涵，为政治教育学范畴的拟定提供了重要参考。

二、研究思路

本研究以思想政治教育的一个重要内容——政治教育作为研究的切入点，从实践与理论两个方面深入分析政治教育与思想政治教育之间的关系，论证建立一门政治教育学的必要性和重要意义，进而探索确立政治教育学范畴及其体系。本研究遵循“意义阐述—理论界定—关系梳理—体系建构”的基本研究思路（见图1-1），具体如下。

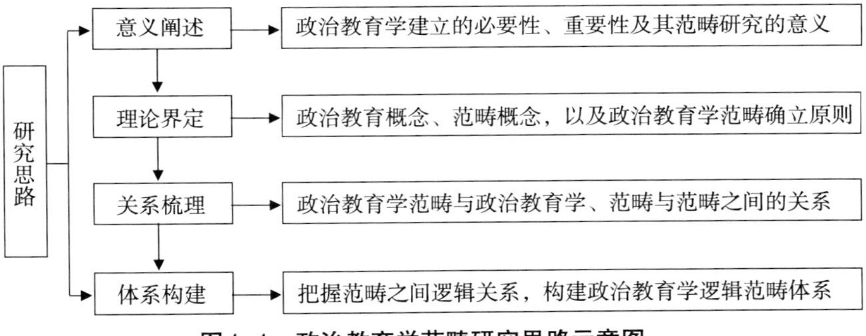

图1-1 政治教育学范畴研究思路示意图

（1）意义阐述。首先阐述建立一门政治教育学的必要性及重要性，同时也更深一步阐述了政治教育学范畴研究的意义。

（2）理论界定。基于政治教育研究的特殊意义，本研究重点对政治教育相关的概念、政治教育学范畴相关的概念，以及政治教育学范畴确认原则进行理论上的界定，为政治教育学范畴的探索和厘定奠定理论基础。

（3）关系梳理。以厘定的概念及界定的原则为依据，阐述理政治教育学范畴与政治教育学之间的关系，论证政治教育学与其范畴之间的确定性与必然性。

（4）体系建构。通过确定政治教育学的范畴，把握各范畴之间及范畴与范畴体系之间的逻辑关系，构建政治教育学范畴体系。

第二章　政治教育及相关理论概述

政治教育学范畴对于认识政治教育社会实践活动的本质与规律，系统地掌握政治教育学理论知识，构建政治教育学范畴体系，进而建立政治教育学具有重要的意义。简言之，政治教育学范畴在政治教育学中具有重要的地位和作用，因此，对政治教育相关理论的概述，成为政治教育学范畴研究的基础和必要条件。

第一节　政治教育内涵辨析

政治教育是人类社会实践活动的一个重要方面。理论上，政治教育是政治教育学及其体系中最核心的概念。梳理马克思主义经典作家关于政治教育的基本观点，辨析西方发达国家政治教育（公民教育）的内涵，对于界定政治教育内涵具有重要的意义。

一、马克思、恩格斯、列宁、斯大林、毛泽东的政治教育观

1. 马克思、恩格斯的政治教育观

马克思、恩格斯没有对政治教育进行过专门系统的论述，但是他们一直十分注重“精神力量”产生的作用，认为精神力量对无产阶级运动具有十分重要的作用和影响。同时他们认为精神力量的作用，必须通过政治教育或相关特定的工作才能发挥出来。具体而言，马克思、恩格斯的政治教育观体现在以下方面。

第一，马克思、恩格斯提出了政治教育的概念，并在相关著作和文章中提出了大量的与政治教育相关的概念。恩格斯在1839年写给格雷培的书信中，

首次直接使用了政治教育的概念。他在信中指出，普鲁士国家机器是以牺牲贫民的利益来维系金钱贵族的优厚生活，其基本的办法即“压制政治教育（Politic Education），使大多数人处于愚昧状态”。[1]1844年，恩格斯在论及罗尼河瓦勒河谷的德意志居民之所以还处于比较原始的状态时，认为主要原因就在于“政治教育和宗教教育完全把持在少数贵族门阀和僧侣手里。他们自然是极力保持人民的愚昧和迷信”。[2]尽管恩格斯没有对政治教育的概念进行阐释，但他对政治教育的内涵和作用的观点并不难理解。在反动的、落后的贵族资产阶级那里，政治教育就是压制无产阶级思想、宣扬愚昧和迷信的工具和手段。除直接使用政治教育概念外，马克思、恩格斯还使用了大量的相关概念，这些概念主要包括“鼓动”“宣传鼓动工作”“政治鼓动工作”“宣传”“宣传工作”“政治宣传工作”和“理论教育”等提法，这些都是与现代政治教育密切相关的基本概念。[3]

第二，马克思、恩格斯阐明了政治与教育之间的关系，驳斥了资产阶级教育中立的谎言。在阐述政治与教育的关系之前，马克思首先指出了政治教育作为一种社会意识形态存在的基础。马克思在考察了人类社会特别是资本主义社会的发展规律，并在探讨了教育与社会的关系后明确指出，政治教育是一种社会现象，它的性质是由社会关系决定的。马克思在1859年撰写的《政治经济学批判》序言中指出：“人们在自己生活的社会生产中发生一定的、必然的、不以他们的意志为转移的关系，即同他们的物质生产力的一定发展阶段相适应的生产关系。这些生产关系的总和构成社会的经济结构，既有法律的和政治的上层建筑竖立其上并有一定的社会意识形式与之相适应的现实基础。物质生活的生产方式制约着整个社会生活、政治生活和精神生活的过程。”[4]马克思、恩格斯认为，社会存在就是人们的实际生活过程，就是社会物质生活条件，主要

---

❶ 中共中央马克思恩格斯列宁斯大林著作编译局. 马克思恩格斯全集：第41卷［M］. 北京：人民出版社，1982：534.

❷ 中共中央马克思恩格斯列宁斯大林著作编译局. 马克思恩格斯全集：第42卷［M］. 北京：人民出版社，1982：207.

❸ 李征. 马克思恩格斯关于思想政治教育相关概念论述［J］. 思想政治教育研究，2011（2）：46.

❹ 中共中央马克思恩格斯列宁斯大林著作编译局. 马克思恩格斯选集：第2卷［M］. 北京：人民出版社，1995：82.

是物质资料的生产方式，以及必然由此产生的人们的生产关系。它是不依赖于人们的社会意识而存在的客观事实。社会意识是指社会生活的精神方面、精神过程，其内容主要包括政治、法律、道德、哲学、科学、文化艺术、宗教等风俗习惯和社会心理。因此，政治教育是作为一种社会意识形态由社会存在所决定的。

基于此，马克思、恩格斯认为，政治与教育关系密切。教育的政治职能，在阶级社会里，总是作为维护一定阶级利益而表现的。教育不能脱离政治。[1]马克思、恩格斯在《共产党宣言》里指出："你们的教育不也是由社会决定的吗？不也是由你们借以进行教育的那种社会关系决定的吗？不也是由社会通过学校等进行的直接的或间接的干涉决定的吗？共产党人并没有发明社会对教育的影响；他们仅仅是要改变这种影响的性质，要使教育摆脱统治阶级的影响。"[2]马克思、恩格斯这一系列的发问，尖锐地驳斥了资产阶级关于教育"中立"的谎言，深刻地论证了资本主义教育的性质是由资产阶级的经济基础、社会关系所决定的，是为资本主义统治阶级服务的。

第三，马克思、恩格斯阐述了政治教育的作用。马克思、恩格斯认为，政治教育的重要作用在于提高人的政治觉悟，并促进人的全面发展。

在提高政治觉悟方面，马克思、恩格斯在《共产党宣言》中明确指出了"教育因素"的作用。这里所说的"教育因素"，一是指资产阶级在反对贵族及其他不同的集团的斗争中，往往把无产阶级也卷进了这种政治运动。这就使无产阶级得到了"政治教育和普通教育的因素"。而这种"教育因素"在马克思主义创始人看来，也可以成为无产阶级"反对资产阶级的武器"。二是指无产阶级在他们的生活条件中，在他们反对资产阶级的实际斗争中，得到了"大量的教育因素"，从而认识到自己的阶级地位和历史使命。马克思、恩格斯把这种"教育因素"称为"启蒙进步的新因素"。马克思、恩格斯通过引用资产阶级反对封建阶级、无产阶级反对资产阶级的政治斗争中的案例，并将其中的教育因素作为论据，阐述政治教育对提高人的政治觉悟的意义，并且进一步指出了政治觉悟对于坚定和提高人的革命信念、革命热情、革命干劲、革命的坚韧

---

❶ 历以贤. 马克思列宁教育论著选讲［M］. 北京：北京师范大学出版社，1992：12.

❷ 中共中央马克思恩格斯列宁斯大林著作编译局. 马克思恩格斯选集：第2卷［M］. 北京：人民出版社，1995：269.

性，向人们灌输革命热情，提高战斗力具有重要作用。

在促进人的全面发展方面，马克思、恩格斯主要是从人的异化与教育的关系方面论证了教育对人的全面发展的作用。马克思、恩格斯认为，异化是指在一定历史条件下，人的物质活动和精神活动的产物，产生出与它自己的本性相敌对的对立物，反过来控制人、统治人、支配人。在马克思看来，教育的一般目的包含促使人的正常发展，获得人的自我肯定和自我实现。而异化恰好表现为人的非人化，人的自我否定。马克思、恩格斯将分工、阶级划分、私有制、异化形式等联系在一起加以分析，来理解和考察教育这一社会现象，深刻地体现了阶级社会教育中的“政治”的因素。由于教育的条件是由分工产生的，因此私有制下它不取决于人们的理想，而取决于现有生产力所决定和所允许的范围。人的发展问题，由于分工的产生、私有制的出现和阶级的对立，经历着一个物的关系对个人的统治，以及偶然性对个性的压抑的最尖锐、最普遍的形式。在这样的条件下，政治教育的任务就是实现共产主义革命，确立个人对偶然性关系的统治，以代替关系和偶然性对个人的统治。马克思、恩格斯认为，共产主义是对私有制和人的异化的扬弃，它是通过工人阶级解放这种政治形式表现出来的。在共产主义社会中，人的发展由分工和私有制造成的异化现象和局限性将会消失。“个人的全面发展，只有到了外部世界对个人才能的实际发展所起的推动作用为个人本身所驾驭的时候，才不再是理想、职责等，这也正是共产主义者所向往的。”[1]马克思、恩格斯认为，人的全面发展就是人的内在本质的全面的、充分的发挥，是对异化和片面发展的彻底扬弃，是人的体力、智力、精神道德获得全面的、充分的发展。同时，只有共产主义社会才是“个人独创和自由发展不再是一句空话的唯一的社会”。

第四，马克思、恩格斯的政治教育观富含政治教育的内容，即对无产阶级进行革命理想教育。革命理想教育是马克思主义政治教育理论的重要内容。马克思、恩格斯认为，革命理想教育主要是指共产主义的理想教育。无产阶级政党通过政治教育，实现对工人运动的领导，从而实现共产主义的伟大理想。在

[1] 中共中央马克思恩格斯列宁斯大林著作编译局. 马克思恩格斯选集：第2卷[M]. 北京：人民出版社，1995：330.

马克思、恩格斯看来，政治教育的最为重要的内容就是教育无产阶级——工人进行革命。在《共产党宣言》中就明确指出，“共产党人到处都支持一切反对现存的社会制度和政治制度的革命运动。”马克思、恩格斯认为，对无产阶级开展政治教育，既包括改造人们的立场、观点、方法，也包括在实际革命运动中，以正确的方针、政策统一人们的认识和行动。概括而言，政治教育主要是培养人们的共产主义觉悟和给人们以认识、改造世界的科学方法。同时，政治教育是无产阶级的革命武器，是整个共产主义运动的理论基础。

2. 列宁的政治教育观

列宁的政治教育观贯穿于其教育思想之中，在其著作或论述中除直接使用了政治教育的概念外，还大量使用了共产主义教育、宣传工作、宣传鼓动工作、组织工作等相关术语。列宁关于政治教育的观点鲜明、思想丰富，体现在以下几个方面。

第一，教育离不开政治，教育与政治密切相连。列宁继承了马克思、恩格斯关于教育与政治关系的基本观点，同时对教育的性质作了进一步的阐述。列宁指出，无论是资本主义社会还是社会主义社会，教育都不可能脱离政治。资产阶级国家的教育同政治的联系同样是非常密切的，它为资本家培养忠实的奴仆和熟练工人。[1]1917年十月革命胜利以后，列宁认为，教育在资本主义社会是资产阶级进行专政的工具，无产阶级夺取政权后，应该成为无产阶级专政的工具。因此，在1919年修改党纲时，列宁指出，教育“应当成为无产阶级专政的工具，就是说，不仅应当传播一般共产主义原则，而且应当对劳动群众中的半无产者和非无产者的阶层传播无产阶级在思想、组织、教育等方面的影响，以利于彻底镇压剥削者的反抗和实现共产主义制度”。[2]同时，鉴于政治与教育的联系以及政治在教育中的独特作用，苏共中央于1920年将教育委员会改名为政治教育委员会。[3]尽管列宁对政治教育概念的使用十分谨慎，但列宁

❶ 舒新、林建华. 列宁的国民教育思想论述[J]. 当代世界与社会主义，2003（2）：111.

❷ 中共中央马克思恩格斯列宁斯大林著作编译局. 列宁全集：第2卷[M]. 北京：人民出版社，1995：160.

❸ 北京师范大学教育系教育学组. 马恩列斯教育文选[M]. 北京：北京师范大学出版社，1974：215.

的教育思想本身具有鲜明的"政治性"和阶级性。基于此，列宁还重点强调了教育的领导权问题。他指出，在国民教育机构的"工作中首先应该公开承认共产党的政治领导"。[1]列宁认为，只有通过共产党的领导，才能使教育真正成为无产阶级专政工具，整个教育才能朝着社会主义方向前进。

第二，政治教育对于建设社会主义民主政治具有重要作用。列宁认为，政治教育是马克思主义执政党的重要任务，是提高人民文化素质、培养政治人才的重要途径，也是建设社会主义民主政治的重要方面。他说："任何一个代表着未来的政党的第一个任务，都是说服大多数人民相信其纲领和策略正确。"[2]在国家的中心工作转向经济建设时，也要把为社会主义建设训练群众的教育任务提到首位。因为资产阶级的反抗不仅来自军事和政治方面，而且最深刻、最强烈地来自思想方面。要改善国家的管理，就必须提高劳动者的素质和无产阶级参与国家机关管理的能力。列宁认为，在十月革命胜利以后，在苏维埃俄国，人才奇缺，有知识的、受过教育和训练的机关工作人员"少得可笑"，这就妨碍了机关的优化。[3]从这一意义上，政治教育对于满足劳动人民希望参与国家管理而迸发出来的强烈求知欲具有重要意义。无论是提高政治文化素质，还是提升劳动人民参与国家管理的能力，其实质都将对建设社会主义民主政治起到促进作用。

第三，政治教育最重要的方式是灌输。通过灌输开展政治教育的理论是列宁政治教育观的核心观点。早在1894年，列宁在《什么是"人民之友"以及如何攻击社会民主党人?》中，通过引用考茨基的话，第一次明确提出了灌输的概念。他指出："社会民主党是工人运动和社会主义的结合。他们应该进而把这个理论通俗化，把它灌输给工人。"此后，列宁在其著作《社会民主党人的任务》(1897)、《怎么办》(1902) 中，从原因、内容和途径等方面对灌输理

---

❶ 中共中央马克思恩格斯列宁斯大林著作编译局. 列宁全集：第3卷[M]. 北京：人民出版社，1995：160.

❷ 中共中央马克思恩格斯列宁斯大林著作编译局. 列宁全集：第3卷[M]. 北京：人民出版社，1995：476.

❸ 中共中央马克思恩格斯列宁斯大林著作编译局. 列宁全集：第2卷[M]. 北京：人民出版社，1995：160.

论进行了较为系统的阐述。他从人的政治思想形成发展和人的政治理论传播的一般规律出发指出：“工人本来也不可能有社会民主主义意识，这种意识只能从外面灌输进去。”[1]同时，他认为只有进行革命理论灌输，才能有革命的行动，并明确指出：“没有革命的理论，就不会有革命的行动。”[2]他还旗帜鲜明地提出：“只有革命马克思主义的理论，才能成为工人阶级运动的旗帜，所以俄国社会民主党应该设法继续发展并且实现这个理论。”[3]马克思主义理论成为列宁灌输理论的最重要的内容。

第四，政治教育的重要途径是宣传工作和组织工作。列宁十分注重通过报刊的形式开展宣传工作，他说：“必须集中党的一切力量，一切写作力量、一切有组织才能、一切物质等来创办和办好全党机关报。”[4]他先后创办了《火星报》《工人报》《曙光》等报刊作为宣传马克思主义理论的工具。同时，宣传工作必须与组织工作相配合，才能取得更好的灌输效果。他说：“必须建立一个组织，专门负责各个运动中心的联络工作，完整而及时地传达有关运动的消息，并定期向俄国各地供应刊物。”[5]列宁还参与了组织创建工人工会、工人协会等机构，为对工农群众进行政治教育提供了组织基础。同时，他通过积极开展宣传工作和组织工作，对工人阶级进行政治教育，有效地宣传马克思主义理论，为俄国无产阶级革命奠定了良好的思想理论基础。

第五，政治教育是苏维埃政权建立之后干部队伍建设的重要内容和方式。俄国十月革命胜利及苏维埃政权建立之后，苏共中央成立了专门的政治教育委员会，政治教育的概念在此期间被广泛使用。列宁认为，政治教育委员会的任

---

❶ 中共中央马克思恩格斯列宁斯大林著作编译局. 列宁选集：第1卷［M］. 北京：人民出版社，1995：317.

❷ 中共中央马克思恩格斯列宁斯大林著作编译局. 列宁全集：第2卷［M］. 北京：人民出版社，1995：443.

❸ 中共中央马克思恩格斯列宁斯大林著作编译局. 列宁全集：第4卷［M］. 北京：人民出版社，1995：155.

❹ 中共中央马克思恩格斯列宁斯大林著作编译局. 列宁全集：第4卷［M］. 北京：人民出版社，1995：109.

❺ 中共中央马克思恩格斯列宁斯大林著作编译局. 列宁全集：第4卷［M］. 北京：人民出版社，1995：285.

务不仅在于提高人民文化水平，经营和改善国家的经济状况，而且还负有非常特殊的使命，即将“狂妄自大的、文盲的、贪污受贿”的政治教育工作者清洗出干部队伍。列宁认为“政治教育”是一个崇高的、神圣的概念，是一种艺术。因此，一个机构能够被称作“政治教育委员会”，其成员就必须是谦逊谨慎、文化较高、教养良好。[1]列宁晚年的政治教育思想，为发展保障新经济政策的推行，提高人民的文化素质，加强党员干部队伍建设，以及巩固新生的苏维埃政权发挥了重要作用。

3. 斯大林的政治教育观

斯大林的政治教育思想主要是继承并进一步强化了列宁关于政治教育的思想。斯大林在其论著中使用的与政治教育相关的概念主要为宣传工作和共产主义（精神）教育等，其思想主要体现在政治教育的内容、作用和原则方法等方面。

第一，马克思列宁主义教育是政治教育的重要内容。以马克思主义理论为指导，加强对工人阶级和人民群众的政治教育，是俄国十月革命胜利的一大法宝。斯大林与列宁在对工人和人民群众开展政治教育上的认识一致。列宁逝世以后，斯大林继承了列宁关于政治教育的思想，并进一步强化了马克思列宁主义在政治教育中的地位。他认为，马克思列宁主义是关于社会、社会发展规律、无产阶级革命发展规律，是社会主义建设发展规律以及共产主义胜利的科学。1939年，斯大林在苏共第十八次代表大会上的报告中明确指出，“报告所涉及的时期内借以巩固党及其领导机关的另一件很要紧很重大的工作，就是党的口头上的和刊物上的宣传鼓动工作，用马克思列宁主义精神教育党员和党的干部的工作，提高党及其工作人员的政治和理论水平的工作……用马克思列宁主义教育干部的任务，就是要帮助我们所有工作部门中的干部掌握马克思列宁主义的关于社会发展规律的科学。”[2]他同时认为在当时的情况下，“特别应该

---

❶ 中共中央马克思恩格斯列宁斯大林著作编译局. 列宁全集：第4卷[M]. 北京：人民出版社，1995：199.

❷ 北京师范大学教育系教育学组. 马恩列斯教育文选[M]. 北京：北京师范大学出版社，1974：252.

强调列宁主义的宣传，因为这种宣传在共产主义教育方面具有决定意义。”[1]他撰写了《论列宁主义基础》《论列宁主义的几个问题》等著作，全面阐释列宁主义及列宁主义教育的重要性，巩固了马克思列宁主义在政治教育中的理论基础地位。

第二，政治教育在社会主义建设中发挥重要作用。一是统一全党全国人民的思想。列宁逝世后，统一全党全国人民的思想，成为苏联社会主义建设的首要任务。斯大林高举列宁主义旗帜，认为“列宁主义是帝国主义和无产阶级革命时期的马克思主义”，列宁主义的宣传在共产主义教育方面具有决定性的意义。否则，社会主义建设只能在摸索中工作，在黑暗中工作。[2]二是坚定广大干部对社会主义建设事业的必胜信念。斯大林认为，苏共要成功领导苏联社会主义建设，巩固无产阶级专政，就必须使人民对社会主义建设事业充满信心，其关键在于开展政治理论教育。他说：“理论如果是真正的理论，就能使实际工作者有能力确定方针，认清前途，对工作充满信心，相信我们的事业必定胜利。”[3]只有对干部开展马克思列宁主义教育，才能更好地执行上级的指示，加强党和国家的整个工作。三是提升干部觉悟，便于对群众开展马克思列宁主义教育。斯大林认为，从中央到地方都要开展政治教育工作，党员干部有开展“宣传鼓动”和“演讲宣传”的义务。他在苏共第十八次代表大会上的报告中指出，党员干部要“努力提高自己的觉悟，领会马克思列宁主义基础，领会党的重要政治决议和组织决议并向非党群众进行解释”。[4]党员干部只有具备了马克思列宁主义的基本素养，才能更好地在工人群众中传播社会主义思想，从而

---

❶ 中共中央马克思恩格斯列宁斯大林著作编译局. 斯大林全集：下卷[M]. 北京：人民出版社，1979：215.

❷ 中共中央马克思恩格斯列宁斯大林著作编译局. 斯大林全集：下卷[M]. 北京：人民出版社，1979：205.

❸ 中共中央马克思恩格斯列宁斯大林著作编译局. 斯大林全集：下卷[M]. 北京：人民出版社，1979：210-211.

❹ 北京师范大学教育系教育学组. 马恩列斯教育文选[M]. 北京：北京师范大学出版社，1974，253.

将党和工人阶级“在精神上联系起来”。[1]因此，他要求党员干部队伍必须始终走在前面，把广大工人群众武装起来，为社会主义的胜利而斗争。

第三，确立了开展政治教育的有效方法。斯大林一直倡导理论教育要与实际相结合，并在实践中探索了多种方法巩固政治教育的成效。这些方法主要包括揭露批判法、批评和自我批评法、理论联系实际法等。他说，只有和理论上的资产阶级偏见作斗争，才能巩固马克思列宁主义的阵地；没有自我批评，就没有对党、对阶级、对群众的正确教育，而没有对党、对阶级、对群众的正确教育，也就没有布尔什维主义；[2]科学所以叫作科学，正是因为它不承认偶像，不怕推翻过时的旧事物，很仔细地倾听实践和经验的呼声。[3]这些方法不仅使马克思列宁主义的基本原理贯穿于政治教育过程之中，而且对于加强党的自身建设，提升并巩固党在社会主义建设时期的执政能力与执政地位具有重要意义。

但是，在政治教育实践中，斯大林长期照搬马克思列宁主义导致的教条主义，过分强调领袖作用导致的个人崇拜，以及过分强调灌输方法导致的命令主义作风等，对苏联社会主义建设发展产生了较大的负面影响。

4. 毛泽东的政治教育观

毛泽东的政治教育观形成于革命战争年代，并在社会主义建设初期逐步发展成熟。其政治教育观主要体现在与教育、政治工作、思想工作、政治思想工作的相关论著之中。其主要观点包括以下几个方面。

第一，阐述了教育与政治和经济之间的关系，并论述了政治教育的重要性。毛泽东继承了马克思关于社会存在决定社会意识的基本观点，并以文化作为教育的成效，阐述了教育同政治和经济之间的关系，还特别指明了教育对政治和经济的影响和反作用。他在《新民主主义论》中指出，“一定的文化（当作观念形态的文化）是一定社会的政治和经济的反映，又给予伟大影响和作用

---

❶ 中共中央马克思恩格斯列宁斯大林著作编译局. 斯大林全集：下卷[M]. 北京：人民出版社，1979：210-211.

❷ 中共中央马克思恩格斯列宁斯大林著作编译局. 斯大林全集：下卷[M]. 北京：人民出版社，1979：211.

❸ 中共中央马恩列斯著作编译局. 斯大林文选[M]. 北京：人民出版社，1962：55.

于一定社会的政治和经济；而经济是基础，政治则是经济的集中的表现。这是我们对于文化和政治、经济的关系及政治和经济的关系的基本观点。”同时，他还明确作出了“社会主义建设必须依靠教育，教育必须为社会主义建设服务”的论断。[1]毛泽东提及的教育概念虽然是广义的概念，但却具有鲜明的社会主义性质。社会主义改造时期，毛泽东进一步明确提出：“政治工作是一切经济工作的生命线，在社会主义经济制度发生根本变革时期，尤其是这样。”社会主义改造完成之后，我国进入全面建设社会主义时期，毛泽东又提醒全党：“思想工作和政治工作是完成经济工作和技术工作的保证，它们是为经济基础服务的。”[2]无论是政治工作还是思想工作，其核心内容及观点都是政治教育。在这一意义上，毛泽东将政治教育上升到政治和经济工作生命线的高度上，以此说明政治教育的重要性。

第二，政治教育必须与解决群众实际问题及群众物质利益相结合。毛泽东早就提出，要关心群众的油、盐、柴、米问题，甚至要关心群众生小孩的问题。他说，要想得到群众的拥护和支持，就得和群众在一起，就得去发动群众的积极性，就得关心群众的痛痒，就得真心实意地为群众谋利益，解决群众的生产和生活的问题。[3]他认为，在革命时期，人民群众最关心的不是哪个党派来执政，以及国家的发展方向等政治问题，而是能否解决群众温饱问题、生活问题；在社会主义改造和建设时期，政治教育也不能孤立地进行，“必须使人民群众得到真实的利益才是好东西”。[4]毛泽东从人的政治属性和社会属性两个方面，论述了做好政治教育的前提条件，即解决群众的实际问题，满足群众的物质利益需求。

第三，坚持走群众路线是开展政治教育的重要途径。群众路线既是毛泽东思想的重要内容，也是其开展政治教育的重要途径。他认为，在政治教育工作中坚持群众路线，就是“提倡民族化、科学化、大众化。如果是真想实行大众

---

❶ 毛泽东. 毛泽东选集：第2卷[M]. 北京：人民出版社，1966：663-664.
❷ 金春明. 毛泽东思想基本问题[M]. 北京：中共中央党校出版社，1999：50.
❸ 毛泽东. 毛泽东文集：第2卷[M]. 北京：人民出版社，1993：181.
❹ 毛泽东. 毛泽东文集：第2卷[M]. 北京：人民出版社，1993：178.

化的人，那就要切实地跟老百姓去学，否则仍然‘化’不了”。[1]毛泽东的“民族化、科学化、大众化”，实质是在教育过程中注重将政治教育的理论、方式、方法更加贴近群众的过程。在政治教育过程中，毛泽东一方面要求政治教育工作者绝对不能是高高在上，板起面孔训人的，而是要通过人民群众喜闻乐见的方式来进行；另一方面要求理论工作者要善于向群众学习，深化对政治教育的认识。毛泽东关于贯彻群众路线的政治教育方针不仅为政治教育的理论提供了直接而丰富的养分，更明确提出了开展政治教育的有效形式，增强了政治教育的实效性。

5. 小结

马克思、恩格斯、列宁、斯大林、毛泽东等马克思主义经典作家对政治教育的论述及观点，涵盖了政治教育的特征、基本矛盾、根本问题及最终目的等方面内容，对当前的政治教育具有重要的启示。

第一，政治教育具有鲜明的阶级性。马克思主义经典作家用大量的史实和事例，充分论证了教育与政治之间的关系，同时也深刻阐述了政治教育鲜明的阶级性特征。在阶级社会里，政治的实质是阶级关系和阶级斗争，阶级性是政治的根本属性。国家是经济上占统治地位的阶级进行阶级统治的工具，阶级性是国家的根本属性。一个国家的政治教育必然与其阶级性密切相关。在奴隶社会、封建社会和资本主义社会，统治阶级的政治教育在于宣扬其统治理念，巩固其统治地位，反映的是统治阶级的利益和要求。在社会主义社会，中国共产党作为执政党，始终坚持用马克思列宁主义、毛泽东思想和中国特色社会主义理论体系教育广大人民群众，为社会主义物质文明、政治文明、精神文明建设服务，为构建社会主义和谐社会服务，最终目的是努力为人民群众的利益服务。政治教育的阶级性贯穿于整个阶级社会发展全过程，它是阶级社会必然产物。

第二，政治教育的基本矛盾表现为统治者的政治素养与社会成员政治素养水平的差异。马克思主义认为，政治教育的基本目标就是提高无产阶级的共产主义觉悟。马克思主义经典作家认为，人的共产主义觉悟不是自发产生的，而

---

[1] 毛泽东. 毛泽东文集：第2卷[M]. 北京：人民出版社，1993：152.

是在无产阶级政党领导和教育下，通过开展政治教育实践活动，经过长期的学习积累形成的。共产主义觉悟是无产阶级政党政治素养的核心内容，具体包括理论觉悟、政治觉悟、组织觉悟等内容。其中，理论觉悟，即对人类社会发展规律的认识，具体到当前即对中国特色社会主义建设实践的认识；政治觉悟，即依据对社会发展规律的认识而形成的革命观点和国家观点，具体到当前即中国共产党在中国特色社会主义建设中形成的路线、方针、政策的观点；组织觉悟，即建立独立的工人阶级政党的自觉意识以对党的思想原则、组织原则的认识，具体到当前即中国共产党在中国特色社会主义建设实践中，始终坚持民主集中制、始终坚持以人为本，始终把党和人民的利益放在第一位的观点、原则和方法。无产阶级政党在取得国家政权以前，就是通过政治教育提高工人阶级的政治思想水平，使其在理论觉悟、政治觉悟和组织觉悟等方面达到无产阶级政党的政治思想水平，为无产阶级革命斗争奠定思想基础。当前，社会成员对中国特色社会主义理论、道路和制度的认识和觉悟，成为社会成员政治素养水平的重要标准。中国共产党作为执政党，领导全国人民在全面推进中国特色社会主义经济建设、政治建设、文化建设、社会建设的过程中，政治教育重点在于提高社会成员对中国特色社会主义理论、道路和制度的认识和觉悟，增强社会成员在中国特色社会主义理论、道路和制度中的自信。

第三，政治教育的根本问题是解决政治合法性认同，即政治认同问题。在马克思主义经典作家看来，无产阶级政党的“第一个任务”是“说服大多数人民相信其纲领和策略的正确”。新中国成立特别是改革开放以来，中国共产党一直十分关注政治教育中的政治合法性问题，并主要通过两个方面强化党的执政地位的合法性。一是用执政政绩证明党的合法性基础。中国共产党经过90多年的发展，已经完成了从传统意义的“革命”政党向现代意义的“执政”政党的转变。在此转变之后，中国共产党作为执政党的主要功能是制定并积极推行既适应中国社会经济政治文化发展要求，又能充分反映人民群众的意志和主张的路线方针政策，尽可能地实现人民群众的最根本利益，证明它有资格和能力继续执掌政权，以证明它的执政行为的合法性，有效巩固其继续长期执政的合法性基础。二是通过创新传统的意识形态及其理论巩固执政党合法基础。改革开放以来，中国共产党领导全国人民在社会主义建设中先后提出了建设具有中国特色的社会主义、中国特色社会主义旗帜、中国特色社会主义道路、中国特色社会主义理论、中国特色社会主义制度等一系列概念，赋予其全新的内容，谨慎处理意识形态传统话语与现代社会实践之间的分歧，不断整合人民群众基本价值取向，并积极开展创新意识形态的宣传教育，让大多数人认同和接受党的意识形态理论。无论是对执政政策及其政绩的解释，还是对意识形态及其理论的创新，都是与马克思主义经典作家关于执政党的任务是一致的，同时都是以政治认同为基础的一种政治教育实践活动。

第四，政治教育的最终目的在于实现人在社会中的主体性地位。马克思、恩格斯关于教育促进人的全面自由发展、列宁关于教育产生的良好教养与觉悟，以及毛泽东关于教育要解决群众实际问题的观点，都充分体现了政治教育对“人”作为社会主体因素的重视。在改革开放和社会主义市场经济充分发展的新时代，社会成员在权利和义务关系方面发生重大调整，人们的主体性意识越来越充分地显示出来，政治教育顺应时代潮流和趋势，其社会价值应逐步转向个人的需要和个人的平等，其基本目的都是为了尊重人、理解人、关心人、爱护人，使社会成员在政治教育的实践中不断地实现个人的自我价值。进入21世纪以来，党和国家先后提出了“以人为本”为核心的科学发展观，“民主法治、自由平等、公平正义”价值理念，以及“富强、民主、文明、和谐，自由、平等、公正、法治，爱国、敬业、诚信、友善”为主要内容的24字社会主义核心价值观。政治教育更加注重公民意识的教育，注重社会成员个性的培养，个人的生存与个体的全面发展成为政治教育的价值追求之一。

二、西方主要发达国家政治教育及其内涵

在前文研究现状中已经述及，尽管“政治教育”的概念不一定在现代西方国家相关学科领域被直接提及，但它却是相关学科领域的核心内容。对西方主要发达国家的政治教育内涵进行梳理和辨析，对于界定政治教育的内涵具有重要借鉴意义。

1. 美国的公民教育及其内涵简介

美国是现代政治教育理论研究的策源地。美国的政治教育很大程度上隐藏在其公民教育（Civic Education）中。要深入把握美国政治教育的内涵，就必

须了解其公民教育的内涵。美国公民教育的缘起可追溯至1863年，时美国总统林肯在其著名的《葛底斯堡演说》中提及要建立“民有、民治、民享”（Government of the people，by the people，for the people）的民主政府。这一观点的中心在于确立了“民”的地位，亦即公民的地位。本质上，民主政府不仅是由公民组成和为了公民的政府，而且是由公民进行治理的民主政府。在一定意义上，公民参与民主政府的治理，就成为“民有”和“民享”的前提和基础。培养具有良好知识、技能和品性的公民，并使其能够参与民主政府的自治治理，成为民主社会的一项重要任务，这一任务本质上就是公民教育。

具体而言，美国公民教育大体涵盖三个方面的内容，即公民知识、公民技能和公民品性教育。每个方面的内容实质上都包含（或绝大部分涉及）政治相关的内容。在公民知识方面，美国于1991年和1994年分别颁布了《公民教育大纲》和《公民学与政府国家标准》，将政府及其职能、政治体制的基础、民主在政府中的体现、美国与世界事务的关系、公民在政治体制中的地位等方面作为公民教育的主要内容。在公民技能方面，分为智力技能和参与技能。其中，智力技能主要是使公民能够描述政治机构的功能与过程，解释并分析政治机构的运作情况，评估政治立场并作出判断等；在参与技能方面，要求公民在参与政治与社会过程中能够做到相互作用、相互监督、相互影响。在公民品性方面，要求公民成为一名独立的社会成员，能够承担个人政治与经济责任，富有创造性地参与公民事务，并能促进民主宪政的健康运转。可见，虽然美国的公民教育涵盖的内容非常宽泛，但是，政治教育的内容在公民教育中占有十分重要的地位。或者，从本质上讲，美国的公民教育就是一种政治教育，其根本任务就是培育美国资本主义政治制度下的合格公民，其最终目的是维护美国现存的社会政治经济制度，维持资本主义社会的秩序和稳定。[1]

2. 德国的政治教育及其与政治文化、道德教育之间的关系简介

在西方，德国政治教育成效及其理论颇具典型性和代表性。自德意志第二帝国（1871—1918）开始，德国人第一次经历了民族统一、国力强盛、民主（魏玛共和国）的洗礼，更背负了两次世界大战的策源者和战败国的耻辱。但

[1] 高峰. 美国公民教育的基本内涵[J]. 比较教育研究，2005（5）：56.

是，1949年后的德意志联邦共和国，从战争的劫难中得以迅速恢复并再度崛起，经济得到飞速发展，在政治上更建立了西方式的民主共和体制，实现了政治与经济的同步发展。更重要的是，其较为彻底地清算了纳粹统治这段黑暗的历史，深刻吸取了历史的惨痛教训，改变了“麻烦制造者”的形象，成为维护世界和平与安全的一支重要力量，成为西方资产阶级民主国家的典范；经受了纳粹政治教化、具有根深蒂固“臣服权威”和极端民族主义思想的德国人也经历了较彻底的思想解放，成为资产阶级政治体系坚定的维护者。虽然德意志民族历史性的变化脱离不了第二次世界大战后民主化浪潮的大背景，但是第二次世界大战后德国确立的以《基本法》的基本价值为依据，紧紧围绕着“确立公民政治主体意识，强化公民政治参与意识，提高公民政治宽容意识”的政治教育，在促进民众对德国资产阶级的政治思想、政治权力和政治体制的“集体认同”，从而使政治体系取得“合法性”方面发挥了重大作用。[1]理解和揭示德国政治教育的内涵，对于我们辨析和界定政治教育的内涵具有重要的参考价值。

德语中的政治教育“Politische Bildung”具有十分丰富的内涵，它以人的独立价值和人的自由发展为出发点，倾向于经过锻炼和培养而达到一定的政治素质或水平。它强调的政治品质在当代表现为在政治上了解情况的意识，以及作出政治判断并采取政治行动的能力。[2]德国政治教育有深厚的传统和底蕴，其范畴包括政治认知、政治参与、政治文化、政治社会化等，它以社会政治化理论为基本理论，目的是传授参与政治过程所需要的知识、价值、态度及参与政治的技能，它以对整个国家的政治体制和经济制度的宣传教育、对纳粹进行历史清算及在民众中强化和传播民主思想作为历史责任。在德国有专门的政治教育机构——联邦政治教育中心（Die Bundeszentrale für Politische Bildung）负责政治教育的决策、组织、实施和管理。[3]

在德国，无论在理论构建还是在现实层面，政治教育与政治文化之间的关系都备受关注。在理论建构方面，第二次世界大战后德国政治教育学者和政治教育机构，多是从政治文化与政治教育二者关系的范畴，阐述政治教育的目

---

❶ 傅安洲，阮一帆，彭涛. 德国政治教育研究[M]. 北京：人民出版社，2010：1.

❷ 阮一帆，傅安洲. 德国政治教育若干问题研究[J]. 战略与管理，2004（3）：113.

❸ 傅安洲. 联邦德国政治教育中心述评[J]. 当代青年研究，1999（3）：45.

标、价值取向、内容和教学法。在现实层面，政治文化对政治教育及其变革产生着重要的推启、界定（政治教育的目标、内容是由政治文化决定的）、匡正（纠偏）和促进（政治文化是政治教育的土壤和推力）作用，而“政治教育”在维持、传承、改变、创造政治文化中也发挥着重要作用。第二次世界大战前后，随着德国资产阶级民主政治的建设与发展，德国的政治文化先后经历了由“臣服型”“权威型”政治文化转向否定与批判基础之上的“自由主义”政治文化，最后转向“理性”“批判”“认同”基础之上的“参与型”政治文化的演变。相应地，政治教育也先后呈现出“纳粹专制的工具”“捍卫宪政的手段”“追求人的自由与解放”“巩固发展政治认同与追求人的自由和发展相统一”等价值形态。政治教育价值取向的转换，成为对政治文化变迁的主动响应，政治文化成为政治教育价值转换的动力和源泉。

德国政治教育和道德教育无论在理论还是实践方面都有相对独立的体系。德国政治教育理论体系的实质是要在解决好民众对资产阶级政治体系、政治权力基本认同的基础上，积极、有效、理性地参与国家政治生活，从而为政治体系和政治权力提供“正当性”与“合法性”的依据和政治意识形态性资源。正是由于政治教育的这一基本属性和特征，德国统治集团不仅十分重视政治教育，而且将不管是作为学术研究对象，还是教育的实践形态的政治教育，都作为一个专门的领域。道德教育在德国历史上是比政治教育更久远的另一个教育领域。德国的道德教育思想对德意志民族乃至全世界都产生了重要影响。长期以来，道德教育在宗教文化传统深厚的德国主要以宗教教育的形式来体现。比如，在公立学校，即使宗教精神、宗教文化早已在德国社会广泛渗透，以新教、天主教为主的宗教课程依然被当作信仰基督教学生的品德必修课。而对于非宗教信仰的学生则以《伦理学》课程作为道德教育的主干课程。与政治教育类似，在当代德国，道德教育也形成了一整套专门的理论体系与教育体制，家庭、学校、教会、社会等诸多因素都对道德教育的有效实施贡献力量。在德国大学，政治教育多划属政治学、社会学学科领域，并设置了政治教育（教学法）专业，道德教育则分属于教育学或伦理学学科。在教育实践中，政治教育与道德教育也属于两个相对独立的实践领域，基本上不交叉。

3. 英国的公民教育及其内涵简介

英国的政治教育也是以公民教育的形式开展。英国虽然是资本主义制度建立最早的国家，但其早期的公民教育却并没有形成完整的体系。20世纪90年代，英国教育部门组建专门机构对公民教育进行调查和研究，并于1998年公开发表了研究报告即《科瑞克报告》后，英国公民教育的目标、内容、方法、途径才逐渐清晰，公民教育才得到足够重视。根据《科瑞克报告》，英国公民教育目标是："确保并增进学生有关参与型民主的性质与实践的知识、技能以及价值观；提高为把学生培养成为积极公民所需的权责意识和责任感；藉此确立参与本地或更广泛社区活动对个人、学校和社会的价值。"[1]1997年英国工党组阁后，政府更加重视公民教育，并分别在小学、中学不同阶段开设与学生年龄相适应的公民教育课程，特别是将公民教育作为中学阶段必修课。自2000年以后专门的公民教育课程集中反映在其开设"公民科"（Civic Studies）课程中。对于"公民科"的目标，英国国家课程网作出了以下陈述：公民科提供给学生以足够的知识、技能和理解，使他们在地方、国家和国际三个层面的社会中起到有效的作用……有助于教给他们一些关于我们的经济、民主机构和价值观的知识；有助于培养他们对于不同国家、宗教和种族身份的尊重；并且有助于发展学生对热点问题进行反思，参与讨论的能力……

英国的公民教育重视把个人责任与国家事务联系起来，并积极致力于范围更广的社会事务之中，其意图是希望能够在竞争日趋激烈的现代社会，确保这个曾经被称为"日不落帝国"的国家在国际事务中的地位，确保公民对国家的认同观念，增强公民的政治参与意识，提高公民的责任感。

4. 小结

不管西方国家的"政治教育"是隐性的还是显性的，从当代西方国家实施的政治教育的目的、内容及其与政治文化、道德教育的关系来看，其政治教育都具有以下几个方面的特征。

第一，政治教育的意图十分明确。统治者、国家、政府、集团等具有共同

---

[1] CRICK B. Adivisory group on citizenship: education for citizenship and the teaching of democracy in school (the crick report) [R]. London: Qualification and Curriculum Authority, 1998: 40.

政治利益和政治理想的社会政治共同体，希望通过政治教育使其社会成员形成一定的政治观点，对现时的政治及其体系产生认同，形成良好的政治参与意识和能力，以维持政治系统持久稳定有效运行。

第二，政治教育的内容大体相似。政治教育所要实施的内容要符合一定政治体系所倡导、认同的有利于维护其统治的内容，这些内容包括所有旨在提高政治素养的教育活动，如了解国家的政治、政党制度，获得适应和参与政治生活所需的认知、价值、技能等。

第三，政治教育与政治文化协同演化，而两者相互作用成为协同演化的原动力。政治教育的理论与实践创新对政治文化变迁积极响应，推动政治教育价值取向的转换和创新发展，促进政治文化的发展与变革，形成特定时期政治文化与政治教育“变迁—响应”机制。如此一来，“政治文化的变迁与政治教育的主动响应”，就是“政治文化与政治教育协同演化”的发生机理，也就形成了政治文化与政治教育协同演化的基本态势。

第四，政治教育与道德教育在施教规律、目的、功能上的本质差异，要求开展分门别类的研究，特别要加强政治教育研究和学科建设。在目的取向层面，要将政治认同教育作为思想政治教育的核心价值取向，努力构建当代中国特色“政治认同教育的基本范式”。在研究视野层面，既要继承和发扬我国思想政治工作的优势和经验，又要大胆借鉴西方政治社会化理论和政治教育理论的有益成分，以形成符合中国国情、具有中国特色和中国风格的政治认同教育理论和实践模式。在规律探讨层面，应将理论研究、模式构建、实证调查与教育实验相结合，努力探索我国不同阶层，特别是青少年政治认同产生和发展的基本规律和政治认同教育的基本规律。在学科建设层面，要以马克思主义理论为指导，借鉴政治学、教育学、社会学和心理学关于认同问题的理论研究成果，在思想政治教育学科体系中，尽快建立一门以政治认同教育为核心取向和基本内容的政治教育学分支学科，厘清其研究对象、基本范畴、基本规律，认清其教育内容、教育方法和教育管理的基本问题。

三、政治教育的含义

对于政治教育的定义，《教育大辞典》认为，政治教育是“有目的地形成人们一定的政治观点、信念和政治信仰的教育”。[1]也有人认为，“政治教育就是进行政治方面的教育，主要是使受教育者了解国家的政治制度，特别是了解自己国家的本质和政体运用；了解政党，学习国际政治事务知识、了解世界政治形势；学习政治学和相关的社会科学，并培养受教育者辨别政治是非的能力和参与政治生活的能力；培养民主精神等。”[2]这两种观点分别界定了政治教育两个不同方面的含义，即政治教育的目的和政治教育的过程。

根据马克思主义经典作家关于政治教育的基本观点，结合西方发达国家关于政治教育的基本内涵，本书认为，政治教育是指在一定社会条件和政治文化背景下的政治体系及其所包括的阶级、国家、政府、政党等具有共同的政治利益和政治理想的社会政治共同体，有计划、有组织地对社会成员开展政治认知教育，培育社会成员的政治情感，有目的地使社会成员形成一定的政治价值观，并使其能较好地理解、认同现实政治，具备良好政治参与意识和能力的社会实践活动。政治教育的过程也是传承政治文化的重要过程，特定的政治文化对政治教育产生重要影响。具体而言，其内涵包括以下几个方面。

第一，政治教育是一个历史范畴，是特定社会历史条件下才存在的一种教育实践活动。具体而言，所谓“一定社会条件”，是指阶级社会及社会主义初级阶段历史时期的社会条件。在阶级社会之前，或者在国家消亡之后，政治教育的实践活动不存在或将随之消亡。在奴隶社会、封建社会和资本主义社会，政治教育都是统治阶级及其掌握的国家机器对被统治阶级开展的具有鲜明意识形态色彩的教育实践活动。在我国古代奴隶社会，统治阶级对被统治阶级主要开展以等级观和天命观为核心内容的宣传教育；在封建社会，统治阶级对被统治阶级主要开展以儒家礼教为核心内容的宣传教育；在资产阶级作为统治阶级的资本主义社会，其对社会成员主要开展以人性论、人道主义和人权为核心内容的宣传教育，极具隐蔽性和欺骗性。在当前我国社会主义初级阶段时期，政治教育是由作为执政党的中国共产党领导的，对广大社会成员开展的以马克思主义理论教育为核心内容的教育实践活动。

---

❶ 顾明远. 教育大辞典：第1卷［M］. 上海：上海教育出版社，1990：98.

❷ 王智. 公民教育与政治教育［J］. 广东教育学院学报，1999（1）：2.

第二，政治教育的组织者、实施者为特定的社会政治共同体。所谓社会政治共同体，是指具有共同的政治利益、公认的政治机构和特定的居住区域的人们所构成的社会集合体。社会政治共同体一般具有三个要素，即具有共同的政治利益，对政治规范的一般认识，具有维护共同利益的政治机关和政治制度。政治共同体作为社会政治生活有序性的一种结构基础，具有重叠性和不变性两个显著特征。一般地说，任何社会都存在大量重叠的政治共同体。由于政治共同体是在其成员的共同认同和利益共识的基础上构成的，因而在国家的政治制度、统治当局和执政党发生变更的情况下，它们仍然继续存在。在阶级社会，政治教育的组织者是指占据统治地位的阶级及其组建的国家和政府机构等社会政治共同体，在资本主义社会政党产生之后，政党成为社会中重要的政治共同体，也是开展政治教育的重要发动者和组织者。在我国，政治教育是由作为执政党的中国共产党领导的国家及其政权机构作为策划者、组织者和实施者开展教育实践活动。中国共产党及其领导的国家、政权组织机构是实施政治教育的最重要社会政治共同体。

第三，政治教育是一项有计划、有组织的教育实践活动。政治教育的有计划与有组织主要体现在政治教育从策划到内容，再到实施全过程的计划性和组织性。在阶级社会，策划的计划性和组织性主要表现为统治阶级从上到下、从中央到地方的政权组织结构依其职能在政治教育中开展的构思、决策、设计、制作方案的过程；内容的计划性和组织性主要表现为统治阶级向被统治阶级传达的思想必须符合统治阶级的意志，必须有利于巩固统治阶级的地位、维系统治阶级的利益；实施的计划性与组织性主要表现为政治教育必须由特定的教育群体，采取特定的教育方式和教育手段对社会成员进行有效教育的过程。我国古代奴隶社会的政治教育主要包括了“天命论”“王权神授”等内容，封建社会的政治教育主要为以“三纲五常”为核心思想的内容，其策划和实施过程主要是通过从中央到地方极力推崇、宣扬并通过相应的手段加以强化、渗透至社会各个阶层，使整个社会套上沉重的精神枷锁。在资本主义社会，资产阶级十分注重政治教育的隐蔽性、欺骗性，其政治教育因而具有更强的计划性与组织性，在内容上鼓吹所有成员“自由、平等、博爱”等口号，在策划和实施上更加注重教育的潜移默化。当前我国开展的政治教育实践活动，是以中国特色社会主义理论体系为核心内容，由政府相关部门通过多种途径、多种方式组织实施的一项教育实践活动。

第四，政治教育的过程是提高社会成员政治素养的过程。人的政治素养主要包括政治认知、政治情感、政治价值观、政治认同和政治参与等方面的能力、意识和水平。社会成员政治素养的提高包括两个方面：一方面，是社会成员从“自然人”[1]到“政治人”[2]的内部因素的变化发展过程，即一个人从获得政治认知、政治情感到形成政治价值观和政治认同，再到形成政治参与能力的自然历史的发展过程；另一方面，在政治教育的过程中，体现为通过认知构建、情感培养、认同培育、技能训练及参与引导等教育的方式方法或手段，使社会成员通过外部因素作用从“自然人”发展为“政治人”的过程。在一定意义上，政治教育的过程，首先是对人的政治素养形成发展及其一般规律进行认知的过程，同时也是通过认知构建、情感培养、认同培育、技能训练及参与引导，提升社会成员政治素养，对社会成员开展政治教育的过程。

第五，一定社会条件下的政治教育必须以一定的政治文化为条件。政治文化是由一定的文化环境孕育，并经过长期社会历史过程，在人们内心积淀形成的包括了政治认知、政治情感和政治态度在内的一惯性的政治倾向和心理的综合。一方面，特定的政治文化为一定社会条件的政治教育提供条件和给养，成为政治教育基础。在一定意义上，古代奴隶社会宣扬的以“等级观”和“天命观”为核心思想的教育，是以蒙昧性的政治文化为基础开展的政治教育；封建社会倡导的以“三纲五常”为核心思想的教育，是以服从性的政治文化为基础开展的政治教育。当前，党在十八大报告中倡导并要求培育的“富强、民主、文明、和谐，自由、平等、公正、法治，爱国、敬业、诚信、友善”的价值

---

❶ 本书所称的“自然人”并不是法律术语，而是一种假设性概念的表达方式，其基本内涵是指个体的人在脱离母体后，没有经历社会化过程，是只具有自然属性而不具有社会属性的人。

❷“政治人”也是一种假设性的概念表达方式，是相对于“自然人”“经济人”等概念而言的，其基本内涵为：人是一种具有社会性的、具有利益协调能力的，并追求友善合作，追求社会至善和谐的动物。本书所称的“政治人”，是指通过特定的政治教育后，具备一定的政治认知、政治情感、政治价值观、政治认同和政治参与能力、意识和水平等政治素养的人。

观，是以中国特色社会主义的政治文化为基础概括提炼的。另一方面，政治教育是政治文化存在、维系、传递的重要途径和基本方式。政治文化的形成过程，与生物系统的形成发展有着某些相似之处。在一定意义上，政治文化的形成表现为生物界从个体发育到系统发生的过程与关系。政治文化的个体发育过程，实质上是指社会成员个体从认知到情感、价值观、认同，再到参与的政治素养的形成发展过程；政治文化的系统发生过程，则是由全体社会成员因政治素养的变化而带来的政治文化进一步积淀或系统变化的过程。政治文化整个系统的个体发育到系统发生的过程，与政治教育过程中人的政治素养形成发展规律和对人开展政治教育规律相一致。

第二节 政治教育与思想政治教育、思想教育、道德教育的关系

现代思想政治教育学认为，思想政治教育是指一定阶级、政党、社会群体用一定的思想观念、政治观点、道德规范，对其成员施加有目的、有计划、有组织的影响，使他们形成符合一定社会、一定阶级所需要的思想品德的社会实践活动。[1]这一表述一直存在于思想政治教育学各个版本教材之中，这一观点也始终贯穿于思想政治教育学原理及其相关的所有论著之中。这一界定明确表明思想政治教育实际包含了三个方面的内容，即思想观念、政治观点和道德规范，也即思想政治教育是包含了思想教育、政治教育、道德教育的社会实践活动。因此，探寻政治教育与思想政治教育、思想教育、道德教育之间关系，对于建立一门政治教育学具有重要作用。

一、政治教育研究是思想政治教育研究纵向深入的过程

长期以来，国内学界习惯将思想政治教育作为一个整体进行研究。思想政治教育作为一门二级学科，尽管其建立的时间并不长，学科体系的构建也仍然处于起步发展的阶段，但是，自20世纪80年代以来，特别是将思想政治教育

[1] 张耀灿，郑永廷，刘书林，等.现代思想政治教育学[M].北京：人民出版社，2001：6.

作为一门专门的学科进行建设以来，关于思想政治教育的研究成果日益丰富。

目前，笔者搜集到的能够反映思想政治教育的理论成果，除了大量的科研报告和理论专著外，还集中体现在一大批优秀的博士论文中。其中，近年来关于思想政治教育理论研究的博士论文及其成果主要有《思想政治教育机制论》（2006年，华中师范大学马奇柯，指导老师张耀灿）、《思想政治教育载体论》（2008年，吉林大学董世军，指导老师陈秉公）、《思想政治教育的接受心理研究》（2009年，吉林大学王丽荣，指导老师陈秉公）、《思想政治教育的中介论》（2007年，华中师范大学邵献平，指导老师张耀灿）、《思想政治教育的矛盾和过程规律研究》（2008年，西南大学韦冬雪，指导老师罗洪铁）、《思想政治教育经济价值研究》（2008年，华中师范大学罗平，指导老师张耀灿）、《思想政治教育的路径研究》（2008年，福建师范大学杨建义，指导老师苏振芳）、《思想政治教育的成本研究》（华中师范大学王蓓蓓，指导老师秦在东）、《思想政治教育的接受过程研究》（2006年，吉林大学徐永赞，指导老师陈秉公）、《思想政治教育资源论》（2007年，华中师范大学陈华洲，指导老师张耀灿）、《思想政治教育的过程研究》（2006年，武汉大学刘烨，指导老师张耀灿）等。此外，武汉理工大学徐志远教授编著的《现代思想政治教育范畴研究》、华中师范大学秦在东教授等编著的《思想政治教育的管理论》等也集中体现了新时期思想政治教育研究的理论成果。

这些优秀的研究成果为思想政治教育奠定了较为厚实的理论基础，并逐步将思想政治教育的理论研究推向更高的层次和更加宽广的领域。如果将上述一系列成果视为思想政治教育整体研究宏观的横向拓展的过程，探索的是思想政治教育包含所有内容的一般的、共同的特征，揭示的是思想政治教育包含所有内容的一般的、共同的规律，那么，对政治教育的研究则是思想政治教育学在微观方向上纵向深入的过程，探索的是思想政治教育中政治教育的个别的、特殊的特征，揭示的是其个别的、特殊的规律。

因此，对政治教育的研究和对思想政治教育的研究是一个相辅相成的过程，对政治教育的研究既是深化思想政治教育研究的必然要求，同时也是对思想政治教育深化研究的必然结果。

二、政治教育与思想教育相对独立、彼此交叉

由于思想政治教育包含了思想教育、政治教育和道德教育的内容，因此，探索政治教育与思想教育的关系，实质上就是探索思想教育与政治教育、道德教育之间的关系。

辨明思想教育与政治教育之间的关系，必须首先清楚“思想”的含义。思想这一概念在汉语中的内涵相当宽泛。从认识论视角，思想是人脑对客观世界的反映，它既包括感性认识，又包括理性认识。目前对思想概念的界定，主要包含了以下几个方面：一是认为思想即理性认识，是相对于感性认识而存在，是对感性认识加工的结果；二是认为思想是客观存在反映在人的意识中经过思维活动而产生的结果；三是认为是思想即思维活动的方式；四是认为思想即理论体系，如毛泽东思想等。关于思想教育的含义，有少数学者认为，思想教育实质就是意识形态的教育，而且将思想教育完全等同于意识形态的教育——政治教育。[1]也有人认为，思想教育是培养思想素质的教育，这种教育的主要内容包含了两个方面：一是世界观、人生观、价值观教育；二是思维方式的教育。[2]政治教育则是关于政治认知、政治情感、政治价值观、政治认同和政治参与等方面的教育。笔者认为，思想教育与政治教育之间的关系表现为以下两个方面。

一方面，两者相对独立、各有侧重。在一定程度上，思想教育的内容涵盖了政治教育的部分内容，如思想政治教育的价值观教育包含了政治价值观的教育，但思想教育却不能包含政治教育的所有内容，如政治认知、政治情感及政治参与等。另外，与政治教育解决人的方向、立场、态度、信仰这些根本问题相比，思想教育主要解决人们的思想认识、思想观点和思想方法的问题，关注的是人们的世界观、人生观、价值观和思维方式等方面的问题。可见，同作为意识形态领域的教育实践活动，两者所包含的内容和关注的重点各有不同。

---

❶ 宋迎法.论政治教育的本质、内容和途径[J].江苏社会科学，1997（2）：71.

❷ 王玄武，骆郁廷.思想教育、政治教育、道德教育比较研究[M].武汉：武汉大学出版社，2002：2-6.

另一方面，两者彼此交叉、互为补充。无论是以静态事物——“理性认识”为内容的“思想”教育，还是以动态事物——“思维方式”为内容的“思想”教育，也无论是与政治有关的思想教育，还是与道德有关的思想教育，实质上都富含统治阶级主导的意识形态色彩。正如马克思、恩格斯在《德意志意识形态》里所指出的：“占统治地位的思想不过是占统治地位的物质关系在观念上的表现，不过是以思想形式表现出来的占统治地位的物质关系。”思想教育不可能摆脱政治因素的干扰，思想教育从来就是受政治制约的思想教育。同时，在政治教育中，社会成员的政治素养从认知到情感、价值观、认同，再到参与的发展过程，体现的思想或心理的发展变化过程，深刻地反映出人的思想变化发展的一般规律，也反映出政治教育的问题需要通过思想教育的方式来解决或实施。

三、政治教育与道德教育差异显著

1. 政治与道德的差异

分析政治教育与道德教育两种实践活动的差异，首先须考察政治与道德两者之间的差异。政治是一个非常复杂的概念，主要指上层建筑领域中各种权力主体维护自身利益的特定行为及由此结成的特定关系。道德则是指人们共同生活及其行为的准则与规范，是一种社会意识形态，往往代表着社会的正面价值取向，起判断行为善恶正当与否的作用。具体而言，政治与道德的差异体现在以下几个方面。

（1）政治与道德的起源时间有先后。

政治与道德关系的理论，首先应该是政治与道德的起源的有关理论。政治与道德同起源于原始社会，但道德的形成应先于政治的出现。

政治是一个历史的范畴，它并不是人类社会与生俱来的现象和社会关系，它起源于人类原始社会的氏族公社阶段。政治作为独立的概念，相对于政治活动现象而言，它的出现要晚得多，它初现于人类历史进程中的奴隶社会时期。在西方，“政治”一词“Politics”，语源于古希腊的“po-lis”（城邦）、“Polity”（政体）和“Politeria”（城邦中的政制）。在古希腊的思想家柏拉图、亚里士多德等人的著作中，“政治”一词得到了广泛的使用，并对后世西方政治学的影响极大。在中国，“政治”一词早见于《尚书·毕命》：“道洽政治，泽润生民。”[1]其大意为，治理国家的方法正确了，政治也就治理得非常好了，恩泽散播到民间，人民就会安居乐业。尽管这里的“政治”不完全等同现在的政治，是政治与治理的合意词，但从其对政治的表述可以看出，政治的基本含义在当时已经初见端倪。同时，只有当人类社会出现较大的利益集团，并在维护和协调各利益集团的利益时不得不使用暴力的强制性手段，才可能出现、形成政治现象，并发展成为社会的行为与意识现象。

道德作为一种社会现象，同样产生于人类的原始社会。从人类行为调节的最初形态上来看，道德的形成应先于政治的出现。道德在原始社会就已经存在，它是在人类发展过程和人们的共同生活中逐步形成的。虽然当时还没有形成道德的理论，但是，最初的道德观念、道德标准已经产生了。到了阶级社会，道德就有了鲜明的阶级性，不同的阶级有不同的道德观念、道德标准，统治阶级的道德是占统治地位的道德。[2]

在政治发展之初，道德往往成为政治的规范内容和调节方式。[3]政治与道德在本源的意义上是相辅相成的。从严格的意义上来讲，政治是为弥补道德的不足及道德的无能为力而生的。当政治形成和产生后，道德又在一定的程度上为政治修补其内在的缺陷和充实外在的张力。可见，在起源阶段，政治和道德存在的方式和发生的作用领域就有所差异，这种差异的存在是政治在道德之后产生的重要原因。

（2）政治与道德调节的内容有差异。

政治主要体现的是社会关系中的阶级关系，而道德主要是从伦理的角度体现了个人、家庭、阶层、阶级和各种社会群体的关系。[4]因此，两者的调节对象和研究内容各不相同。

从阶级性的角度来看，政治的调节对象主要包括社会各阶级、阶层之间的关系，国家之间、民族之间的关系，而且政治研究的中心问题是社会各阶级、

---

❶ 张馨. 尚书［M］. 北京：中国文史出版社，2003：25.

❷ 俞田荣. 政治与道德：历史视野中的批判与超越［J］. 兰州学刊，2004（6）：72.

❸ 陈秋燕，阎钢. 论政治与道德的关系［J］. 社会科学研究，2005（5）：56.

❹ 高文娟，张晓芳. 论政治与道德的分途［J］. 井冈山医专学报，2007（2）：70.

阶层在国家中的地位和作用问题。反映政治内容的社会制度的更替、经济形态的变革、国家政权的巩固等都是阶级、阶层之间的关系。在阶级社会，政治是同整个社会发生关系的，政治所涉及的不是个人问题，而是整个阶级、阶层的问题。

相比较而言，道德的调节范围远比政治广泛得多，其所指的范围几乎渗透到社会生活的各个领域，它是从个人与他人、个人与集体、个人与社会的角度去调整人们之间的利益关系的。其关注的中心问题归根结底是如何处理个人与他人、个人与社会的利益问题。离开个人的实践，道德的作用就无从发挥。

（3）政治与道德调节手段上的差异。

政治本质上是一种非人道的力量。[1]作为历史的范畴，政治的利益指向性很强，政治就是为不同社会集团的各自利益而存在的。在利益冲突激烈的历史时期或阶段，政治的维护和协调总是通过暴力手段来完成的，甚至不惜利用战争。即便在和平的社会历史阶段，政治所显示的仍然是对全体社会成员的强制性力量。因此，政治总是表现为一部分人借助一定的集团力量对其他部分人的利益进行限制，或侵占，或剥夺。尤其是个体的人，往往会成为政治斗争的牺牲品。

从本质上说，教化是道德真正的存在方式。[2]道德要在社会生活中起到调节人们行为的作用，就必须在社会成员个人的意识中稳定下来，成为人们自觉的意识和行为的准则。道德教育，就是让受教育者接受具有普遍性的道德原则和规范，并把它们内化为自己的品德。如果道德原则和规范不能影响人们的心灵态度、情感归依、意志品质和行为，那么它们就只能是一纸空文，起不到调节的作用。道德教育的重大意义就在于，它能够启迪人们的道德觉悟，培养人们道德上的自觉性和主动性。道德修养是道德活动的另一种方式，它与道德教育是密切联系的。只有把社会道德教育与个人道德修养结合起来，把教育与自我教育结合起来，才能提高人们的道德意识和道德境界。

（4）政治与道德作用的时效性有差异。

作为一种人类社会利益关系的维护和协调力量，政治是一种有限的历史

---

❶ 陈秋燕，阎钢. 论政治与道德的关系[J]. 社会科学研究，2005（5）：56.

❷ 王玄武，骆郁廷. 思想教育、政治教育、道德教育比较研究[M]. 武汉：武汉大学出版社，2002：10.

意识和行为现象，政治对人类的作用不具有永恒的意义。同时，政治的作用还具有相对性。一方面，不同的政治对不同的人群起作用，即在同一社会中不同的社会政治集团，有着各自不同的政治意识；在不同的社会之间，各自又有着不同的政治主张。另一方面，不同历史时代的政治只对那个时代的社会和人群起作用，而且这种作用仅仅是一般意义上的作用，如奴隶社会、封建社会、资本主义社会和社会主义社会，不同历史时期的社会有其自身不同的政治。

与政治相比，道德则不然。从时间上看，道德是贯穿于整个人类社会，与人类社会共存亡的。只要有人类社会，就会有道德。早在原始社会，道德就已经在社会生活中发挥作用。阶级消灭和国家消亡后，道德不仅不会消亡，而且还会越来越得到全面的发展和完善。任何道德都具有历史性，永恒的道德是没有的。[1]另外，从空间上来看，道德作用的范围是极其广泛的。它不仅存在于一切时代，而且渗透于社会生活的一切领域，无论是政治领域、经济领域、文化领域、科学领域，还是军事领域。只要有人和人的关系存在，人们之间的各种联系就都在不同程度上受道德规范的约束和调节。从对社会关系的调整来看，道德的作用范围也很广泛，如人们在友谊、爱情、家庭生活方面的许多关系，就不可能由法律来调整或国家来干预。有些不良行为只要还没有达到触犯刑律的程度，法律便无能为力，而道德则能调整许多法律效力所不能触及的善恶问题。对于任何不良行为，都可以进行道德谴责。

可见，政治是阶级社会的产物，是随着阶级的产生而产生的，所以也将随着阶级的消亡而消亡。而道德自人类社会产生就存在了，它是与人类社会共存亡的。

2. 政治教育与道德教育的差异

由于政治与道德在产生原因、调节内容、调节手段及调节的时效性上有着质的区别，因此政治教育和道德教育作为政治和道德的实践表现也存在着本质差异，主要体现在以下几个方面。

---

[1] 王玄武，骆郁廷. 思想教育、政治教育、道德教育比较研究[M]. 武汉：武汉大学出版社，2002：9.

（1）政治教育与道德教育功能有本质差异。在阶级社会，政治教育就是统治阶级有目的地向社会成员传播政治观点和政治理想，使其形成符合统治者政治目的的政治信仰和行为模式的过程。政治教育的重点是解决对国家、阶级、社会制度等重大政治问题的立场和态度，形成和发展反映一定社会、阶级或集团利益和发展要求的政治共识，选择和确定一定的政治方向，具有明显的表达和实现一定阶级经济利益的政治倾向性，对于维护统治者政治体系的合法性与政治稳定具有重要作用。道德是以善与恶为评判标准，道德教育则是通过对社会成员进行规范性教育，调节人们的道德行为和形成良好的道德风气的教育实践活动。道德教育的作用在于建立社会普遍的道德规则，并以此来调节人与人之间的关系，从而促进人的全面发展和社会的全面进步。[1]

（2）政治教育与道德教育的特点有明显差别。政治教育集中体现了统治者的根本利益、立场和观点，它要求与统治者的方针政策保持高度一致。政治教育具有明显的主导性、强制性，并具有鲜明的阶级性。政治教育的主导性体现在它决定着道德教育、思想教育的性质和方向，并起着支配地位和主导作用；强制性体现在政治教育的政策、方针、内容、方式、途径等都受到统治阶级的严格组织和控制；阶级性集中体现在统治阶级与被统治阶级的关系上。道德教育多为通过非强制性的手段进行，在规范中体现道德教育的要求，在渗透中实现道德教育的目的。这使道德教育具有依靠人们的内心信念、传统习惯和社会舆论来维持而不依恃强制力的特点。[2]同时，道德教育的阶级性并不像政治教育的阶级性那样鲜明。

（3）政治教育和道德教育的实现途径不同。政治教育强调统治者的意志及执政党的意识形态和政治要求，并对现存政治制度和体制表现出极大的依赖性。社会成员广泛的政治认同主要源于政治意识形态、政治制度和统治者的执政绩效。因此，政治教育的实施总体上依靠统治阶级掌控的国家机构、机器和工具等外在的力量，一定意义上就是由国家来实施。道德教育是一个由他律转

---

[1] 骆郁廷，张莉.思想教育、政治教育、道德教育的性质与特点[J].武汉大学学报：社会科学版，2002（7）：441.

[2] 骆郁廷，张莉.思想教育、政治教育、道德教育的性质与特点[J].武汉大学学报：社会科学版，2002（7）：442.

化为自律的过程，是经过外在的道德评价和个体道德自省，最终体现个体道德修养自觉性的过程。社会成员广泛的道德认同源于社会舆论、道德风气和内心的道德信念。政治教育和道德教育在推动力及内在规律上的差异，成为两者相互独立的重要内因。

当然，同作为思想政治教育的主要活动内容，政治教育与道德教育也存在着紧密的联系，有着一般的、共同的规律。比如，在阶级社会，政治教育和道德教育都是统治者有计划、有目的地实施的一项社会实践活动，都具有鲜明的实践性和倾向性，并对社会成员具有一定的激励作用。另外，思想政治教育学的相关研究涵盖了对政治教育、道德教育和思想教育的研究。在一定意义上，思想政治教育是对政治教育、道德教育和思想教育的抽象和概括，是思想政治教育在中国革命与建设长期实践中的经验总结，也是思想政治教育深化发展的重大理论成果。

但是，政治教育与道德教育之间的联系以及思想政治教育学的发展与完善，并不排斥开展专门的政治教育社会实践活动，更不排斥对思想政治教育学进一步细分及开展对政治教育的专门研究。相反，随着思想政治教育研究的不断拓展和深化，以及我国政治实践特别是民主政治建设的快速发展，在思想政治教育学之下建立一门政治教育学的呼声日益高涨，建立专门的、系统的政治教育学，已成为思想政治教育向前发展的必然要求。

第三节 政治教育学的学科归属与属性

一门新学科最基本的功能在于围绕学科研究对象，在相应的学科领域中总结实践经验、整合汇聚理论观点、揭示学科领域中的基本矛盾和规律，目的是促进学科领域的相关概念、观点、理论进一步专门化、系统化与科学化。对政治教育开展专门研究的基本目的同样是促进政治教育研究的理论化、系统化与科学化。要达到这一目的，最有效的路径就是政治教育研究的学科化，即建立一门政治教育学。能否建立起相应的政治教育学，是由政治教育相对独特、清晰的研究领域所决定的。政治教育学将主要围绕其特殊的研究领域——政治教育社会实践活动，辨析政治教育的基本内涵，揭示政治教育社会实践活动的特点和规律，明确政治教育学的研究对象，探索确立政治教育学的范畴，建立政治教育学的基本理论，进而构建政治教育学的基本学科体系。

一、政治教育学的学科归属

一门学科建立的指导思想、学科前期的经验积累、学科的基本概念、基本内容、学科建设的基本方法，以及学科涉及的领域等，一定意义上都是在探索厘定学科归属的过程中，逐步框定、筛选、澄清、明确并确立下来的。因此，政治教育学作为一门新的学科，必须首先确定其学科归属。同时，确立政治教育学的学科归属，对于把握政治教育学学科理论体系的发展脉络，探索政治教育学的基本学术观点，确立政治教育学的学术语言体系具有重要的作用。

政治教育学的建立是科学门类深化细分的必然结果。要探索确立政治教育学的学科归属，就有必要考察近现代学科门类的基本概况与趋势。近代自然科学最初在西欧产生。在此之前，科学的概念并没有得到完全的认可。直到15世纪的欧洲文艺复兴、宗教改革及资本主义的发展，才为近代科学的产生提供了肥沃的土壤[1]，科学门类的产生、划分由此起步。科学发展至今天，门类的概念实际上已经完全不足以表达对科学种类的区分。在我国，根据国务院学位委员会、教育部印发的《学位授予和人才培养学科目录设置与管理办法》（学位［2009］10号）的规定，学科门类是国家进行学位授权审核与学科管理、学位授予单位开展学位授予与人才培养工作的基本依据。2011年3月，国务院学位委员会和教育部颁布修订的《学位授予和人才培养学科目录（2011年）》，规定我国分为哲学、经济学、法学、教育学、文学、历史学、理学、工学、农学、医学、军事学、管理学、艺术13个学科门类。各门类之下又设置110个一级学科，二级学科（专业）已多达几百个，同时，各高校又根据自身的实际情况在二级学科（专业）之下设置了不同的专业方向。科学门类的划分深入、细化是社会实践发展的必然要求，也是科学进步并迈上更高层次的必由之路。从近代自然科学的产生，到学科体系的构建与不断完善的过程可见，任何学科的

---

[1] 张跃发．近代自然科学为什么会在西欧产生［J］．青海师范大学学报，1986（2）：81．

发展与进步都历经了从一般到个别、由共性到个性、由宏大抽象到深入具体的过程。这一过程的发展演进，是科学研究领域不断拓展和延伸的重要体现，是社会实践发展需要理论指导的必然要求。科学研究及学科专业的深入与细化，为马克思主义理论及其相关学科发展提供了重要参照，成为探索政治教育学学科归属的基本依据。

在我国，当前政治教育的概念及其内容主要包含于思想政治教育的理论体系之中。探索政治教育学的学科归属，还必须从思想政治教育的内容入手分析。前文已经述及，思想政治教育包含了政治教育、道德教育和思想教育等方面的主要内容。对思想政治教育所包含的上述内容开展专门研究的过程，实质上就是探索和揭示政治教育、道德教育和思想教育等各自特殊的教育实践活动的矛盾和规律。

从学科隶属关系上，如果将思想政治教育学作为一门上位学科，其研究和揭示的规律是思想教育、政治教育、道德教育作为一个集合体普遍存在的一般的、共性的内容和规律，那么对政治教育、道德教育和思想教育及其形成的相应的下位学科开展研究，探索和揭示的则是政治教育、道德教育和思想教育各自特殊的研究对象和内在规律。我们试图建立的政治教育学，其特殊的研究领域是政治教育的社会实践活动，研究探索的是政治教育社会实践活动领域个别的、特殊的规律。在这一意义上，思想政治教育学与其所包含的内容所形成的相应的学科之间的关系可概括为上位学科和下位学科之间的关系（见图2-1）。

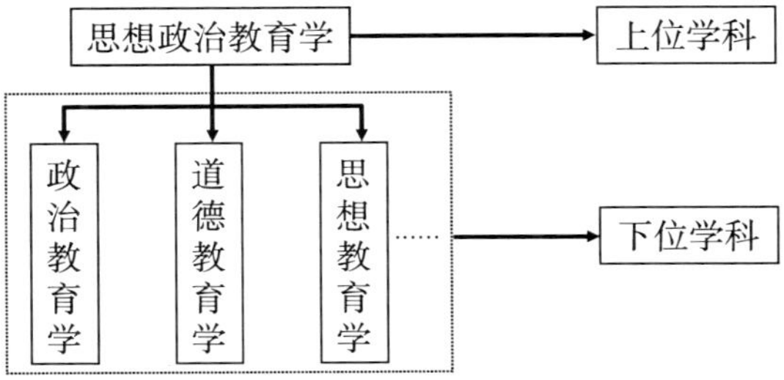

图2-1 政治教育学与思想政治教育学学科关系示意图

可见，从学科的归属上，本书探讨研究的政治教育学这一下位学科（或称为学问）理所当然地归属于思想政治教育这一上位学科之下。2005年，国务院学位委员会颁发的《关于调整增设马克思主义理论一级学科及所属二级学科的通知》中，将思想政治教育作为一个二级学科纳入马克思主义理论一级学科之内，按照归类的基本原则，作为思想政治教育学下位学科的政治教育学，自然成为马克思主义理论一级学科之下的“三级学科”（见图2-2）。

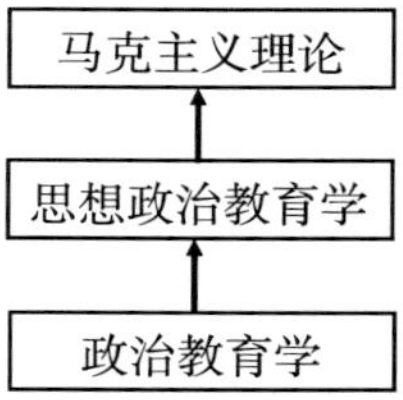

图2-2　政治教育学学科归属示意图

从政治教育学的效果上看，政治教育学的建立将会推动其上位学科——思想政治教育学的深化发展。从思想政治教育到政治教育的研究过程，是一个从一般到个别、从共性到个性的研究过程，反映的是思想政治教育的研究达到一定高度以后，要求进一步深化和细化的过程。另外，只有通过学科细化，深入到思想政治教育活动的内部，分别对其所包含的思想教育、政治教育、道德教育的过程进行研究和比较，探明各自的基本内涵、特点和规律，才能对思想政治教育的一般进程和共性规律进行更高层次的提炼、概括和总结。归纳起来，我们可以将思想政治教育与政治教育的研究过程，概括为“思想政治教育研究—政治教育研究—思想政治教育研究”的过程。这一过程是思想政治教育学研究深化与细化的必然趋势，对丰富思想政治教育学理论研究具有重要意义。

二、政治教育学的学科属性

作为思想政治教育学的下位学科的政治教育学，与其上位学科——思想政治教育学相比，既具有思想政治教育学的共同属性，如阶级性、实践性、价值性、科学性，同时更具有其特殊的学科属性。

（1） 政治教育学的专属性。学科专属性是指一门学科有且独有的属性，它是一门学问或者一个理论发展成为一门学科的最基本的条件。政治教育学作为思想政治教育学的下位学科，其学科专属性体现在两个方面：一是在政治教育研究领域必须具有独特的研究对象；二是对政治教育的研究必须形成独特的、较为系统的知识体系。独特的、系统的知识体系，是指通过对某一领域长期的科学研究积累，形成的由一系列概念、范畴、原则、规律、方法论等组成的知识系统即理论体系。[1]其中对政治教育学范畴的研究，特别是最终确立的政治教育学范畴体系，将成为政治教育学知识体系最核心的组成部分。本书将主要对这两个专属性特征进行阐述，其中政治教育学的知识体系主要是通过政治教育学范畴体系得以展现的。

（2）政治教育学的人本性。这里的人本性，即以人为本，是指人在特定实践活动中的主体地位和主体意识能得到足够的重视。在一定意义上，政治教育学的人本性是由政治实践发展中的人本性决定的。在当今社会，民主政治制度在世界绝大部分国家确立并快速发展，主要发达国家都将培养公民的主体意识、公民参与民主政府的治理意识和能力作为政治教育的基本目标之一。民主政治制度的建立发展，客观上要求国家和社会治理必须重视人的因素。早在2300多年前，儒家先贤孟子就得出治国理政“民为贵，社稷次之，君为轻”的基本论断。新中国成立特别是改革开放以来，我国社会主义民主政治建设进程加快发展，2003年胡锦涛同志明确提出了以“以人为本”为核心的科学发展观，党的十八大报告进一步确立了“必须更加自觉地把以人为本作为深入贯彻落实科学发展观的核心立场”，政府和社会对人在政治和社会治理中的作用越来越重视，人的因素受关注的程度上升到前所未有的高度。政治实践发展的人本性，客观上要求政治教育实践中必须同样重视人的主体地位和主体意识。只有在政治教育中做到以人为本，重视人的作用发挥，人的主体地位和主体意识才能在政治实践中真正展现出来。

（3）政治教育学的时代性。所谓时代性，即事物具有所处时代的鲜明的烙

---

[1] 石云霞. 马克思主义理论与思想政治教育学科属性之管见[J]. 学校党建与思想教育，2003（11）：34.

印和特征。政治教育学的时代性主要体现在，政治教育的内容、方式、目标等都应是时代的产物。比如，在政治教育内容上，不仅要包括对中华五千年文明的历史、国家政权的组织形式、社会主义文明建设现状的认知教育等，还要包括体现时代特色的社会主义民主及公民意识教育、社会主义核心价值观教育、中国特色社会主义道路、理论及制度的认知教育、社会成员参与社会主义民主政治和社会治理的意识和能力教育，以及社会成员在国家乃至国际社会中的责任意识教育等；在政治教育方式上，不仅需要通过“灌输”使其接受马克思主义的基本理论，更需要通过专门训练培养其描述、解释、分析、评估、判断现实政治的基本技巧和能力；在政治教育的目标上，不仅仅是使社会成员对现实政治产生认同，更需要培养社会成员的主体地位和主体意识，引导激发社会成员参与政治和社会的自治与治理，以达到社会的稳定与长治久安。

此外，从“政治教育学—思想政治教育学—马克思主义理论”等学科的隶属关系中不难理解，探索和建立政治教育学的研究是具有中国特色、中国风格、中国气派的自主性研究。这一自主性研究是依托马克思主义理论一级学科，并以马克思主义基本理论为指导，以当前我国政治实践及其发展现实和思想政治教育的基本理论内容为依据，以深化思想政治教育研究为目的，借鉴参考国内相关学科和其他国家政治教育理论体系的研究，构建政治教育学学科体系的过程。

第四节　政治教育学的研究对象

任何一门学科的建立都有其特定的研究对象。特定的研究对象成为建立一门学科的基石之一。同理，研究对象的确立也是建立政治教育学的前提条件之一。只有确立了政治教育学的研究对象，该学科领域的研究者才可能取得共同的对话平台和研究语境。要确立政治教育学这一新型学科的研究对象，就必须厘清与其相关学科的研究对象的基本概况。

本研究论证并试图建立的政治教育学将作为思想政治教育学的下位学科存在。思想政治教育自20世纪80年代作为一个专业建立以来，其学科归属先后经历过几次转变。按照1984年教育部下发的《关于在十二所院校设置思想政治教育专业的意见》精神，思想政治教育专业毕业的本科生（包括二学位）根据具体情况可授予法学学士或教育学学士。1986年和1988年，思想政治教育专业分别开始招收硕士研究生和博士研究生，并将马克思主义理论与思想政治教育专业划归到政治学一级学科之下。2005年，按照国务院学位委员会颁发的《关于调整增设马克思主义理论一级学科及所属二级学科的通知》精神，思想政治教育专业作为二级学科被划入马克思主义理论一级学科之下。追溯学科归属可见，要确立政治教育学的研究对象，须至少厘清教育学、政治学及思想政治教育学的研究对象。

教育学虽然有着非常悠久源长的历史和极为成熟的学科体系，但作为一门学科，其研究对象却历经了长时间的争论。目前，对教育学研究对象的分歧主要集中在教育现象论与教育问题论。其中，否定将教育现象作为教育学研究对象的观点认为，在哲学认识论中，现象是相对本质而言的，是事物本质的外部联系和表现，是通过人的感官就可以认识到的外部特征或特性。因此，教育现象也只是教育本质的外部表象和特征，是包罗万象、不断变化和发展的，具有不确定性。如果将不确定性的对象作为教育学的研究对象，这样的研究对象就失去了意义。否定将教育问题作为教育学研究对象的观点认为，如果将教育问题视作教育学的研究对象，按照“科学产生问题”的基本原理，教育学则产生于教育问题，那么，与其说教育问题是教育学的研究对象，毋宁说教育问题是教育学的发展动力而已。在教育现象和教育问题的争论之中，有学者提出比较折中的观点，认为教育学的研究对象是包括在教育问题中的教育现象，即反映教育问题或在教育问题中表现出来的相对确定的教育现象；[1]或者是能够被反映为有价值的教育一般问题的教育现象；[2]而百度百科和维基百科直接将教育现象与教育问题同作为教育学的研究对象。

与教育学的研究对象相比，政治学的研究对象相对比较明确，但也颇有争议之处，其争议的核心点可以归结到政治与国家的区别上来。其中，否定国家

---

❶ 郝文斌.教育学研究对象新探[J].陕西师大学报：哲学社会科学版，2005（9）：165.

❷ 刘伟芳.我国教育学研究对象的历时考察与现时探讨[J].当代教育科学，2005（3）：6.

论，即否定将以国家为中心的各种权力、制度、关系等作为政治学的研究对象的观点，认为国家仅仅是政治现象和政治关系中的一部分，或者即便是最重要的一部分，但也不能等同于政治。因为国家只是人类社会存在的一个相对很短的历史时期，在国家形成以前和国家消亡之后，仍然存在政治，政治现象和政治关系是且将来仍应是政治学的研究对象。因此，持国家论的政治学研究对象观从主观上缩短了政治学及其研究对象存在的历史时期，因而不可取。[1]否定政治论，即否定将政治现象或政治关系作为政治学研究对象的观点，认为政治的内涵虽在时间范围上包含了非阶级社会的政治现象和政治关系，但在空间范围上却很难完整地包含国家政治生活的全部领域，比如，人口和相应的计划生育这一类属于国家需要解决的非传统的“政治”问题。[2]因此，对政治学研究对象也有折中的表述，主要观点有：政治学是研究一定经济基础之上的社会公共权威的活动形式和关系的发展规律的科学；政治学的研究对象是社会的上层建筑——国家，包含以国家为中心的各种政治现象和政治关系及其发展规律。

思想政治教育学作为一门相对新兴的学科，其研究对象也一直处于争论之中。迄今关于思想政治教育学研究对象的专门论述仍常见诸于相关专业学术期刊。但较为普遍（主流）的观点认为，思想政治教育学的研究对象是人们的思想品德形成发展和对人们进行思想政治教育的规律，简称为思想政治教育的规律。[3]其依据在于，思想政治教育学的研究对象是由思想政治教育现象领域所特有的矛盾决定的，这个特殊矛盾就是一定社会一定阶级对人们思想品德的要求与人们实际的思想品德水准的矛盾，对这一特色矛盾及其运动规律的研究就构成了政治教育学的研究对象。与此同时，也有学者提出思想政治教育学的研究对象是思想现象[4]、思想关系[5]、实践活动论[6]等，并提出了相应依据。

---

❶ 王宏，王沪宁. 关于政治学的研究对象和体系问题[J]. 政治与法律，1984（3）：41.

❷ 王惠岩. 论政治学的研究对象[J]. 政治与法律，1984（3）：39.

❸ 张耀灿，郑永廷，刘书林，等. 现代思想政治教育学[M]. 北京：人民出版社，2001：34.

❹ 李鸿义等. 亟待建立一门思想现象学[J]. 学校思想政治教育研究，1987（6）：16.

❺ 余仰涛. 论思想政治工作科学的研究对象——思想关系[J]. 江汉论坛，1992（6）：41.

❻ 王立仁. 论思想政治教育学的研究对象[J]. 北京交通大学学报：社会科学版，2011（7）：105.

虽然教育学、政治学、思想政治教育学的研究对象都曾经或目前仍然处于争议之中，但关于研究对象的争论实际上越辩越明，争论的焦点也越来越集中，其争论的过程及相应的依据，对政治教育学研究对象的确立提供了启示。另外，考察教育学的研究对象，实质上是考察作为教育实践活动研究领域的研究对象的问题，而不是物质生产、社会革命等实践活动领域的研究对象。考察政治学的研究对象，实质是考察作为政治研究领域的研究对象的问题，而不是伦理、心理、艺术、管理等领域的研究对象。考察思想政治教育学的研究对象，实质上是考察作为思想政治教育研究领域的研究对象的问题，这个领域在概念上已经完整地包含了本书所探讨的领域——政治教育。这个领域与教育学、政治学、思想政治教育学所涉及的领域既有共通之处，也有显著的差异。

从教育学的视角看，政治教育实践活动也是一种教育活动。教育的方式、方法、教育的基本规律仍然可以运用或贯穿于政治教育的实践活动之中。但是，政治教育不是一般的教育活动，从性质上看，它属于政治类教育活动，与道德、心理、艺术、管理等领域的教育活动具有显著的差别，如在阶级社会中，政治教育的阶级性、控制性、方向性等，都是一般教育及其他领域的教育实践活动无法相比或者不具备的。同时，在各类教育实践活动与政治文化的关系方面，政治教育成为政治文化维系与传承的重要途径，政治文化主要是在这种特殊教育实践活动中得以继承、改变、创造和发展。从政治学的视角看，政治教育实践活动也是一种特殊的政治现象，反映了某种特殊的政治关系，如一个统治阶级（阶层）与被统治阶级（阶层）、一个群体与另一群体的关系等。同时，政治的很多内容成为政治教育的议题，如政治制度、政治理论、政治权力的运行规律等都是政治教育的重要内容。但是，政治教育不是一般的政治现象或政治关系，它是培养社会成员有能力去描述、解释、分析、评估、判断现实政治的政治现象，同时它还反映了一种特殊的关系——教育关系，即一个群体（人）对另外一个群体（人）开展的以政治现象和政治关系为主要内容的教育。从思想政治教育学的视角看，政治教育包含在思想政治教育的内容之中，但两者研究领域关注的重点却存在很大的差异。思想政治教育研究对象关注的是社会成员的思想政治品德，政治教育的研究对象则更加关注社会成员的政治认知、政治情感、政治价值观、政治认同，以及参与政治的意识和能力。

无论是教育学、政治学，还是思想政治教育学，其研究对象及相应观点都对政治教育学及其研究对象的研究提供了重要启示。政治教育学研究的是政治教育实践领域中的特殊矛盾与基本规律，而政治教育则是特定的社会政治共同体有组织、有计划地开展的提高社会成员政治素养的教育实践活动。本书认为，政治教育学的研究对象是人的政治素养的形成发展规律和对人开展政治教育的规律。人的政治素养的形成发展规律和对人开展政治教育的规律，两者相辅相成、缺一不可。政治素养的形成发展规律是对人开展政治教育的前提条件，而对人开展政治教育则是人的政治素养形成发展规律的进一步发展与基本目标。

第一，政治教育学的研究对象，即政治教育的规律，是由政治教育实践领域的特殊矛盾决定的。只有通过对政治教育实践领域的特殊矛盾的研究，才能确立政治教育的研究对象，也才能更准确地揭示其中的基本规律。政治教育的过程，也是提升社会成员政治素养的过程。政治素养是贯穿政治教育实践全过程基本矛盾的关键因素。这一基本矛盾表现为：特定的社会政治共同体对社会成员的政治素养的要求与社会成员实际政治素养水平的矛盾。其原因基于三个方面：一是政治教育最直接的目的即将特定的社会政治共同体所要求的政治素养转变成社会成员的政治素养，实现社会成员的政治素养从现有向应有转变；二是这一特殊矛盾贯穿政治教育实践活动的全过程和各个方面；三是这一基本矛盾也处于不断的变化发展之中，成为政治教育发展的基本动力。对政治教育开展研究，实质是对政治教育实践活动中这一特殊矛盾的研究。要解决这一矛盾，就必须揭示、认识并把握其中的规律，即人的政治素养的形成发展规律和对人开展政治教育的规律。

第二，人的政治素养形成发展规律包含于政治教育的基本规律之中。特定的社会个体从自然人发展成为政治人，关键因素在于政治素养的形成与发展。人的政治素养的形成变化发展过程是以人的政治心理到政治行为的变化发展过程为基础的。在一定意义上，人的政治素养的形成变化发展规律必须与个体的心理活动一般过程及机制相一致。人的政治素养的“政治认知—政治情感—政治价值观—政治认同—政治参与”的自然历史过程，必须与个体的“知—情—意—行”的心理变化发展过程及规律相一致。研究人的政治素养的变化发展规律，必须认识和把握政治认知、政治情感、政治价值观、政治认同、政治参与等重要概念的内涵，确立其在人的政治素养变化发展中的环节、地位、作用及其内在运动变化的机理。

第三，对人开展政治教育的规律是政治教育学基本规律的另一个重要方面，也是政治教育学的研究对象。在把握人的政治素养形成发展规律的基础上，充分研究政治素养形成发展的不同环节及其相应的运动变化发展的外在作用机制、影响因素，是研究政治教育规律关键所在。具体而言，就是要在政治认知、政治情感、政治价值观、政治认同、政治参与的环节中，系统把握认知构建、情感培养、认同培育、技能训练、参与引导等对应的政治教育的基本方法及其在各环节中的作用与效果。

当然，研究政治教育学的研究对象，还要围绕政治教育规律呈现的问题和现象开展研究。这些问题和现象包括人的政治认知、政治情感、政治价值观的形成过程，政治认同的基本表现，政治参与的意识和技能，政治教育与政治文化的关系，政治教育的方式方法等。只有研究政治教育的这一系列的问题和现象，才能把握这些问题和现象下的本质，也才能不断揭示出政治教育的各种规律。

第三章　政治教育学范畴的含义及几组相关概念关系

辨析政治教育学范畴内涵是政治教育学范畴研究的首要问题。同时，对政治教育学范畴的研究必须厘清与政治教育学范畴相关的几组概念间的关系。

第一节　范畴概念的形成及其发展嬗变

“范畴”作为一个完整的词语，自产生就具有丰富的哲学内涵。对哲学范畴的形成与发展进行回顾与梳理，是探索范畴概念内涵的重要线索。尽管很多哲学先驱都对范畴的内涵进行了界定，但他们的基本观点和立场具有很大的差异。本研究在对先驱们的范畴思想述评中，力图避免以下两个方面的误区。

第一，避免戴有色眼镜来梳理范畴的哲学内涵。尽管哲学的基本问题归根结底在于是否承认物质是第一性，但是唯物主义与唯心主义的区别不应该成为开展学术研究的禁锢。唯心主义有很多合理的因素，形而上学不是错误的思维方法的名称。唯物主义只有在与唯心主义持续的较量中，才可能更加完善和进一步发展。如果从一开始在主观上即认定唯心主义、形而上学、先验论是错误的哲学思维方式，那么，对哲学巨匠关于范畴思想的考察和借鉴就会大打折扣，对其梳理归纳和借鉴就会丧失意义。

第二，避免以现代人的思维方式来衡量和要求古代哲学家或者前人的思维方式。现代人认识事物的方法，如辩证的观点、联系的观点、逻辑与历史相统一的观点等，都是通过前人几千年实践经验的积累，经前代巨匠整理获得的理性知识。现代人只有充分地获得这些理性知识，才会产生辩证、联系、逻辑的观点。这些观点对他人的评价在表象上都是一种主观的观点，而前代哲学家通过对实践的认识，揭示事物本质的过程，无论是唯物主义还是唯心主义、辩证的还是形而上学的，都是一种主观见之于客观的过程，是一种自发自为的揭示事物本质的过程。在纷繁复杂的现象中发现揭示事物的本质，与评价他人发现揭示事物的本质是否正确，不可等量齐观。

一、亚里士多德、康德、黑格尔的范畴思想

西方哲学家对范畴的理解和定义非常复杂深邃。作为哲学的基本概念，范畴的研究和发展经历了一个漫长的历史过程。古希腊哲学家亚里士多德（Aristotle，公元前384—前322）、近代德国哲学家康德（Immanuel Kant，1724—1804）、黑格尔（Georg Wilhelm Friedrich Hegel，1770—1831）等都对范畴进行了较为系统的研究，并提出了相应的范畴理论体系。

1. 亚里士多德的范畴思想

“范畴”概念的提出和形成，最早可以追溯到古希腊哲学家亚里士多德。尽管亚里士多德没有对范畴这一概念的内涵进行明确界定，但从其对哲学范畴体系构建的论述中，可以理解和把握亚里士多德范畴的基本含义。

（1）亚里士多德范畴的内涵。

亚里士多德《论十个Praedicamenta》——被希腊人称为“Kategoriai（希腊语）”的书[1]，其最初使用的拉丁文为“Praedicamenta”，该词的德语转换形式为“Pradikamente”。Praedicamenta实际上是对拉丁语Kategori的翻译，在传统逻辑和哲学文献里，它与Kategoriai完全是同义的。[2]此处对范畴的理解可以通过Kategoriai和Praedicamenta这两个希腊语来厘清和界定。Kategoriai对应的英文是Categories，中文为“分类、类别”之意。那么，按照亚里士多德构建的范畴体系，其分类的对象到底是什么？其中最关键的一点是，Kategoriai究竟

---

❶ Boetius. Commentaria in porphyrium I［M］// MIGNE J P. Patrologia latina：Vol 64.Paris：［s.n.］，1847：14.

❷ 赵鹏. 论康德与亚里士多德范畴学说差异之成因［J］. 文史哲，2005（4）：134.

是指“事物”或“存在”(ta onta)的分类，还是指词语的分类。[1]这是学界一直存在争议的问题。

对这一问题的争议，可以从亚里士多德的Praedicamenta这一概念中探寻。在汉语里，对Praedicamenta的翻译曾经有过不同的尝试。明末学者李之藻和传教士傅泛际合译的一本逻辑教科书《名理探》，第一次采用了“伦”和“旌”的译法[2]，分别取“类别”和“彰显”的意思。后来严复在译述《穆勒名学》时，沿袭使用了这两个译名。

从拉丁语“Praedicamenta”对应的德文“Pradikamente”和英文“Predicate”理解，亚里士多德的《论十个Praedicamenta》中的“Praedicamenta”，在逻辑学界和哲学界，一般译为“宾词”和“谓词”。[3]但是，“谓词”的译法有比较大的缺陷，因为它很容易与Predicate意义上的“谓语”混淆。[4]因此，学界更多使用“宾词”的译法，有学者直接将亚里士多德的“范畴”——Praedicamenta或Kategori，理解为“宾词的基本形式和主要类别”。[5]

汉语词典认为，宾词是一个逻辑术语或者逻辑概念，表示动作、行为的对象，由名词、代词、数词、动名词、动词不定式、从句等充当，和及物动词一起说明主语。亚里士多德对宾词的界定与其对实体论（本体论）的探讨是密切关联的，同时也是在将其与主词的比较界定中进行理解，这种理解较多地着眼于主词和宾词之间可置换和不可置换的逻辑关系。

亚里士多德在《范畴篇》中讨论实体（本体）时，提出了两个实体——“第一实体”和“第二实体”，并分别给两个实体下了这样的定义：“第一实体”是满足两个条件的事物，(a）它是主词而绝不是宾词，(b）它不存在于其他事物之中或隶属于其他事物（如一种颜色或一个表面必须是其他某种东西的颜色或表面)。“第二实体”则只满足第二个条件而不满足第一个

---

[1] 汪子嵩. 希腊哲学史：第3卷[M]. 北京：人民出版社，2003：151.
[2] 汪子嵩. 希腊哲学史：第3卷[M]. 北京：人民出版社，2003：145.
[3] 翁绍军. 亚里士多德范畴学的形式与内容[J]. 社会科学，1984（6）：35.
[4] 赵鹏. 论康德与亚里士多德范畴学说差异之成因[J]. 文史哲，2005（4）：134.
[5] 翁绍军. 亚里士多德范畴学的形式与内容[J]. 社会科学，1984（6）：35.

条件。[1]

亚里士多德把实体区分为第一实体和第二实体，第一实体就是现实存在的个体，是真正的、第一义的、最确切意义上所说的实体，它并不是范畴。作为范畴的实体是第二实体，那就是种属概念。[2]尽管这两种实体都具实体性，但两者也有实质的差别。第一性实体表现为有独立实存性，第二实体则无这种性质。另外，关键之处还在于第二实体有宾词性，可作为宾词来描述主词；第一实体则无宾词性，不能被当作宾词来描述主词。[3]

亚里士多德首先将宾词划分成偶性、种、固有属性和定义四类。[4]这四类宾词中，有些是最重要、最具有普遍意义的宾词，或者说这些宾词放之四海而皆准，任何事物都脱离不了它，必须受它的规范。这样的宾词有十个，即实体、数量、性质、关系、地点、时间、姿态、状况、活动、遭受（活动、遭受就是主动、被动）。亚里士多德认为，这十个范畴是“最高的种”，也就是最高的概念，高到万物莫不纳入其下的程度。[5]

亚里士多德的范畴体系，不是单一词项的分类，也不是简单地对所谓的“宾词”进行的分类，而是对由词项组成的命题或问题的逻辑意义所作的分类，是以语法和修辞学为基础，通过对宾词的高度抽象，进行分类后构建的范畴体系。

（2）亚里士多德范畴的哲学思想。

亚里士多德的范畴具有丰富的哲学思想。亚里士多德在研究范畴体系的过程中，不自觉地运用了唯物主义的观点。亚里士多德的范畴体系是建立在实体基础之上的。他说：“如果知识的对象不存在，就没有知识；这是真的，因为将会没有什么东西可以被认识。同样这也是真的：如果对某物的知识不存在，此某物却很可能存在。”[6]亚里士多德将实体看作一切范畴的基础，这是

---

❶ N. 卡尔瓦. 主词和宾词的形而上学考察[J]. 世界哲学，1983（3）：81.

❷ 翁绍军. 亚里士多德范畴学的形式与内容[J]. 社会科学，1984（6）：35.

❸ 亚里士多德. 范畴篇·解释篇[M]. 方书春，译. 北京：商务印书馆，1959：35.

❹ 翁绍军. 亚里士多德范畴学的形式与内容[J]. 社会科学，1984（6）：35.

❺ 邓晓芒. 古希腊罗马哲学讲演录[M]. 北京：世界图书出版公司，2007：150.

❻ 亚里士多德. 范畴篇·解释篇[M]. 方书春，译. 北京：商务印书馆，1959：28.

其整个范畴论中的一条主线，也是其范畴论具有丰富的唯物主义思想的关键。

在辩证法的思想方面，亚里士多德在实体范畴中多次提到“偶然属性”，他认为，“存在本质属性和偶然属性是它们的主体之间的关系的差别”，“一切不是第一性实体的东西，都或者是第一性实体的一个本质属性，或者是第一性实体的一个偶然属性”。[1]他对实体本质属性和偶然属性的观点，触及辩证法偶然性和必然性之间的关系。亚里士多德对每个范畴内部，以及范畴与范畴之间的关系，也作了各种描述和分析。

另外，在《范畴篇·解释篇》第七章“关系”中，他多次用到“相对”一词，他认为，“有些相对者有相反者”，“有些相对者有不同的程度”，“一个相对的词总有它的相关者，并且双方是互相依赖的”。他提到的相反的词语包括“善”与“恶”，“肯定”与“否定”，“实有者”和“缺乏者”等。[2]亚里士多德的这种思想，处处闪现出朴素唯物主义和辩证法的光辉。

从上面对亚里士多德范畴理论的简要分析介绍中，我们可以认识到他的范畴学说的概要，以及他的哲学范畴思想的基本特征。那就是，哲学范畴既是人的思维对客观事物普遍本质的概括和反映，又是人们认识和改造客观世界的工具。

亚里士多德构建的逻辑范畴体系具有重要的意义。古希腊早期的哲学和其他各门科学都是融合在一起的，这也是由当时科学发展的水平决定的。亚里士多德在西方哲学史上第一次对由词项组成的命题或问题的逻辑意义作出了分类。这一分类在一定程度上为早期各门科学的分类提供了理论依据。这是亚里士多德的一个重要贡献，也反映了人类对世界认识的深化，在认识史上具有重大的意义。

2. 康德的范畴思想

范畴概念及其内涵在近代哲学中有了很大的发展，对其最出色的分析在康德所著的《纯粹理性批判》中。

---

❶ 亚里士多德. 范畴篇·解释篇[M]. 方书春，译. 北京：商务印书馆，1959：2.

❷ 亚里士多德. 范畴篇·解释篇[M]. 方书春，译. 北京：商务印书馆，1959：2.

康德对《纯粹理性批判》一书构思时间长达12年之久，而成稿时间却非常短（仅4~5个月），因此，深刻的内容和不太完美的表述，使后人对该书的理解更加困难。康德在1783年8月7日给加尔惠的信中写道："我毫不迟疑地承认我从没希望我这一本书立刻就全得到人们的欢迎的。其内容是我十二年来不断沉思的成果，然而在结构上其阐述却不是十分适合于一般人的理解的。如果要使它的阐述臻于完善，需要再花几年的工本，而我却在四五个月中把它写成；其原因乃是我担心迟迟才出而问世的这本书，若再事延宕，可能最后成为一种负担，而我年事既老（57岁），体力渐衰，这本著作便莫由问世，而我的整个思想体系便从此湮没了。"[1]

鉴于此，即便要对康德范畴思想作简要通俗的概括，也实非易事。从康德的著作中探寻范畴的内涵，须首先厘清《纯粹理性批判》中的几个关键概念，即"纯粹的知识""经验的知识""知性""先验的"等。

康德在《纯粹理性批判》一书的开篇，就对"纯粹的知识"和"经验的知识"进行了区别。他说，"吾人所有一切知识始于经验"，"但并不因之即以为一切知识皆自经验发生"，他将"离经验乃至离一切感官印象而独立自存之知识"，叫作"先天具有"的知识能力。[2]康德认为，知识是从经验开始的，但并不都是从经验发源的。这个不是从经验发源的东西，他叫"固有的知识能力"或者"知性"。"知性"可视为"判断能力"或者"思维能力"。[3]康德所谓"固有的知识能力"实际上就是获取"纯粹知识"的能力。

康德从人类的认识和判断的形式中，不断抽丝剥茧，剥离经验的内容，最后找出这样一个东西——先天综合能力。这个能力是在经验之先，在没有获得经验之前就存在着的能力，即对感知进行加工的能力。这就自然而然衍生到"先验的"概念上去。有学者把康德的"先验"称为"验前性"，"经验"称为"验后性"。[4]"验前性"是指人类固有的一种先天认识形式，"验后性"是指由

---

❶ 康德.康德书信百封[M].李秋零，编译.上海：上海人民出版社，1992：1；斯密.康德《纯粹理性批判》解义[M].韦卓民，译.武汉：华中师范大学出版社，2000：6.

❷ 康德.纯粹理性批判[M].蓝公武，译.北京：三联书店，1957：27-29.

❸ 康德.纯粹理性批判[M].蓝公武，译.北京：三联书店，1957：81.

❹ 曾纪军，刘烨.康德[M].北京：中国电影出版社，2007：2.

感性直观所得的经验，两相结合才能形成知识。其中，前者属于知性认识，后者属于感性认识。

与亚里士多德对范畴的论述不同，康德以先验论的认识为基础，对范畴作出了一些界定。

首先，康德认为，范畴是纯粹的知性概念。[1]它对于经验认识具有“必然性与普遍有效性”，这个“必然性与普遍有效性”就是前面所说的“先验的”特征。康德虽然从传统逻辑理论中继承了Praedicamenta这个术语，但对它的含义作出了新的规定。在《纯粹理性批判》里，Praedicamenta被定义为“纯粹的知性概念”。康德同时对纯粹的概念进行了解释，即“（一）此类概念须纯粹而非经验的；（二）此类概念须不属直观及感性而属思维及知性；（三）此类概念须基本的又须严密与引申的或复合的概念有别；（四）我们的概念表须是完备的，包括纯粹知性全部领域”。[2]

其对范畴界定的重要依据，即概念是否是“纯粹的”。所谓“纯粹的”，即“当先天的知识未有经验的事物在内，则名为纯粹的”。[3]康德认为，一切知识都始于经验，而这些经验都是通过感官获得。同时，康德认为，有一种知识是“离一些感官印象而独立自存的知识”，这类知识“名为先天的，与来自后天的即来自经验的即经验之知识有别”[4]，只有这种“纯粹的知识”，才能真正成为所谓的“范畴”。

其次，康德对范畴的来源进行了界定。他认为，一方面范畴的来源不能靠经验总结，经验不能提供必然性和严格的普遍性；另一方面，范畴的来源更不能归于神，不是超自然作用的结果。[5]那么，作为纯粹悟性概念的“范畴”，只能来自纯知性。康德将纯知性所表达的人类认识活动的主动性根基，归之于人类的本性，它作为认识的原始根基在人对任何对象进行认识之前就已经属于人

---

[1] 康德. 纯粹理性批判[M]. 蓝公武，译. 北京：三联书店，1957：85.

[2] 康德. 纯粹理性批判[M]. 蓝公武，译. 北京：三联书店，1957：78.

[3] 康德. 纯粹理性批判[M]. 蓝公武，译. 北京：三联书店，1957：28.

[4] 康德. 纯粹理性批判[M]. 蓝公武，译. 北京：三联书店，1957：27.

[5] 齐良骥. 康德哲学小范畴起源问题[M]. 德国哲学：第5辑. 北京：北京大学出版社，1988：43.

本身。[1]他认为，范畴是在一定的逻辑方法下推导出来的。范畴的多少与类别有其必然性和客观性，而不是任意人为的。康德认为，范畴是知性的纯概念，它是知性功能的表现，知性的功能就是意识的综合统一性，而这是通过知性的“判断”作用实现的。因此，必须在知性的判断功能中去发现范畴。[2]

最后，康德在批判原有的范畴体系构建方法的同时，试图以新的原则和方法，穷尽所有的范畴，构建一个知性的概念体系，即范畴体系。康德认为，亚里士多德的范畴表，没有遵循一个理性的原则，而是偶然收集或者随意列举的结果。在他那里，先天的思维形式和后天取得的普遍观念纷然杂陈，感性的基础概念和知性的基础概念没有被区分开来，所以说，“亚里士多德的范畴表是在一种非系统方式下被构造出来的，并不是从一个普通原则得来。这个范畴表也不能提供关于亚里士多德范畴使用的规则”。[3]因此，要成功地建立一个满足纯粹理性需要的完整的范畴体系就必须找到一个建立范畴体系的原则。只有从这个原则出发，才能完成纯粹理性所要求的发现，并建立一个普遍有效且完备自足的范畴体系。[4]这个原则的基本方法即对知性进行分析，从知性中探索所建立范畴体系的规划。康德说：“范畴都是纯粹不杂的。由绝对统一体的知性所发生，因此它们必定是按照一个原则或理念而相互连接的，这种连接便给我们提供了规划，通过这种规划，我们便使得每一个纯粹知性概念各有适当的位置。而且通过这种规划，我们就能先天地决定这些概念体系的完整性。”[5]

通过这一原则推导获得的范畴才具有必然性和客观性。一切思维活动，无论是分析的或综合的，都必须是判断，即它是由思维的自发性而产生的意识的统一形式。[6]其中，思维的活动，就是表现为对知性的判断功能之中。康德根

❶ 傅永军.康德的先验范畴理论[M]//谭鑫田，李武林.西方哲学范畴理论.济南：山东大学出版社，1993：17.

❷ 钱广华.康德的范畴理论[J].安徽大学学报：哲学社会科学版，2001（5）：2.

❸ 巴昂.范畴和一致性原则[M].荷兰：多德雷赫特出版社，1987：8.

❹ 傅永军.康德的先验范畴理论[M]//谭鑫田，李武林.西方哲学范畴理论.济南：山东大学出版社，1993：17.

❺ 康德.纯粹理性批判[M].蓝公武，译.北京：三联书店，1957：92.

❻ 钱广华.康德的范畴理论[J].安徽大学学报：哲学社会科学版，2001（5）：2.

据逻辑思维的方法，推导出了著名的十二范畴表，即量的范畴（单一性、多数性、总体性），质的范畴（实在性、否定性、制限性），关系的范畴（偶有性及实体性、原因性及依存性、相互性），样式的范畴（可能性—不可能性、存在性—非存在性、必然性—偶然性）。[1]

从逻辑科学和人的思维工具的视角而言，康德的范畴体系与亚里士多德的范畴体系一脉相承，只是两个体系构建的原则和方法相异。在康德看来，之前的范畴体系构建，都是依据经验的归纳和列举，而其范畴体系则是在一个先天的原则里推导出来的，是一个纯粹的知识体系。这一体系的研究，会使人类的理智明朗起来，而不是像实际看到的那样，“把这种理智完全耗尽在模糊不清、徒劳无益的饶舌里，使它不适合于真正的科学”。[2]

同时，在康德范畴体系中，特别是其“关系的范畴”和“样式的范畴”中已经包含了对立统一的辩证哲学思想。这些积极的、合理的东西是对亚里士多德范畴思想的重大发展，也为后来者构建系统的辩证的逻辑范畴体系奠定了理论基础。

3. 黑格尔的范畴思想

对范畴内涵及范畴体系构建作出过重要贡献的另一位先驱是德国哲学家黑格尔。黑格的范畴思想在一定程度上也是通过对亚里士多德和康德范畴思想的批判、解析、继承展现出来的。

（1）对康德范畴思想的批判要点。

黑格尔范畴思想的重要动力源自对康德范畴思想的批判。他将批判的火力集中对准康德先验逻辑的范畴论——“二元”范畴体系。他认为，康德的知性（纯粹悟性概念）不能认识事物的本质，只能说明它不是认识真理的形式，不能认为事物不能被认识。他说，知性形式“假如它们不能是自在之物的规定，那么，它们就更不能是知性的规定，因为至少总应该承认知性有一个自在世界的资格”。[3]也就是说，如果知性形式对认识本质（自在世界）毫无意义，那么它也不能很好地完成知性的任务——认识现象。

---

❶ 康德. 纯粹理性批判[M]. 蓝公武，译. 北京：三联书店，1957：159.

❷ 康德. 未来形而上学导论[M]. 庞景仁，译. 北京：商务印书馆，1978：100.

❸ 黑格尔. 逻辑学：上卷[M]. 杨一之，译. 北京：商务印书馆，1966：45-46.

同时，黑格尔以唯心主义的观点对“二元论”进行了批判。黑格尔认为“绝对观念（Die Absolute Idea）是万事万物的本质核心与灵魂”。[1]在黑格尔看来，一切都是思维，思维和思维的对象是完全同一的。黑格尔将这种思维称为“绝对观念”。这种“绝对观念”不是单纯的概念，它是一个范畴体系。他说，“理念的真正内容不是别的，只是我们此前曾经研究过的整个体系”，而每一个范畴都是“对于绝对的一种写照”[2]，“对于绝对的界说”[3]，而绝对观念则把“前此一切思维范畴都曾加以扬弃并包含在自身之内了”。[4]由此看来，绝对观念包含着整个唯心辩证法的范畴体系。他认为，每一个辩证范畴都是绝对观念的一个侧面、一个环节、一个组成部分。这与康德的思维和存在毫无关系是完全不一样的观点。

（2）黑格尔的范畴内涵。

黑格尔从认识论的视角对范畴的内涵进行了界定，称范畴为网上的纽结。他说，在这面网上，到处都结着较强固的纽结，这些纽结是精神的生活和意识的依据和趋向之点，它们之所以强固而有力，要归功于这一点，即假如它们呈现于意识之前，它们就是精神本质的自在自为的概念……这些范畴，当其只是本能地起推动作用时，它们之进人精神的意识，还是零碎的，因而也是变动不定和混乱不清的，并且它们对精神所提供的现实性，也是这样零碎的、不确定的；纯化这些范畴，从而在它们中把精神提高到自由与真理，乃是更高的逻辑事业。[5]

他在《精神现象学》中对范畴的内涵——范畴的思辨性质作出了说明。他说，范畴本来的意义是指存在物的本质性，但并不确定是一般存在物，还是与意识相对的存在物的本质性，而现在则成了只作为思维着的现实的那种存在物的本质性或单纯统一；或者说，范畴意味着：存在与自我意识就是同一个东西；而所谓同一个东西，并不是比较地相同，而是就其本身说根本是一个东

[1] 黑格尔．小逻辑［M］．蓝公武，译．北京：商务印书馆，1980：79-80.
[2] 黑格尔．小逻辑［M］．蓝公武，译．北京：商务印书馆，1980：328.
[3] 黑格尔．小逻辑［M］．蓝公武，译．北京：商务印书馆，1980：334.
[4] 黑格尔．小逻辑［M］．蓝公武，译．北京：商务印书馆，1980：188.
[5] 黑格尔．逻辑学：上卷［M］．杨一之，译．北京：商务印书馆，1966：15.

西。只有坏的、片面的唯心主义才重新将这个统一作为意识摆在一边，而另将一个自在摆在另一边与它对立起来。——但是这个范畴，即这个自我意识与存在的单纯的统一，现在其自身就有差别，因为范畴的本质正就在于：它于他物中或绝对差别中直接与自身相同。[1]

基于此，黑格尔的“范畴”可界定为事物本质的内在的联系，它是思维的规定，是存在物的本质性，同时，范畴以概念的形式呈现，辩证特征是范畴的重要属性。黑格尔把范畴的特征归结为以下三个方面：①抽象的或知性的方面；②辩证的或否定的理性的方面；③思辨的或肯定的理性的方面。只有完全具备这三方面，才算得上辩证的概念。他说：“这三方面并不构成逻辑学的三部分，而是每一逻辑真实体的各环节，一般说来，亦即是每一概念或每一真理的各环节。”[2]这三方面也就是他所谓的正、反、合，即肯定、否定、否定的否定。所有范畴，都应该包含这三个方面或者环节。

（3）黑格尔范畴的辩证逻辑思想。

辩证逻辑观是黑格尔哲学的核心。这一哲学思想也贯穿于黑格尔范畴体系的始终，是黑格尔范畴思想的重要特征。黑格尔把辩证逻辑分为客观逻辑（存在论和本质论）和主观逻辑（概念论），这种划分，实际上涉及客观辩证法和主观辩证法（认识辩证法）。[3]这些辩证法的思想也主要是在批判康德范畴思想基础上逐步形成的，概括起来主要体现在以下几个方面。

第一，论述了思维和存在不仅有对立面，而且有同一的关系。黑格尔认为，割裂思维与存在之间的关系，是康德不可知论的重要原因。在黑格尔看来，思维完全能够达到对事物本质和规律的认识，真正的哲学思维是要透过事物的现象认识事物的本质。他说：“思想不仅是我们的思想，同时复是事物的本身。”[4]黑格尔认为，思维就是存在，存在就是思维，他将思维和存在看作绝对理念的两个不同的形式。此外，黑格尔在论证思维与存在同一的过程中，不自觉地将实践引入范畴认识过程，认为思维和存在都是实践的重要手段和环

---

❶ 黑格尔. 精神现象学：上卷[M]. 贺麟，王玖兴，译. 北京：商务印书馆，1979：157.

❷ 黑格尔. 逻辑学：上卷[M]. 杨一之，译. 北京：商务印书馆，1966：172.

❸ 姜丕之. 黑格尔范畴的思辨性质[J]. 学术月刊，1985（3）：26.

❹ 黑格尔. 小逻辑[M]. 蓝公武，译. 北京：商务印书馆，1980：133.

节。他指出，“从理论转移到实践中去……思维与存在的同一性就会得到证实。”[1]论述思维与存在同一性是黑格尔辩证范畴的哲学基础。

第二，阐述了现象与本质的辩证关系。黑格尔在《本质论》一章中，对康德割裂现象与本质的观点进行了深入的批判。他认为，尽管康德提出在认识中必须认真区分事物本身和它的现象，但是他还要在现象之外坚持一个抽象的本质（自在世界），这种区分实质是“主观的独断主义”，“因为他只理解到现象的主观意义，于现象之外去坚持着一个抽象的本质，认识所不能达到的物自身。”[2]黑格尔认为，在本质与现象之间不存在这种独断的对立，“凡现象所表现的没有不在本质内的。凡在本质内的没有不表现于外的”。[3]意思是，本质和现象，乃同一事物的两个方面，本质是事物、过程内在根本的方面，现象则是其外在的表现的方面，两者既对立，又统一。

第三，论述了矛盾是一切事物运动的动力和源泉。黑格尔批判了康德否定矛盾客观性的观点，他认为，矛盾无处不在，无时不有，矛盾是普遍的也是客观的。列宁对黑格尔关于矛盾的观点作了概括，他认为黑格尔的观点是：不应当将矛盾看作只是在某些地方遇到的不正常现象，矛盾是在其本质规定中的否定的东西，它是一切自己运动的原则，而自己运动就是矛盾的表现。[4]黑格尔认为，只有矛盾这个概念才能更好地表达同一、差别、对立这一逻辑范畴的本质。他的同一、差别、对立并没有时间上的先后顺序，并不是说明矛盾只有在某一个阶段才会产生；相反，黑格尔非常肯定地认为“一切事物本身都自在地是矛盾的”。他说，“差别自在地就是本质的差别，即肯定与否定两方面的差别：肯定的一面是一种同一的自身联系，而不是否定的东西，否定的一面，是自为的差别物，而不是肯定的东西。因此每一方面之所以各有其自为的存在，只是由于它不是它的对方，同时每一方面都映现在它的对方内，只由于对方存

---

[1] 姜丕之. 黑格尔《小逻辑》浅释[M]. 上海：上海人民出版社，1963：467.

[2] 黑格尔. 小逻辑[M]. 蓝公武，译. 北京：商务印书馆，1980：284.

[3] 黑格尔. 小逻辑[M]. 蓝公武，译. 北京：商务印书馆，1980：296.

[4] 中共中央马克思恩格斯列宁斯大林著作编译局. 列宁哲学笔记[M]. 北京：人民出版社，1960：145-146.

在，它自己才存在。”❶他还说，“因为同一与矛盾相比，不过是单纯直接物、僵死之有的规定，而矛盾则是一切运动和生命力的根源，事物只因为自身具有矛盾，它才会运动，才具有动力和活动。”❷从他的第一句话可以看出，矛盾就是对立和统一；后一句话表明，黑格尔认为矛盾是一切事物自身就有的，它是一切运动和生命力的根源，而不是由同一、差异和对立逐步发展出来的。换句话说，同一、差异和对立都只是作为环节包括在矛盾之中，不可以把它们分割或平列起来。黑格尔关于矛盾的上述观点成为其辩证法的基石，也是其逻辑范畴体系的重要基础。

二、马克思、恩格斯、列宁、毛泽东的范畴思想

1. 马克思、恩格斯的范畴思想

马克思主义理论的三大组成部分（马克思主义哲学、马克思主义政治经济学和科学社会主义）中，尽管并没有对范畴进行专门论述的章节，但其中却浸润着马克思、恩格斯丰富的范畴思想。本研究从三个方面探索马克思、恩格斯的范畴思想：一是从其著作中关于范畴概念的个别表述中进行概括提炼；二是从其对黑格尔、普鲁东等人关于范畴思想的批判中进行分析解读；三是从其唯物辩证法认识论的思维方式和基本方法中探究抽象。具体而言，马克思、恩格斯范畴思想主要体现在以下几个方面。

马克思、恩格斯的哲学范畴体系建立在唯物主义辩证法基础之上。马克思主义哲学是关于自然、社会和思维发展一般规律的科学，它的最基本的观点就是坚持唯物辩证法的观点，唯物辩证法的范畴体系是马克思主义哲学的重要内容。与康德的主观唯心主义哲学范畴体系和黑格尔的客观唯心主义哲学范畴体系相比，马克思、恩格斯的哲学范畴体系最重要的特点即其唯物主义的根本属性。马克思认为，范畴的形成是以客观的物质存在的事物为前提，逻辑范畴是对客观存在的事物不断抽象的结果。他用了非常形象的比喻来对范畴进行说明：“在最后的抽象阶段（因为是抽象，而不是分析）中，一切事物都成为逻

❶ 黑格尔.小逻辑[M].蓝公武，译.北京：商务印书馆，1980：254-255.

❷ 黑格尔.小逻辑[M].蓝公武，译.北京：商务印书馆，1980：66.

辑范畴……如果我们逐步抽掉构成某座房屋个性的一切，抽掉构成这座房屋的材料和这座房屋特有的形式，结果只剩下一个物体；如果把这一物体的界限也抽去，结果就只有空间了；如果再把这个空间的向度抽去，最后我们就只有纯粹的量这个逻辑范畴了……用这种方法抽去每一个主体的一切有生命的或无生命的所谓偶性，人或物，我们就有理由说，在最后的抽象中，作为实体的将是一些逻辑范畴。”[1]在马克思看来，逻辑范畴就是经过抽象后的客观实在的共同的本质的属性。其中，马克思在这里鲜明地强调了他的逻辑范畴的实体性，这是逻辑范畴唯物主义属性的根本特征。

马克思、恩格斯的逻辑范畴体系具有辩证运动的基本属性。马克思主义的基本原理，即唯物辩证法的基本原理认为，“物质是运动的物质，运动是物质的运动。”世界上的一切物质都处于运动之中。因此，马克思在说明范畴的特征时说：“正如我们通过抽象把一切事物变成逻辑范畴一样，我们只要抽去各种各样的运动的一切特征，就可得到抽象形态的运动，纯粹形式上的运动，运动的纯粹逻辑公式。如果我们把逻辑范畴看作一切事物的实体，那么我们也就可以设想把运动的逻辑公式看作是一种绝对方法，它不仅说明每一个事物，而且本身就包含每个事物的运动。”[2]马克思还以唯物辩证法关于矛盾的观点，对范畴运动方式进行了说明。他说：“两个相互矛盾方面的共存、斗争以及融合合成一个新范畴，就是辩证运动。”[3]他指出，逻辑范畴的运动，“就是设定自己，自己与自己相对立，自相结合，就是把自身规定为正题、反题、合题，或者就是它自我肯定、自我否定和否定自我否定”。[4]马克思、恩格斯认为，各个逻辑范畴的运动是有规律的，它运动的过程是“从简单范畴的辩证运动中产生群一样，从群的辩证运动中产生系列，从系列的辩证运动中又产生整个体

---

❶ 中共中央马克思恩格斯列宁斯大林著作编译局. 马克思恩格斯选集：第1卷[M]. 北京：人民出版社，1995：138-139.

❷ 中共中央马克思恩格斯列宁斯大林著作编译局. 马克思恩格斯选集：第1卷[M]. 北京：人民出版社，1995：139.

❸ 中共中央马克思恩格斯列宁斯大林著作编译局. 马克思恩格斯选集：第1卷[M]. 北京：人民出版社，1995：144.

❹ 中共中央马克思恩格斯列宁斯大林著作编译局. 马克思恩格斯选集：第1卷[M]. 北京：人民出版社，1995：140.

系。"[1]由此看来，马克思、恩格斯的哲学范畴具有鲜明的运动和发展的特征。

马克思、恩格斯进一步深化了从抽象到具体的方法，揭示了资本主义经济发展过程中的基本范畴。马克思在《资本论》中将"商品"作为资本主义经济最抽象、最一般存在的开始，从中引出种种范畴，如价值、剩余价值、生产价格、利润等，揭示资本主义经济规律发展的矛盾。他在《资本论》的序言中说，"本书的最终目的就是揭示现代社会的经济运动规律。"[2]马克思在《资本论》中出色地运用了这一方法论，才使资本主义经济发展的规律以非常朴素的形式呈现在人们的面前。同时，马克思揭示的资本主义经济发展规律的范畴体系，也是《资本论》作为政治经济学学科的范畴体系。马克思揭示《资本论》这门经济学学科范畴体系的方法为本书探索其他学科的范畴体系提供了非常直接并具有启示意义的研究方法。

2. 列宁的范畴思想

列宁对范畴内涵的揭示，将对范畴的理解推向新的高度，其范畴观主要体现在其《哲学笔记》中。列宁的范畴思想受到亚里士多德、康德和黑格尔范畴思想的深刻影响，其范畴思想一方面来源于亚里士多德、康德及黑格尔的合理因素，另一方来源于对他们不合理范畴观点的批判。

列宁进一步深化了范畴的概念形式。在黑格尔看来，逻辑范畴的发展，是从简单到复杂、从抽象到具体、由低级到高级、由浅入深的辩证发展的过程。黑格尔的唯心主义辩证法，使用了很多具有辩证关系的概念作为认识事物的范畴，这些概念包括思维与存在、内容与形式、全部与部分、内在与外在、可能、偶然与必然等。他形象地将这些认识事物的概念形式的范畴比作网上的纽结。列宁充分肯定了以概念作为范畴表现形式的理解方式，并进一步深化了对概念范畴的认识。他说："人一开口说话，他的话里就包含着概念；概念是不

---

[1] 中共中央马克思恩格斯列宁斯大林著作编译局. 马克思恩格斯选集：第1卷[M]. 北京：人民出版社，1995：140.

[2] 中共中央马克思恩格斯列宁斯大林著作编译局. 马克思恩格斯选集：第1卷[M]. 北京：人民出版社，1995：207.

可抑制的，在意识中再现的东西总是包含着些微普遍性和真理。”[1]列宁所说的概念，不是普通的概念，而是对事物经过抽象以后反映事物本质规律的概念。他在笔记中写道，“自然科学家应当知道，自然科学的结论是一些概念，但运用概念的艺术不是天生的，而是自然科学和哲学2000年发展的成果。”[2]由此可以看出，列宁的概念是理性认识的结论，而且使用概念的能力不是与生俱来的，而是科学发展和积累的结果。

列宁提出了范畴源于实践的观点，充分肯定范畴对人类认识世界的作用。列宁认为，范畴具有客观性，因为范畴来源于人的实践。他说：“人的实践经过亿万次的重复，在人的意识中以逻辑的式固定下来。这些式正是（而且只是）由于亿万次的重复才有着先入之见的巩固性和公理的性质。”[3]列宁在笔记中批注写道“逻辑的范畴和人的实践”。[4]由此可以看出，列宁的逻辑的式即“逻辑的范畴和人的实践”。此外，在范畴的作用方面，列宁充分肯定了亚里士多德、康德及黑格尔关于范畴认识事物的作用，同时，他还认为，概念范畴能够在实践中为人们服务，它具有先入之见的巩固性和公理的意义。他说：“人的实践活动必须亿万次地使人的意识去重复不同的逻辑的式，以便使这些式能够获得公理的意义。”[5]在列宁看来，范畴有两方面的作用：一是对外部存在和活动的细节的抽象；二是指导认识，可以将范畴作为认识工具。

列宁继承了马克思、恩格斯的范畴思想，吸取和改造了个别与一般、现象与本质、原因与结果等对偶范畴辩证观，深化了唯物辩证法的范畴思想。在个别与一般的观点上，列宁有精辟的说明。他说，“对立面是同一的：个别一定

---

[1] 中共中央马克思恩格斯列宁斯大林著作编译局. 列宁全集：第55卷[M]. 北京：人民出版社，1995：160.

[2] 中共中央马克思恩格斯列宁斯大林著作编译局. 列宁全集：第55卷[M]. 北京：人民出版社，1995：223.

[3] 中共中央马克思恩格斯列宁斯大林著作编译局. 列宁全集：第55卷[M]. 北京：人民出版社，1995：223.

[4] 中共中央马克思恩格斯列宁斯大林著作编译局. 列宁全集：第55卷[M]. 北京：人民出版社，1995：160.

[5] 中共中央马克思恩格斯列宁斯大林著作编译局. 列宁全集：第55卷[M]. 北京：人民出版社，1995：160.

与一般相联而存在。一般只能在个别中存在，只能通过个别而存在。”“任何一般只是大致地包括一切个别事物。任何个别都不能完全地包括在一般之中，如此等等。”[1]在列宁看来，个别与一般是同一的，它们相互联结、不可分割；同时，个别与一般是对立的、有差别的。在现象与本质的观点上，列宁说，“人对事物、现象、过程等等的认识从现象到本质、从不甚深刻的本质到更深刻的本质的深化的无限过程”。[2]在列宁看来，本质由现象表现出来，现象是本质的，人对本质的认识有一个不断深化的过程。这是对现象与本质这对偶范畴的一个重要贡献。在原因与结果的观点上，列宁将认识因果关系与认识事物的本质和现象联系起来，他在《哲学笔记》中写道：“一方面，应该从对物质的认识深入到对实体的认识（概念），以便探求现象的原因。另一方面，真正地认识原因，就是使认识从现象的外在性深入到实体。”[3]列宁认为，认识本质和认识原因、认识本质和认识实体实质上是一回事，因为本质、实体或原因是同等程度的概念。所以，要真正地认识事物的原因，就必须从事物的现象深入到实体（本质）。

此外，列宁在批判吸收黑格尔的辩证法思想时，还提出了逻辑学、认识论和辩证法统一的观点，强调了马克思主义唯物论与辩证法、辩证唯物主义和历史唯物主义的有机统一，进一步打牢了唯物辩证法范畴体系的根基。列宁对辩证范畴的科学阐述，对马克思主义认识论具有十分重要的意义。它为我们认识事物的内在的、本质的规律提供了科学的方法论。

3. 毛泽东的范畴思想

毛泽东没有对范畴进行过专门的界定，但是毛泽东的哲学思想中包含了大量的哲学范畴观点，这些范畴观点主要体现在毛泽东思想的认识论中。

毛泽东的实践范畴观。毛泽东的实践范畴观是毛泽东思想的基本观点，主要体现在实践的真理标准观和实践形式的多样性观点上。毛泽东在马克思、恩

---

❶ 中共中央马克思恩格斯列宁斯大林著作编译局. 列宁哲学笔记[M]. 北京：人民出版社，1960：401-402.

❷ 中共中央马克思恩格斯列宁斯大林著作编译局. 列宁哲学笔记[M]. 北京：人民出版社，1960：177-178.

❸ 中共中央马克思恩格斯列宁斯大林著作编译局. 列宁哲学笔记[M]. 北京：人民出版社，1960：177-178.

格斯、列宁关于“实践是检验主客观是否达到一致的衡量标准”的基础上，从实践的主观愿望与客观效果出发，强调实践是检验真理标准的观点。他说：“检验一个作品的主观愿望即其动机是否正确，是否善良，不是看他的宣言，而是看他的行为在社会大众中产生的效果。社会实践及其效果是检验主观愿望或动机的标准。”[1]在实践形式多样性观点上，毛泽东认为，人的认识在物质生活以外，还有政治生活、文化生活、艺术活动等其他形式的社会实践。“人的社会实践，不限于生产活动一种形式，还有多种其他的形式，阶级斗争、政治生活、科学和艺术的活动，总之，社会实际生活的一切领域都是社会的人所参加的。”[2]

毛泽东的矛盾范畴观。在中国古代和欧洲近现代哲学家都对矛盾的范畴作了较为深入界定的基础上，毛泽东进一步深化了矛盾的范畴观。在矛盾的层次上，在矛盾、基本矛盾、主要矛盾等概念的基础上，提出了根本矛盾这一新概念。他在《矛盾论》中，第一次提出了根本矛盾的概念，同时还分析了主要矛盾、次要矛盾，矛盾的主要方面与矛盾的次要方面等在矛盾中的地位作用以及相互关系。在矛盾的属性上，提出了将矛盾分为“普遍的矛盾和特殊的矛盾”[3]，第一次将普遍性和特殊性、共性和个性同矛盾概念联系起来，揭示了事物存在相互联系又相互区别（共性与个性）的特征。

毛泽东的规律范畴观。毛泽东在规律范畴上的贡献在于他首先提出了一般规律和特殊规律的概念。1936年，毛泽东在《中国革命战争的战略问题》中第一次提出了这两个概念。此后，他又在《矛盾论》中指出，认识事物，既要充分研究矛盾的普遍性、共同点、共同本质，又必须研究矛盾的特殊性（有的地方表述为特殊的矛盾）、特殊点、特殊本质。1941年，毛泽东在《改造我们的学习》中，再次提到了规律之间的关系。他提出要将实事求是地“研究客观事物的内部联系即规律性”，作为“我们行动的向导”。可见，毛泽东对事物的一般规律和特殊规律的认识是一贯的。

体现毛泽东范畴思想的观点还包括事物“部分质变观”、事物发展“波浪

---

❶ 毛泽东. 毛泽东选集[M]. 北京：人民出版社，1966：825.

❷ 毛泽东. 毛泽东选集[M]. 北京：人民出版社，1966：260.

❸ 毛泽东. 毛泽东选集：第1卷[M]. 北京：人民出版社，1991：310.

式前进观”、事物的“全局与局部关系观”、“感性认识和理性认识观”等。毛泽东的范畴观进一步丰富了马克思主义唯物辩证法的范畴思想，特别是一般规律与特殊规律概念的提出，非常适时地将哲学与具体科学联系起来，对于我们认识特定领域的事物提供了现实的参考依据。

对范畴的内涵进行探索、描述，或者以专著的形式阐述范畴内涵的先驱并非仅仅上述几位。但通过对上述哲学先驱的哲学范畴的理解及对马克思主义经典作家范畴思想的梳理可知，范畴具有以下几个方面的特征：哲学范畴是对事物朴素的、自发的认识与分类；哲学范畴包含着对立统一的辩证关系；逻辑范畴的运动过程必须符合历史发展的一般进程。这些特征为政治教育学范畴含义界定提供了重要启示。

第二节 政治教育学范畴的含义

对政治教育学范畴含义的界定与辨析是政治教育学范畴研究的基础。只有深入把握政治教育学范畴内在的规定性，才可能从纷繁复杂的政治教育学概念中抽象出政治教育学的范畴，进而理解、分析并构建政治教育学范畴的体系。同时，对政治教育学范畴的内涵界定，还必须历经“范畴—学科范畴—政治教育学范畴”这一逐步深入的探索过程。

一、范畴的含义

1. 范畴的古汉语词义概述

汉语中的“范畴”二字，在中国古典哲学中并非一个完整的概念。学界一般认为，汉语中的“范”“畴”取自《尚书·洪范》中的“洪范九畴”。

《尚书》是战国时期（公元前475—前221）汇编而成的一部多体裁皇室文集，汇集了公元前2000—前700年的历史档案，是中国现存最早的史书。作为儒家五经之一，《尚书》被称为《书经》或《书》，汉代改称《尚书》，即“上古之书”。[1]

根据刘起釪先生考证，《洪范》成书应该在商代（公元前1600—前1046）末年，距今3000余年。其中，“洪”的意思是“大”，“范”的意思是“法”，“洪范”就是“大法”，是商代贵族政权总结出来的统治经验。《洪范》是我国古代政治哲学思想中一篇非常重要的文章，它自成体系，成为3000多年来各王朝统治者非常重视并奉行的“统治大法”。相传在周灭商两年后，箕子向周武王陈述“天地之大法”，提出了帝王治理国家必须遵守的九种根本大法，即“洪范九畴”。[2]“九畴”即五行、五事、八政、五祀、皇极、三德、稽疑、庶征、五福九个类别。

从中国古典哲学“范”“畴”二字的源起来看，范畴自产生开始，就包含了两层意思：一是“根本、最高级别”之意，二是“分类、类别”之意。具体而言，“洪范”表明“范”之根本，“九畴”表明“畴”之类别。所以，范畴在中国古代的语义是指客观事物根本的、本质属性的分类或类别，以及类别之间的相互关系。

2. 范畴内涵的界定

范畴的内涵包含三个方面的内容，或者要体现三个层次。这三个方面（层次），依次要回答以下三个问题：①范畴包含着什么样的内容，这些内容具有什么性质；②范畴以什么样的形式来呈现；③范畴具有什么样的作用。对这三个问题的回答，实质上体现的是范畴的本体论（客观辩证法）、认识论和方法论相一致的特征。

从内容上看，范畴是对现实及其关系的一种反映和抽象。前文中提及的从亚里士多德到康德，再到黑格尔的范畴思想，更多的体现为哲学范畴思想。所谓哲学范畴，是与其他科学领域的范畴相对而言的。哲学范畴反映的是自然界、人类社会和思维这一最广泛领域中的客观现实，即自然界、人类社会和思维领域中的本质和关系；其他科学领域的范畴，反映的是各自领域中的客观现实，以及各自领域中的本质和关系。但是，无论是哲学范畴，还是其他科学的

---

[1] 张天望. 我国远古第一部档案文件汇编——《尚书》[J]. 图书情报资料，1987（4）：56.

[2] 刘起釪.《洪范》成书时代考[J]. 中国社会科学，1980（3）：155.

范畴，它们包含的内容，即它们反映的现实及其关系是客观的，具有客观实在性，而范畴就是对这种客观实在性的反映和抽象。

从形式上看，范畴对客观现实及其关系的反映，不是完全的、原封不动的反映，而是一种概括、抽象式的反映。概括和抽象的最后结果，就是使范畴成为对客观现实及其关系的内在规律的反映，是“帮助我们认识和掌握自然现象之网的网上纽结”。[1]这些“网上的纽结”，正是人们对整个“自然现象之网”认识的成果，通过抽象、概括而获得的一种形式，这个形式就是范畴。列宁曾说，“自然界在人的认识中的反映形式，这种形式就是概念、规律、范畴等等。”[2]具体而言，范畴都是以具有规律性的理论单元来体现的，而理论单元对范畴的表现则是以概念来呈现的。这是由概念作为语言或理论体系的基本单位的独特性决定的。

无论是科学学说、理论体系，还是对自然界、人类社会和思维领域的描述，都是以数不胜数的概念组成的。但是这些概念中，有的表示某种具体事物和对象，有的则表示某种属性和特征，具有较高的抽象性；有的是个别概念，只适用于某一特定的对象，有的是普遍概念，“蕴含”和“囊括”着许多对象；有的是基本概念，有的是非基本概念；有的是主要的、具有突破意义的概念，有的是次要的、带有从属意义的概念……从上述对概念的划分中，可以理解和把握范畴与通常的概念所具有的相对意义的区别。显然，能够谓之范畴的，只能是那些在某一科学体系或理论学说中基本的、主要的、具有决定意义的概念。这些概念，集中地反映了这种或那种科学、理论的特定研究对象的本质，因而才具有范畴的价值。[3]

因此，并不是所有的概念都能作为范畴，只有反映现实对象的本质和关系的最后的抽象和概括的概念，才是范畴。简言之，范畴都是对现实对象及其关系的反映，也是对现实对象及其关系的抽象，是对象及其关系在理论上的一种

---

❶ 中共中央马克思恩格斯列宁斯大林著作编译局.列宁全集：第55卷[M].北京：人民出版社，1990：78.

❷ 中共中央马克思恩格斯列宁斯大林著作编译局.列宁全集：第55卷[M].北京：人民出版社，1990：153.

❸ 吴建国.唯物辩证法对偶范畴论[M].南京：江苏人民出版社，1986：8.

表现，是自然界、人类社会和思维这一最广泛领域中客观现实最一般存在形式的反映。[1]无论是亚里士多德的实体范畴说、康德的先验范畴论，还是黑格尔的辩证范畴，都具备这一基本特征。这些哲学先驱提出的范畴莫不是以这些基本的概念来呈现的。

从作用上看，范畴是人们认识世界的思维工具和基本形式，标志着人类认识史的阶段和总结。列宁曾生动形象地说明了范畴作为思维工具在人的认识史、发展史中的作用。他说："在人面前是自然现象之网。本能的人，即野蛮人，没有把自己同自然界区分开来。自觉的人则区分开来了，范畴是区分过程中的梯级，即认识世界的过程中的梯级，是帮助我们认识和掌握自然现象之网的网上纽结。"[2]当然，人类对世界的认识并不是一蹴而就的，范畴对客观事物及其关系的反映和抽象，也是与人类对客观事物及其关系的认识相辅相成的。人们对客观事物及其关系的认识是一个由浅入深、由低级到高级的过程，范畴也是在人类认识发展的长期的历史过程中逐步形成和发展起来的。在一定意义上，所有的范畴都是人们在认识世界和改造世界的过程中所取得的认识成果，并成为人们进一步认识的起点和工具。也即是，每一个阶段的范畴，都是对前期认识成果的概括和总结，也同时表现着人类认识世界的进程，标志着人类认识发展史的各个环节和阶段，成为人类认识自然界、认识人类社会和思维自身过程中逐级前进的阶梯。[3]

由上可见，范畴从内容上讲，是客观现实对象及其关系的反映；从形式上讲，是对客观现实概括和抽象以后的人们思维的形式与工具，由理论和语言的最基本单位——概念来呈现；从作用上讲，是逻辑思维的形式与工具，标志着人类认识客观世界的阶段与总结。

二、具体科学范畴的含义

具体科学的范畴是相对一般范畴（哲学范畴）而言的。因此，理解具体科

---

❶ 彭漪涟. 逻辑范畴论[M]. 上海：华东师范大学出版社，2000：2.

❷ 中共中央马克思恩格斯列宁斯大林著作编译局. 列宁全集：第55卷[M]. 北京：人民出版社，1990：78.

❸ 彭漪涟. 逻辑范畴论[M]. 上海：华东师范大学出版社，2000：4.

学范畴的内涵，必须厘清具体科学范畴与一般范畴（哲学范畴）的相互关系。为了更好地理解和说明一般范畴（哲学范畴），本研究中的一般范畴特指哲学范畴，这与哲学和具体科学涵盖的研究领域和指代的研究对象密切相关。哲学以自然界、人类社会和思维发展的一般规律为研究对象，具体科学则以世界某一领域的特殊规律为研究对象。在范畴的层面上，一般范畴或哲学范畴，是对自然界、人类社会和思维发展最一般存在形式的反映，而具体科学的范畴则是各门具体科学研究领域中的一般存在形式的反映。

就两者的共同点而言，无论是一般范畴还是具体范畴，一切科学的范畴都是对客观现实的反映，都可以成为认识的方法和工具，都标志着人们对客观世界认识的一定阶段。

就两者的区别而言，一般范畴（哲学范畴）比具体范畴具有更广泛的概括性和适用性。具体科学范畴只是概括了物质世界或思维的某一个领域或某些较狭窄的方面，它们只是对特定领域的客观对象和现象的本质、规律性的认识和反映；一般范畴（哲学范畴）则是对自然界、人类社会和人类思维领域中的一切对象、现象和过程的本质和规律的认识和反映。

从方法论的视角看，一般范畴（哲学范畴）适用于科学思维的一切领域，对一切领域、一切科学部门都具有方法论的意义，而具体科学范畴只适于自己的特定领域，只对这一特定领域具有方法论的意义。[1]简单而言，一般范畴（哲学范畴）和具体科学范畴的关系可以比作一般与个别、普遍性与个别性之间的关系。

各门具体科学的范畴在各自的科学领域内体现着本体论、认识论和方法论相一致的特征。具体科学的范畴是对一定对象领域客观存在的一般反映。鉴于具体科学领域自身规律的客观实在性，具体科学范畴反映的内容，首先体现的是客观辩证法，即本体论特征。具体而言，它体现的是人类在该门具体科学领域中思维的终极依据，是具体科学领域进一步体现认识论、方法论的原始出发点（或称为原点），也是人们在该门具体科学中的元思维。另外，具体科学的范畴深刻地体现了人们在该门科学领域中认识的阶段和标志，同时，也是人们

---

[1] 彭漪涟. 逻辑范畴论［M］. 上海：华东师范大学出版社，2000：18.

用来进一步认识客观对象的方法和工具。从这个意义上说，一切科学的范畴都具有方法论的功能，因为它们都有规范客观现实的作用，都可以成为认识现实的方法和工具。

三、政治教育学范畴的含义

作为思想政治教育学的下位学科，政治教育学属于具体科学的范畴。政治教育学范畴，首先必须具备范畴的共性特征，同时也须具备具体科学领域范畴的个性特征。其同时符合共性特征与个性特征的要求并不矛盾：范畴的共性内涵或特征为辨析政治教育学范畴内涵提供指导，而政治教育学范畴的科学内涵从属于范畴共性特征的要求，进一步拓展范畴共性特征的内涵及相应的空间。

思想政治教育学作为政治教育学的上位学科，其范畴内涵的界定为政治教育学范畴的界定提供了进一步的指导和参考。现代思想政治教育学认为，其范畴“是反映和概括现代思想政治教育学所研究的特殊领域的各种现象及其特性、关系、方面等的本质的基本概念”。[1]

本研究认为，政治教育学范畴是指反映和概括政治教育学所研究的特殊领域的各种现象及其特性、关系、方面等本质的基本概念。这里研究的特殊领域就是政治教育这一社会实践活动。这一社会实践活动本身由现象、概念、规律和关系等几个层次组成：政治教育现象，是指政治教育社会实践活动呈现出来的各种外显情况的总和，可以由人的感性认识直接感知；政治教育的概念，是对政治教育的现象进行基本的抽象和概括以后的语言表达形式，是描述、规范和解释政治教育社会实践活动的基本语言形态；政治教育的规律，是政治教育学的研究对象，反映的是政治教育社会实践活动内在的、固有的、深藏于政治教育社会实践活动现象背后，并对政治教育社会实践活动起支配作用的本质过程或者联系；政治教育的关系，不是指一般的关系，而是政治教育内部，政治教育的理论与实践之间、现象与现象之间、概念与概念之间、规律与规律之间，以及现象与概念之间、现象与规律之间、概念与规律之间的各种关系的总和。

---

[1] 徐志远. 现代思想政治教育范畴研究[M]. 北京：人民出版社，2009：10.

政治教育学范畴是对政治教育社会实践活动这一特殊领域的现象、概念、规律、关系等的抽象与概括，是反映政治教育学学科基本特性、基本结构、内在关系的基本概念，同时也是认识政治教育社会实践活动各种现象及本质的基本理论单元，是建立政治教育学的基本理论工具。从政治教育学范畴的基本内涵及其对政治教育社会实践活动的认知作用、对政治教育学科的理论构建功能来看，政治教育学范畴的研究从不同的层次体现了本体论、认识论、方法论等功能的统一。政治教育学范畴探索和研究的过程，就是一个以本体论、认识论和方法论为支撑的基础理论的论证过程。

第三节　与政治教育学范畴相关的几组关系

要对一门全新学科的范畴开展研究，就必须对该学科以及与该学科范畴相关的各种关联关系进行比对、梳理和辨析。政治教育学范畴的研究亦如此，只有通过纵向和横向的对比分析，才能进一步明确政治教育学范畴自身的特点，也才能更好地确立政治教育学的范畴。

一、政治教育学范畴与政治教育要素的关系

要素是构成事物必不可少的因素，是组成系统的基本单元。在一个系统中，要素之间既相互独立，又按照规则联系成一定的结构，要素组成的结构在很大程度上决定系统的性质。同时，同一要素在不同的系统中，其性质、地位和作用也有所不同。一个要素相对于它所在的系统是要素，相对于组成它的要素则是系统。政治教育的要素是组成政治教育社会实践活动的基本单元，是政治教育必不可少的因素。

按照思想政治教育学对要素的理解和划分，政治教育社会实践活动至少包含了政治教育主体、政治教育客体、政治教育介体和政治教育环体等几个要素（关于政治教育要素数量问题，笔者在此不作探讨）。政治教育要素与政治教育学范畴的区别体现在以下几个方面。

（1）两者的性质有显著差异。政治教育学范畴反映的是政治教育学研究客

体——政治教育社会实践活动各种现象的内在联系和本质规律，具有高度的抽象性。政治教育要素是政治教育社会实践活动系统中的基本理论单元，每一个要素又自成一个子系统。政治教育的要素具有层次性，它相对于其所在的政治教育实践活动的系统是要素，相对于组成它的要素则是一个系统。因此，政治教育要素也是按照一定的性质和规则组成的具有同种属性的集合体。在一定意义上，相对于政治教育学范畴的抽象性，政治教育范畴具有系统性和包含性。

（2）政治教育学范畴与政治教育社会实践活动，相比政治教育要素与政治教育社会实践活动，体现的关系不一样。政治教育学范畴与政治教育社会实践活动体现的是本质与现象、内在与外在、必然与偶然之间的关系。政治教育要素与政治教育社会实践活动之间体现的是子系统与系统、部分与整体、局部与全局之间的关系。

（3）政治教育学范畴之间与政治教育要素之间体现的关系不同。政治教育学的每一个范畴反映的政治教育实践活动领域的关系和特征并不一样，每一个范畴都具有专门的含义，但是范畴与范畴之间具有较强的逻辑演进关系。政治教育学范畴可以按照不同的标准划分为不同的类别。比如，按照范畴在政治教育学中的重要程度划分，可以分为核心范畴、基本范畴、重要范畴和具体范畴。由于范畴在学科中的重要性不一样，它们所处的地位和发挥的作用也不一样。政治教育要素之间体现的是要素之间的耦合关系。虽然政治教育要素与政治教育社会实践活动体现的是部分与整体之间的关系，但是整体并不是部分与部分的简单相加构成。政治教育社会实践活动作用的发挥需要政治教育各个要素之间的有机耦合与相互关联。总体而言，政治教育学范畴的功能在于提供认知的思维工具，政治教育要素主要为整体服务，目的在于使各要素作用的发挥大于整体作用的发挥，或者使其与其他要素及整体的耦合和关联发挥到最佳的状态。

政治教育学范畴与政治教育要素之间也存在着一定的联系。其联系主要体现在以下几个方面。

（1） 政治教育学范畴与政治教育的要素指向是一致的。

政治教育学范畴是指反映和概括政治教育学所研究的特殊领域的各种现象及其特性、关系、方面等的本质的基本概念。这里研究的特殊领域即政治教育这一社会实践活动的特殊领域。这里的基本概念，不是一般的概念，是反映政治教育社会实践活动内在联系和本质规律的概念。政治教育学范畴是概括抽象政治教育社会实践活动的基本理论单元。政治教育学范畴的指向，是政治教育社会实践活动。

政治教育的要素是构成政治教育系统必不可少的要件和元素。政治教育的这些要素构成了政治教育社会实践活动系统的、完整的过程。可以说，政治教育社会实践活动就是由政治教育的各个要素组成的。因此，政治教育要素是指政治教育社会实践活动的要素，其指向必然也是政治教育社会实践活动。

（2） 政治教育学范畴与政治教育要素相互交叉。

政治教育学范畴是以概念的形态呈现的。这些反映政治教育社会实践活动内在关系和本质规律的概念被比作政治教育学学科体系网络上的纽结，其分布处于相对均匀的点面状态，即在政治教育学学科理论的网面上打下政治教育学范畴的纽结。

政治教育的要素是相对于政治教育社会实践活动的系统而言的。相对整体系统而言，政治教育的每一个要素又是政治教育整体系统的子系统，子系统的数量相对是有限的。即便是所谓的“十要素论”[1]，相对于不断发展的政治教育学范畴而言，也是一个有限的数量。将政治教育社会实践活动以不同的形式进行划分，数量少的要素必然包含数量较多的范畴。

当然，政治教育要素与政治教育学范畴的包含交叉关系不是一种绝对必然的关系，而是一种形式上的交叉与包含。

二、政治教育学范畴与政治学范畴之间的关系

政治教育是政治学中的概念，也是政治学的范畴之一。政治教育既是思想政治教育三大内容之一，也是政治学中政治社会化的重要内容之一。政治教育学作为思想政治教育学的下位学科，与政治学有着深刻的异同之处。

关于政治学范畴的研究，学界并没有给予太多的关注，更没有学者进行专门的研究，其原因在于政治学的研究对象是比较确定的。因此，笔者可以政治

---

[1] 张先治.论内部管理控制系统十要素[J].财会月刊，2005（23）：2.

学的研究对象来考察政治学的范畴。学界普遍认为，政治学研究的是国家、政党、政府、政治团体、政治制度等静态的对象，以及政治斗争、政治革命、政治改革、政治参与、政治过程、政治权力运行和运行机制、决策和政策实施过程等动态的对象。[1]政治学这一系列的研究对象，正好反映了政治学的基本范畴。

政治教育是一项社会实践活动，按照上述类别，政治教育属于政治学动态研究对象的范畴。政治教育学的范畴要以政治学的范畴为指导，政治学范畴为政治教育学的范畴提供了研究背景和丰富的素材，对政治教育学研究具有重要的启示作用。

虽然政治教育是政治学中的一个重要概念，也是政治学研究领域的一种重要的政治现象，但作为思想政治教育学下位学科的政治教育学，有其独特的研究领域。政治教育学范畴在政治教育学中所涉及的广度和深度，是政治学也难以触及的领域。当然，只有充分吸收政治学范畴的丰富的素材，政治教育学范畴才能被有效拓宽，才能被进一步深化。

三、政治教育学范畴与教育学范畴之间的关系

政治教育是一项教育实践活动，这种教育的主要特点在于它是以社会政治意识形态为主要内容开展的教育活动。教育是一种广泛存在于人类社会生活中、有目的地培养人才的活动。教育学是以教育为研究对象，归纳总结人类教育活动的科学理论与实践，探索解决教育活动产生、发展过程中遇到的实际教育问题，从而揭示出一般教育规律的社会科学。教育学的研究具有客观性、必然性、稳定性、重复性、现实性、辩证性、科学性。教育学所揭示的教育发展的一般规律以及教育的性质、目的、原则、方法等，对教育学体系中的其他学科都具有指导作用。[2]

在一定程度上，政治教育学是横跨政治学和教育学两大社会科学的学科。政治学为政治教育学提供丰富的素材和深厚的背景，教育学则为政治教育学提

[1] 王浦劬. 政治学基础[M]. 北京：北京大学出版社，2006：20.

[2] 徐志远. 现代思想政治教育学范畴研究[M]. 北京：人民出版社，2009：51.

供丰富的教育方法。从社会进步与科学发展的历史轨迹来看，学科门类的分化与综合是社会进步与科学发展的基本趋势。只有不断超越学科的边界，充分吸收相关学科的先进理论，新的学科才能诞生，学科的发展才会充满活力，科学研究才会减少或避免学科之间的隔阂。

在思想政治教育学中，教育学的范畴很多都被直接或间接借鉴到思想政治教育学中作为基本范畴，如教育者与受教育者、教育与管理、内化与外化等。这种范畴借鉴与移植的方式对政治教育学范畴研究具有重要的启发意义。政治教育学只有充分借鉴吸收政治学、教育学的范畴思想，才会显示出旺盛的生命力。与此同时，政治教育学范畴的研究也将从不同的角度丰富政治学与教育学的范畴体系。

四、政治教育学范畴与思想政治教育学范畴之间的关系

政治教育是思想政治教育的三大主要内容（政治教育、道德教育和思想教育）之一。作为思想政治教育学下位学科的政治教育学，其目的在于进一步深化思想政治教育的理论研究。因此，本研究将思想政治教育学与政治教育学确立为上位学科与下位学科之间的关系。思想政治教育学范畴与政治教育学范畴分别作为两门学科的基石，其区别主要有以下几个方面。

（1）政治教育学范畴与思想政治教育学范畴形成了各自相对独立的范畴体系。政治教育学范畴与思想政治教育学范畴分别与政治教育学和思想政治教育学的研究对象联系在一起，构成揭示其各自学科研究对象的范畴体系。思想政治教育学的研究对象是“人们思想品德形成发展和对人们进行思想政治教育的规律”。[1]思想政治教育学的研究对象揭示的是思想政治教育领域特殊的矛盾——对人们思想品德的要求与人们实际的思想品德水准的矛盾。思想政治教育学范畴正是围绕思想政治教育学的研究对象，并揭示这一研究对象形态、特征而形成的严整的逻辑范畴体系。思想政治教育学8对对偶基本范畴，以及从逻辑起点通过逻辑中项到达逻辑终点的一般范畴[2]，都具有极其紧密的逻辑联

[1] 张耀灿，郑永廷，刘书林，等.现代思想政治教育学[M].北京：人民出版社，2001：34.

[2] 徐志远.现代思想政治教育学范畴研究[M].北京：人民出版社，2009：105.

系，构成了严密的、科学的范畴体系。

作为思想政治教育学的下位学科，政治教育学范畴体系最显著的特征是其专有性（或排他性）。政治教育学的研究对象是人的政治素养的形成发展规律和对人进行政治教育的规律。政治教育学范畴则围绕这一研究对象，揭示政治教育规律过程中形成的严整的逻辑范畴体系。与思想政治教育学范畴体系相比，这一范畴体系有其自身的概念、术语和规律，以及独特的内容、形态和特征。因此，政治教育学范畴体系具有明显的专有性，即只有政治教育学才具有这一范畴体系，其他学科没有也不可能具有这样的范畴体系。

（2）政治教育学范畴与思想政治教育学范畴突显的重点不一样。思想政治教育是“政治教育、道德教育和思想教育”的集合体（或混合体），即思想政治教育包含了政治教育、道德教育和思想教育三大内容。[1]政治教育是思想政治教育的主要内容之一。但无论是实践活动开展，还是在理论研究方面，思想政治教育中的政治教育都没有获得相应的位置。从思想政治教育实践活动的形成过程来看，它是中国共产党在长期的革命和建设实践中积累起来的一项具有鲜明特色的教育实践活动，它不是政治教育、道德教育和思想教育的简单相加、随意拼凑或者刻意开展的活动，而是一直作为一种带有鲜明意识形态色彩的独立教育实践活动存在。因此，思想政治教育没有也不可能单独突出其中某一种教育实践活动，如在思想政治教育中专门突出政治教育、道德教育或者思想教育。实践催生理论，基于思想政治教育社会实践活动的长期积累和发展，才逐步形成思想政治教育颇具特色的理论及研究成果。这一理论研究，从产生开始就以政治教育、道德教育和思想教育的共生融合为基础。因此，思想政治教育学范畴反映的也是具有中国特色教育实践活动内在联系和本质规律的一系列基本理论单元。

相对于思想政治教育学而言，政治教育学研究的对象和内容有着更为突出的特征。政治教育是以培养社会成员政治认知、训练社会成员政治行为的基本技能以达到政治认同，并使成员能够参与实践活动为目的的教育实践活动。同时，以培养社会成员政治认知、政治认同和符合统治者要求的政治行为为主要

---

[1] 张耀灿，郑永廷，刘书林，等.现代思想政治教育学[M].北京：人民出版社，2001：181.

内容的政治教育，在阶级社会是普遍存在的，在当今发达资本主义国家，政治教育以公民教育、价值观教育、政治社会化等形式普遍存在。具有普遍的意识形态特征的教育社会实践活动和具有鲜明中国特色社会主义意识形态的思想政治教育实践活动，无论是在实践活动的开展内容与方式，还是在相应的理论研究方面，必然存在着较大差异。因此，从单纯的学术视角而言，以具有普遍规律的政治教育活动为研究客体的政治教育学的范畴，与以一开始就具有中国特色的社会主义思想政治教育活动为研究客体的思想政治教育学的范畴突出的重点显然存在差异，尽管本研究论及的政治教育学范畴实质也是以中国特色社会主义政治教育为实践基础的。

（3）思想政治教育学范畴与政治教育学范畴涉及的学科边界不同。思想政治教育学研究的是政治教育、道德教育和思想教育的内容，其学科内容主要涉及政治学、教育学、伦理学、心理学、社会学、哲学等学科领域的相关知识。[1]思想政治教育学中，与政治学相关的主要内容在于“怎样通过思想政治教育使人们的行为符合一定的政治关系”；与教育学相关的主要内容在于“借助教育学的原理、原则和方法去研究思想政治教育所固有的特殊规律”；与伦理学相关的主要内容在于借鉴马克思主义伦理学中的社会主义、共产主义道德形成和发展的规律、道德原则和规范；与心理学相关的主要内容在于思想政治教育学将人的思想品德形成发展过程，也看作一种心理活动的过程；与社会学相关的主要内容在于从作为社会主体的人或人的社会化理论角度研究受教育者思想品德社会化的实现过程；与哲学相关的内容在于将哲学的辩证思维方式作为思想政治教育学的辩证思维工具。此外，思想政治教育学还涉及法学、管理学、人才学、系统学等学科。政治教育学是以政治教育规律为研究对象的科学，涉及政治学、教育学、心理学等学科领域的相关知识。在政治教育学中，与政治学相关的内容主要有政治认知、政治认同、政治参与、政治文化及政治社会化；与教育学相关的内容主要在于借鉴教育学的原理、原则和方法等去研究政治教育的基本规律；与心理学相关的内容主要涉及受教育者的政治心理，包括政治态度、政治情感、政治信仰等内容。当然，政治教育的研究也会涉及

---

[1] 张耀灿，郑永廷，刘书林，等. 现代思想政治教育学[M]. 北京：人民出版社，2001：46.

社会学、哲学、管理学等相关学科领域的知识。但是，政治教育学与思想政治教育学涉及、涵盖的主要学科还是有所区别的，同时，即便是涉及相同的学科，其涉足的领域也不尽相同。从上文阐述或列举的内容可见一斑。

作为思想政治教育学的下位学科，政治教育学的范畴与思想政治教育学的范畴必然存在着深刻的关联，其联系主要体现在以下两个方面。

（1）政治教育学范畴与思想政治教育学范畴有明显的共通之处。思想政治教育学的基本范畴，如教育者与受教育者、内化与外化、个人与社会等对偶概念，也可以反映在政治教育社会实践活动相应的内在联系和基本规律中。政治教育学范畴与思想政治教育学范畴共通之处源于两个方面：一是思想政治教育包含了政治教育社会实践活动；二是思想政治教育学借鉴的教育学的相关原理、原则和方法也可以并且应该为政治教育学所借鉴。从实践活动的本质属性（同类质的社会实践活动）以及两者的理论来源看，政治教育学范畴与思想政治教育学范畴必然存在交集和相互通用之处。当然，由于两者存在的客观差异，交集部分和相互通用的范畴赋予的内涵也会有所差异。

（2）政治教育学范畴与思想政治教育学范畴存在的联系还体现在思想政治教育学范畴研究的方法、原则及思想为政治教育学范畴的研究提供了非常直接的参考作用。在研究过程中，思想政治教育学界经过反复的讨论，基本上认同了按照不同标准对思想政治教育学范畴的分类，特别是按照范畴在思想政治教育学中的地位重要程度，将范畴分为核心范畴、基本范畴、重要范畴及具体范畴四大类。同时，根据思想政治教育社会实践活动及思想政治教育学范畴的特征，以严密的逻辑思维方式，厘清了思想政治教育学范畴从逻辑起点经过逻辑中项，到达逻辑终点的逻辑运行过程，构建了比较完善的思想政治教育学逻辑范畴体系。因此，思想政治教育学范畴的分类方法，范畴运行的逻辑过程和规律为政治教育学范畴提供了最直接、最形象、最可借鉴的思维方式。

第四章　政治教育学范畴的特征、功能及确立的原则

政治教育学范畴是反映和概括政治教育学所研究的特殊领域的各种现象及其特性、关系、方面等本质的基本概念，是认识和把握政治教育理论和实践的基本手段和工具。研究政治教育学范畴，必须把握政治教育学范畴的特征，分析政治教育学范畴的功能，确立政治教育学范畴的基本原则。

第一节　政治教育学范畴的特征

特征是判断特定事物的重要标准。政治教育学范畴的特征是拟定政治教育学范畴的重要依据，也是确立政治教育学范畴的重要标准。政治教育学范畴的基本特征主要体现在以下几个方面。

一、客观性与主观性的统一

马克思主义哲学认为，客观性是指事物不以人的意志为转移而存在、发生作用的特征。政治教育学范畴的客观性，是指政治教育社会实践活动的特殊领域所固有的本质和规律性，这种本质和规律性不以人的意志为转移。政治教育学范畴作为反映政治教育实践活动领域本质和规律的基本概念，其逻辑行程和整个体系都具有客观性。

政治教育学范畴的主观性是指政治教育范畴的表现形式具有主观性。因为范畴的表现形式是人脑意识行为之一，如我们以汉语表达的“政治教育”和英语中的“政治教育”（Political Education），以及德语中的“政治教育”

（Politische Bildung）的表达形式就并不一样。政治教育学的范畴以概念呈现的形式虽然是主观的，但这些范畴并不是凭空想象出来的，也不是理论思辨和逻辑推理的结果，而是建立在对政治教育社会实践活动相关材料科学分析和充分提炼把握基础之上的。政治教育学范畴的主观形式反映的是政治教育社会实践活动的本质和规律性的客观内容，即政治教育学范畴的形式是主观的，内容是客观的。政治教育学范畴的主观性与客观性统一在特定的政治教育社会实践活动之中。

二、抽象性与具体性的统一

所谓抽象，是从众多的事物中抽取出共同的、本质性的特征，同时舍弃其非本质的特征。政治教育学范畴的抽象性特征指的是政治教育学范畴经过了“现象—概念—范畴”的逻辑过程，是理论抽象的产物。政治教育学范畴的抽象性与具体性特征是相对而言的，这里的相对性包含了两层含义。

其一，相对于一般范畴或者哲学范畴而言，政治教育学范畴是哲学范畴在具体科学中的展现。在前文中，我们介绍了亚里士多德的十大类范畴表及康德的十二类范畴量表。如果将亚里士多德和康德的范畴概念作为认识“混沌”自然界和人类社会的基本工具，那么，政治教育学范畴作为认识社会科学中政治教育学的工具，这种认识事物的方式正是马克思主义认识论中的“第二次飞跃”，即从抽象上升到具体的最好展现。

其二，政治教育学范畴自身反映的是政治教育学范畴一般性与特殊性之间的相对关系。这里的一般性即抽象性，指的是政治教育学的范畴反映的是政治教育社会实践活动内在的、本质的、规律性的关系，具有必然性、深刻性和高度的概括性；这里的特殊性即具体性特征，指的是政治教育学范畴源于政治教育社会实践活动的似乎杂乱无章的现象和纷繁复杂的概念，具有偶然性、直观性和可以直接感知的特征。

总体而言，政治教育学范畴既具有以内在性、本质性和概括性为内涵的抽象性特征，同时也具有以丰富性、生动性和表象性为内涵的具体性特征。政治教育学范畴的抽象性与具体性是统一的，没有政治教育社会实践活动各式各样的具体性，就不会有政治教育学范畴高度的抽象性。抽象性来源于具体性，又高于具体性；具体为抽象提供了真实的、客观的素材，丰富了抽象性的内容。

三、阶级性与科学性的统一

政治教育学范畴的阶级性，源于政治教育社会实践活动及其理论内容的阶级性。所谓阶级性，指的是不同历史时期的政治教育和不同政治制度下的政治教育，由于统治阶级的阶级性质和立场不同而导致的政治教育的目标和服务的对象不同。马克思主义历史唯物观认为，马克思主义政党的政治立场就是致力于实现最广大人民群众的根本利益。社会主义国家的政治教育毫无疑问是为无产阶级政党和广大人民群众服务。当前，具有中国特色社会主义的政治教育，就是为社会主义政治文明、精神文明、物质文明以及构建社会主义和谐社会和全面建设小康社会服务。资本主义国家的政治教育，无论是显性的还是隐性的，都是为了强化民众对其政治合法性的认同，归根结底还是为资产阶级服务。同样，阶级社会的其他社会形态的政治教育也都是为统治阶级服务的。政治教育学范畴作为政治教育学理论内容的一种表象形式或者基本单元和骨架，必然具有鲜明的阶级性。

政治教育学范畴的科学性，强调的是政治教育学范畴的客观实在性和规律性，即政治教育学范畴反映的是政治教育学特殊研究领域——政治教育社会实践活动的特殊矛盾及其内在的本质和规律。无论是在哪一个历史时期，也无论是在何种政治体制下，政治教育社会实践活动的特殊矛盾以及内在的本质和规律都具有一定的普遍性。因此，以政治教育社会实践活动这一特殊研究领域为研究对象的政治教育学，其内容必然具有一定的客观性和科学性。无论是哪一个历史时期，或者哪一个体制下的政治教育理论，都在一定程度上客观地反映了政治教育社会实践活动内在的本质和固有的规律。由此看来，政治教育学及其范畴都是阶级性和科学性的内在统一。

四、开放性与稳定性的统一

哲学意义上的开放性，是相对于封闭性而言的，指的一个系统要不断与外界进行物质交换、能量交换、信息交换。例如，一个科学的理论体系允许人们去思考、介入、拓展，同时，这一理论体系作为一个信息源，不断地向外辐射出信息，这就是所谓的开放性。政治教育学范畴的开放性体现在两个方面：一是从学科借鉴的角度而言，政治教育学范畴必须广泛汲取马克思主义哲学范畴理论体系和其他相关学科范畴的研究成果，在政治教育学的研究领域探索、拟定最终确立本学科的范畴。例如，政治教育学作为思想政治教育学的下位学科，其范畴的研究必须以马克思主义理论范畴体系思想为指导，同时充分借鉴其相关学科的范畴成果。在一定程度上，政治教育学范畴与政治学、教育学、思想政治教育学等相关学科的范畴都存在着相通相融之处。二是从范畴自身丰富发展的视角而言，随着社会经济实践活动及科学的发展，任何学科理论及其范畴内涵都会不断丰富和发展。政治教育学范畴是反映政治教育学社会实践活动内在联系和基本规律的基本理论单元，随着我国社会政治实践的发展，政治教育的理论也将不断丰富、变化、发展。这是唯物辩证法关于事物是变化发展的基本观点的深刻体现。

稳定性是相对于变化与发展而言的，政治教育学范畴的稳定性同样也是相对于其变化与发展而言的。政治教育学范畴所反映和概括的是政治教育社会实践活动中内部的本质属性和基本规律，相对于各种现象而言，这种属性和规律是最稳定的特性，这就使政治教育学范畴同样具有稳定性的特征。具体而言，政治教育学范畴的稳定性，表现为其范畴不是随意地增加或者减少，随意地进行各种学科概念的移植与嫁接；相反，在特定时期、特定范围，其核心范畴、基本范畴、重要范畴应该是相对固定的，其发展应该遵循逻辑与历史相一致的基本原则。

政治教育学范畴开放性与稳定性的对立统一关系，深刻体现了列宁关于绝对真理与相对真理的基本观点。在列宁看来，绝对真理和相对真理既是对立的，但又不是割裂的，而是统一的，因为绝对真理就是由无数相对真理构成的，而相对真理中就包含着绝对真理的颗粒。[1]政治教育学范畴的开放性是绝对的，而稳定性则是相对的，两者体现的是政治教育学范畴的发展性与科学性的统一。

---

[1] 中共中央马克思恩格斯列宁斯大林著作编译局. 列宁哲学笔记[M]. 北京：人民出版社，1960：552.

第二节 政治教育学范畴的功能

范畴之所以能成为学科建立的奠基石之一，关键因素在于它具有的功能。政治教育学范畴的功能主要体现在对政治教育及其相关理论的认知作用、学科构建作用和方法论意义上。

一、认知功能

认知功能，是指认识和把握事物的功能。认知功能是范畴最基本的功能之一。哲学范畴首要的作用就是将范畴作为认识自然界、人类社会和思维的基本工具。具体到政治教育学范畴的认知功能体现在以下几个方面。

（1）对政治教育实践活动及相关知识理论进行规范的功能。政治教育社会实践活动各种现象涵盖面十分宽广，涉及的内容形式多样。政治教育学范畴作为政治教育实践领域的理性认识和基本理论单元，对政治教育现象及其相应的理论具有规范功能。这一规范功能主要以规范的概念性语言对政治教育现象及理论进行描述和解释。同时，人们也正是通过学习、研究这一系列精确的、科学的政治教育学范畴，来掌握政治教学的理论知识。

（2）认识政治教育社会实践活动本质与规律的功能。亚里士多德认为，人们通过范畴去考察和认识世界，就接近了真理。[1]他举例说，要认识有些名词是不容易的，如“统一”（Unity）、“存在”（Being）、“同一”（Sameness）这些名词的意义就是如此，因为要辨别出哪一类事物属于“同一”的范畴，哪一类事物不属于“同一”的范畴是不容易的。因为能作出这样辨别的人，实际上就很接近于见到真理了。[2]政治教育学范畴本身是政治教育学领域中经过科学抽象和高度概括后的概念。人们以政治教育学的范畴为基础，进一步深化对政治教育社会实践活动的认识，特别是进一步认识政治教育学研究客体的本质和规

❶ 杨寿堪. 亚里士多德范畴学说简论[M]. 福州：福建人民出版社，1983：5.

❷ 苗力田. 亚里士多德全集：第1卷[M]. 北京：人民出版社，1990：25-35.

律，是政治教育学范畴的重要功能之一。

（3）政治教育学范畴具有演绎功能。演绎属于哲学范畴的概念，是一种辩证逻辑的思维方式。政治教育学范畴的演绎包含两层意思：一是政治教育学范畴与范畴之间、一个范畴到另一个范畴的推演过程，充分体现了辩证的思维方式，属于理性认识的高级形式；二是指相关学科之间的范畴移植、推演过程。作为思想政治教育学的下位学科，政治教育学范畴与政治学、教育学和思想政治教育学的范畴既有联系又有区别。政治教育学范畴的产生，既源于对自身研究客体本质及规律的抽象与概括，也有对相关学科范畴的移植、借鉴后的高度融合。同时，可以通过对政治教育学范畴的深刻认识，以及对相关学科范畴移植、借鉴、融合，深化对政治教育学范畴新特性、新关系的认识，最终形成新的范畴网络体系。政治教育学范畴的演绎功能是认知功能的最高形式。

二、建构功能

政治教育学范畴反映的是政治教育学研究客体的各种现象共同的本质属性和各种矛盾运动的基本规律，以及政治教育学各要素之间、要素内部内在的逻辑结构和有机联系。政治教育学范畴对政治教育学学科构建功能体现在以下几个方面。

（1）政治教育学范畴是政治教育学理论体系特别是基础理论的重要组成部分。一门新学科的构建，必须由相应的研究对象、基本范畴、基本规律、基本原理组成，其中，研究对象和基本范畴是构建一门学科的两大支柱。政治教育学范畴是政治教育学理论体系最基本的组成要素，它包含了如下含义：第一，政治教育学的范畴和范畴体系渗透在政治教育学理论体系的各个要素、各个环节之中，没有这些范畴或者范畴体系，政治教育学理论体系的各要素、各环节就毫无意义可言。第二，政治教育学的范畴体系是一个有机的整体，政治教育学的每一范畴都是这个体系中的纽结。政治教育学的理论体系，也是建立在政治教育学范畴体系之上的。如果离开一定的体系，孤立的范畴将不可能完整揭示政治教育学研究客体的内在联系和基本规律。反之，只有在一个完整的理论体系中，政治教育学的单个范畴才具有意义。从这个意义上讲，政治教育学范畴和政治教育学理论体系的关系，可以概括为个体与整体、要素与系统之间的关系。

（2）政治教育学范畴体现了政治教育学的基本构架。政治教育学理论体系建立在政治教育学范畴体系基础之上，政治教育学范畴体系在一定程度上反映了政治教育学理论体系的基本框架。作为政治教育学基本理论单元，政治教育学范畴伸展到哪里，政治教育学体系就会构建到哪里。政治教育学理论体系由一系列政治教育学的基本理论观点构成，这一系列的基本理论观点都是高度抽象的理性认识，是理性思维抽象的结果。这种抽象的思维活动必须借助于经过抽象后的范畴作为基本工具才能开展；同时，这种思维活动形成的成果也只有通过范畴，才能呈现出它所捕捉到的那种具有普遍意义的现象、内在联系、基本规律及其相互之间的关系。如果将政治教育学理论体系的构成，由“政治教育学范畴—政治教育学基本观点—政治教育学理论体系”这一动态逻辑过程表达，则可以看出，政治教育学的理论体系离不开政治教育学的范畴，这些范畴既是政治教育学理论思维活动工具，也是它的表现形式之一。

（3）政治教育学范畴体系的构建状况直接决定了政治教育学理论体系的发展状况和水平。一是政治教育学范畴的水平，包括范畴的广度和深度，直接决定着政治教学学科体系的成熟度。二是政治教育学范畴体系构建的方式，直接反映政治教育学理论体系的构建方式。探索政治教育学研究客体内部本质、规律和关系，对政治教育学体系构建具有重要的指导意义。三是政治教育学范畴的开放性特征决定了政治教育学理论体系的开放性特征。随着社会历史状况的变化与发展，政治教育社会实践活动内容会越来越丰富、形式也越来越多样化，同时，不同范畴在范畴体系中的作用和地位也会发生变化。因此，政治教育学理论体系会随着政治教育学范畴的变化和发展，不断变化和丰富，并向着更高的层次和水平发展。

三、方法功能

政治教育学作为具体科学，其范畴相对于哲学范畴而言，自身体现的是方法论的意义。政治教育学范畴的方法论功能主要体现在以下三个方面。

（1）范畴形成发展及其辩证运动的逻辑行程。范畴方法功能首先体现为人对客观世界认知方法上的逻辑进程。人的认知运动是由个别向一般、一般向个别运动的过程，体现着人的认知的归纳和演绎的两个方面。“个别——般—个别……以至无穷”，这是认识运动的辩证法。[1]政治教育学范畴的形成和范畴体系的构建，都是通过对政治教育学领域数目众多、纷繁复杂、丰富多彩的个别现象进行概括与抽象，获得的具有一般意义的概念形成的范畴。丰富的个别性在一般中保存下来，范畴的一般比个别的总和包含的内容要更加广泛、更加深刻。政治教育学范畴的一般性也在政治教育学领域丰富的个别性中得到诠释和丰富。同时，随着政治教育社会实践的发展，政治教育学范畴也须不断汲取、概括鲜活的、丰富的政治教育社会实践的各种现象，政治教育学范畴也需要不断地丰富和发展。政治教育学范畴每前进一步，都深刻体现着范畴的一般与个别结合的新环节。[2]政治教育学范畴“个别——般—个别”的逻辑进程，深刻地体现了范畴自身辩证运动的方法功能。

（2）作为认知中介的方法功能。范畴作为思维的工具和认识客观世界的手段，体现着人类作为认知主体，在联结认知对象过程中的中介功能。黑格尔曾指出，范畴乃一种工具，“是站在主观方面的手段，主观方面通过它而与客体相关。主体在这种推论中是一端，客体则是另一端，前者通过它的方法而与后者联在一起”[3]，这明确指出了认识和思维的方法是认识和思维过程中的一种工具、手段，它起着联系主观与客观之间的桥梁和中介的作用。[4]政治教育学范畴的方法论功能，也是政治教育学的认知主体与政治教育学领域客体现象之间的桥梁和中介。它作为政治教育学认知主体的工具和手段，在认识政治教育学领域客观现象的本质和规律方面，发挥关键作用。它作为中介的一端，通过范畴的概括、抽象、归纳、演绎、推理等思维联系着作为认知主体的人，另一端则联系着政治教育学领域的各种现象与客观现实。人的主观的思维通过中介功能的范畴，把握政治教育学领域各种现象的本质和规律的过程，是政治教育学范畴方法功能的深刻体现。

---

❶ 徐志远.现代思想政治教育学范畴研究[M].北京：人民出版社，2009：76.

❷ 徐志远.现代思想政治教育学范畴研究[M].北京：人民出版社，2009：76.

❸ 黑格尔.逻辑学：下卷[M].杨一之，译.北京：商务印书馆，1966：532.

❹ 彭漪涟.逻辑范畴论[M].上海：华东师范大学出版社，2000：50.

（3）摹写现实和规范现实的方法功能。范畴是反映现实对象的本质规律和内在关系的最后的抽象和概括的概念，标志着人类认识史的阶段和总结，体现了范畴的本体论、认识论和方法论的一致性。政治教育学范畴是政治教育学领域客观存在的一般形式的反映，是对政治教育学领域各种现象认识的一定阶段的总结和标志，也是人们进一步认识政治教育学领域各种现象的方法和工具。在一定程度上，政治教育学范畴对政治教育社会实践活动各种现象和客观存在进行总结的过程也是摹写现实的过程，同时，这些范畴也成为进一步认识政治教育社会实践活动及各种现象的规范性的工具。这里正体现着范畴另一个重要的方法功能——摹写现实和规范现实。例如，“剩余价值”作为政治经济学的范畴，是马克思通过对政治经济学的研究对象——资本主义的经济活动长期研究获得的认识成果，深刻揭示了资本主义经济及其生产的本质；同时，“剩余价值”也成为进一步分析资本主义经济和社会的工具。因此，政治教育学范畴的方法功能，首先是对政治教育学领域各种现象的摹写，表现为对政治教育学领域各种现象内在关系及其本质的概括与抽象；同时也对进一步开展政治教育学理论研究提供了语言、逻辑和体系上的规范，这是范畴作为思维工具在政治教育学理论研究中方法职能的重要体现。

第三节 政治教育学范畴探索的基本原则

探索构建政治教育学范畴及体系，必须明确确立这些范畴的基本原则。笔者认为，政治教育学范畴探索必须遵循以下几个方面的原则。

首先，政治教育学范畴研究必须遵循“逻辑起点—逻辑中项—逻辑终点”的基本原则，这一原则也是辩证思维建构科学理论体系的重要方法。任何一个逻辑范畴体系都是由这些因素，即由逻辑基项所决定的逻辑始项、中项和终项有机构成的一个逻辑结构。这也是逻辑范畴体系所共有的一般结构。[1]探索政治教育学范畴的目的，是通过先行构建政治教育学范畴体系，来建立专

[1] 彭漪涟. 逻辑范畴论[M]. 上海：华东师范大学出版社，2000：72.

门的政治教育学。因此，政治教育学范畴研究，最终必须是以体系的方式呈现出来，而这个体系必须遵循“逻辑起点—逻辑中项—逻辑终点”的基本原则。只有确立这个基本原则，政治教育学范畴研究才能真正开启研究的起点，并做到范畴研究的有始有终。

其次，政治教育学范畴研究必须遵循“逻辑与历史相一致”的原则。逻辑与历史相一致，是辩证唯物主义的基本原则。马克思、恩格斯认为，历史是逻辑的基础，逻辑是历史的反映，历史与逻辑是辩证统一的。历史的起点在哪里，逻辑的起点就在哪里；历史发展到哪里，逻辑就应该延伸到哪里。政治教育学范畴研究，其中逻辑思维的过程、行程，包括对概念的归纳、推演、体系构建必须与人们认识发展的历史，必须与人的政治认知、政治情感、政治价值观、政治认同、政治参与等政治素养的形成发展的客观实际和基本规律相一致。反之，政治教育学范畴的理论研究，如果不以政治教育的客观实际和历史为基础，那就不能揭示政治教育的基本规律，不能反映政治教育的历史和现实，不可能构建起发展的、科学的政治教育学范畴体系。当然，历史的方法必须与逻辑的思维方法统一起来，政治教育学范畴研究才不至于简单地重复历史，才能真正地揭示政治教育实践活动各种现象背后的本质和规律。

最后，确立的政治教育学范畴，必须能够通过一定方式加以检验。本书认为，其检验的标准主要在于以下三个方面：一是确立的政治教育学范畴是否揭示了政治教育社会实践活动的基本规律；二是确立的政治教育学范畴是否反映政治教育社会实践活动的基本特征；三是确立的政治教育学范畴是否体现了政治教育实践活动的重要内容。具体可以概括为规律性、承载性和可知性原则。

（1）规律性原则。辩证唯物主义认为，物质是运动的物质，而运动又是有规律的。列宁曾指出：“世界是物质的有规律的运动。”[1]也就是说，任何物质运动，都具有其自身的客观规律，并受这些客观规律的支配。政治教育学的研究对象——政治教育实践活动也具有规律性。政治教育学范畴作为政治教育学研究领域各种现象及其特性、关系、方面等高度抽象后的概念，体现、反映或

[1] 中共中央马克思恩格斯列宁斯大林著作编译局. 列宁选集：第2卷[M]. 北京：人民出版社，1972：70.

包含着政治教育实践活动的基本规律。因此，能否反映或者体现政治教育实践活动的基本规律，就成为检验其能否成为政治教育学范畴的首要标准。

（2）承载性原则。政治教育学范畴必须承载政治教育的目的、特征、任务、内容、途径等构成政治教育学这一学科之网上的基本信息。列宁将范畴比作“人们认识和掌握自然现象之网的网上纽结”，那么这一系列的网上纽结，必须能够呈现这一网络的基本结构和内容。政治教育学的范畴也必须能够承载政治教育学学科体系之网上的所有信息。政治教育学范畴是政治教育学领域研究对象各种现象的抽象与概括，政治教育学的范畴体系正好全面反映政治教育学学科体系。因此，判断一个概念是不是政治教育学的范畴，要看它是否承载了政治教育社会实践活动中的基本信息，是否为政治教育的基本目标服务。

（3）可知性原则。辩证唯物主义认为，世界是物质的世界，思维是对物质世界即存在的反映。物质的客观性决定了思维对物质世界反映的客观性和可知性。哲学范畴是人类对自然界、人类社会和思维领域相关科学高度抽象和概括的概念，是掌握反映自然界、人类社会和思维发展规律的认知工具，具有可知性。同样，政治教育学范畴包含了政治教育实践活动的基本规律和特征，反映了政治教育社会实践活动的重要内容，政治教育实践活动的客观性决定了政治教育学范畴的可知性。在一定意义上，政治教育学范畴的可知性原则，体现的是政治教育实践活动的客观性。在本研究的论证中，政治教育学范畴的可知性，主要是通过范畴反映或者包含的政治教育实践活动的重要内容体现出来。

明确了政治教育学范畴的内涵与特征后，政治教育学范畴及其体系的标准已逐渐清晰。特别是在确立了探索政治教育学范畴的基本原则后，政治教育学范畴探索的切入点、路径和思路将为本研究奠定坚实的基础。

第五章　政治教育学范畴体系的逻辑结构

无论是亚里士多德的实体范畴论、康德的纯粹理性范畴论，还是黑格尔的绝对精神范畴论，都是以整体的逻辑结构呈现其范畴思想。可以说，整个宇宙、自然界、社会和人们思维各个领域的万事万物，尽管千差万别、千姿百态，但有一点是共同的，就是它们都有自己特定的结构。反之，整个宇宙，从宏观世界到微观世界，从无机界到有机界，从自然界到人类社会及人们思维各个领域的万事万物，没有不具有一定结构的。一切事物正是以一定的结构形式而存在的。

第一节　政治教育学范畴逻辑结构的意义

结构既是一种观念形态，又是物质的一种运动状态。本研究中的结构是指特定系统的存在方式，以及系统内部各要素相互联系、相互作用的性质，表现为系统内部的组织、机制、各个序列和层次等各部分之间的一定秩序。政治教育学范畴体系的逻辑结构，是指在政治教育学范畴体系之内，一个由相互联系、相互作用的，从简单到复杂、从抽象到具体的，由基项范畴、中心范畴、起点范畴、中项范畴、终点范畴构成的立体动态结构。探索政治教育学范畴体系的逻辑结构对于科学确立相应的逻辑范畴具有重要意义。

第一，探索并确立政治教育学范畴体系的逻辑结构，对政治教育学研究具有重要的实践意义。恩格斯曾指出，“我们所接触到的整个自然界构成一个体系，即各种物体相联系的总体。”[1]单个（对）范畴自身不可能全面彻底地反映所在领域的整体的现象与关系，对单个（对）范畴开展研究不是范畴研究的科学途径。因此，对政治教育学范畴的研究，不是孤立地研究每个（对）范畴，而是在政治教育学范畴的体系中研究这一范畴。在政治教育学范畴的体系中研究范畴，就是按照范畴的自身特性来确定范畴所反映的政治教育各种现象特定的方面、特性和联系的环节；就是在范畴的相互联系、往返流动、相互转化中，分析政治教育学范畴在整个范畴体系中的特定的位置，以及范畴在其发展的特定阶段上、特定条件下的具体内容。同时，只有厘定了政治教育学范畴的结构及其对应的逻辑范畴，政治教育学的基本内容、基本规律、领域界限才能得到科学的界定。

第二，在确定的逻辑范畴体系结构中探索政治教育学范畴，才能更深刻地揭示政治教育学范畴运行演进规律，理解范畴之间的关系。政治教育学范畴的研究，不是满足于各对范畴的列举和简单的排列，而是从范畴体系与其要素、层次和部分以及要素、层次、部分之间、范畴之间的内在的逻辑联系上和一环扣一环的发展链条中，来探寻各对范畴从简单到复杂的辩证发展过程。恩格斯曾说，“辩证逻辑和旧的纯粹的形式逻辑相反，不像后者满足于把各种思维运动形式，即各种不同的判断和推理的形式列举出来和毫无关联地排列起来。相反地，辩证逻辑由此及彼地推出这些形式，不把它们互相平列起来，而使它们互相隶属，从低级形式发展出高级形式。”[2]政治教育学范畴体系逻辑结构的建构，必须要做到先行范畴是后来的范畴的起点和环节，后来范畴则是先行范畴的发展和结果，从而在范畴依次展开的逻辑演进过程中，再现范畴运动从简单到复杂、从抽象到具体的有规律的发展过程。这个彼此关联、排列有序的政治教育学范畴的逻辑结构，深刻地揭示了范畴运动由简单到复杂的辩证发展过程。

第三，只有通过政治教育学范畴体系逻辑结构的研究，才能科学地界定政

---

❶ 中共中央马克思恩格斯列宁斯大林著作编译局. 马克思恩格斯选集：第4卷[M]. 北京：人民出版社，1995：347.

❷ 中共中央马克思恩格斯列宁斯大林著作编译局. 马克思恩格斯选集：第4卷[M]. 北京：人民出版社，1995：566.

治教育学的范畴。这是历史与逻辑相一致研究方法的深刻体现。历史与逻辑相一致，就是对实践及历史的研究与探索，必须在已有的或已被证明的理论逻辑的指导下得到规范和发展。以什么样的方式和途径来探索政治教育学的范畴，是探索并确立政治教育学范畴的首要问题。通过先行确定的思维逻辑的一般行程，探索确立政治教育学范畴的逻辑结构及其对应的范畴，就是运用范畴逻辑论探索并确立政治教育学范畴及其结构的过程，从一开始就为政治教育学范畴的研究划定了相对界限，避免了研究的随意性、盲从性、主观性和不可知性。在一定意义上，确立了政治教育学范畴体系的逻辑结构后，再来探索并确立与逻辑结构对应关联的政治教育的重要概念，正体现了运用思维逻辑的科学理论来指导政治教育学范畴研究的基本学术路径。这是确保政治教育学范畴科学性与客观性的重要依据。当然，由于人的认识水平、认识能力和客观实际情况，任何个体或群体对范畴的研究，在广度和深度上都会受到限制。本书对政治教育学范畴的研究也属于初步尝试。在一定意义上，本研究拟定的范畴是政治教育学中最重要的范畴，或可称为政治教育学的基本范畴。但是，在本研究中并没有明确“基本范畴”这一提法，主要原因有以下两方面：一方面，政治教育学是一门正在试图建立但尚未建立起来的学科，学界对其概念、范畴、原理的探索和界定都还处于起步阶段，尽管本书对范畴的确立和界定总是力图做到准确完善，但是，最终这些范畴界定的准确性、概括和抽象的高度都需要得到进一步的检验；另一方面，政治教育社会实践活动处于不断的变化发展之中，其所在研究领域的学科——政治教育学也将随之而发展，政治教育学的范畴也因此处于运动变化的状态。基于此，本研究对政治教育学范畴的层次尚未进行划分和界定，而是以笼统的方式对政治教育学范畴及其结构进行研究。但这并不是否定这些范畴客观存在的层次性，也不排除通过更为深入的研究，按照范畴的重要性程度，厘定不同层次的范畴。

第二节　政治教育学范畴的逻辑结构

任何一个科学的、完整的范畴体系，都是由诸多范畴联结而成的。这些诸多范畴之间的联系和关系，并非杂乱无章、随意拼凑的，而是有一个相互关联、相互制约的结构。一门具体科学的范畴体系，同样也有一个一般的、共同的逻辑结构，这个结构就是由基项范畴、中心范畴、起点范畴、中项范畴、终点范畴及介体范畴构建起来的逻辑结构。具体到政治教育学范畴体系，必须明确范畴体系的逻辑标识与其对应类属概念之间的关系。基项范畴、中心范畴、起点范畴、中项范畴、终点范畴和介体范畴在范畴体系中是一种逻辑标识，或者一个指代，而与这个标识（或指代）相对应的类属概念，才是本研究需要探索、确立并论证的范畴。本研究对范畴的研究，遵循了逻辑范畴与类属概念相对应的方式逐步展开论述，拟定的逻辑范畴及其对应的类属概念具体如下。

（1）基项范畴：政治文化。基项范畴是政治教育学范畴体系的逻辑基点，即政治教育学的整个范畴体系都建立在这个基点之上。只有具备了这一基点，才能托起政治教育学的整个范畴体系，政治教育学范畴体系才能开启从逻辑起点到逻辑终点的逻辑行程。政治文化为政治教育提供丰富的给养，是政治教育的前提条件之一，同时它还孕育、包含着政治教育学的其他范畴，成为政治教育学的基项范畴。

（2）中心范畴：教育主体与教育客体。中心范畴是政治教育学范畴体系的轴心，即政治教育学的范畴体系都围绕这个轴心运动。只有具备了这一轴心——教育主体与教育客体，政治教育学范畴之间才能相互关联起来，政治教育学范畴体系才能成为运动与发展的动态体系。

（3）起点范畴：政治认知。起点范畴是政治教育学范畴体系逻辑行程的起点，政治教育学范畴体系从这个起点出发，开启逻辑行程。鉴于人的政治素养的自然历史发展过程必须以获取一定的政治认知为起点，政治认知就成为一个政治人成长的起点，同时也成为政治教育学范畴体系的逻辑起点。

（4）中项范畴：政治情感、政治价值观、政治认同。中项范畴既是政治教育学范畴体系的逻辑中项过程，也是教育客体的情感、价值观和认同发生变化的中间过程。政治情感、政治价值观和政治认同的发展变化，体现的是一个政治人的政治素养从幼稚到成熟、从感性到理性、从简单到深刻的变化发展过程，是联结政治教育学范畴逻辑起点与逻辑终点的逻辑中项。

（5）终点范畴：政治参与。终点范畴是政治教育学范畴体系逻辑思维告一段落的节点。它既不是人的逻辑范畴思维的终点，也不是合格政治人教育的终点，而是为了便于研究截取的政治教育学范畴体系逻辑行程的一段过程（或者政治教育中的一段过程）的终点。其目的是通过截取相对静止的、固定的逻辑过程，来更好地分析政治教育学范畴体系的逻辑结构。

（6）介体范畴：本研究初步拟定的介体范畴主要包括认知构建、情感培养、认同培育、技能训练和参与引导五个。基于政治教育学介体范畴的特殊性，本书将在下一节给予简释并作说明。

基于上述对政治教育学范畴逻辑结构的论述，本研究初步拟定了政治教育学范畴逻辑结构图（见图5-1）。

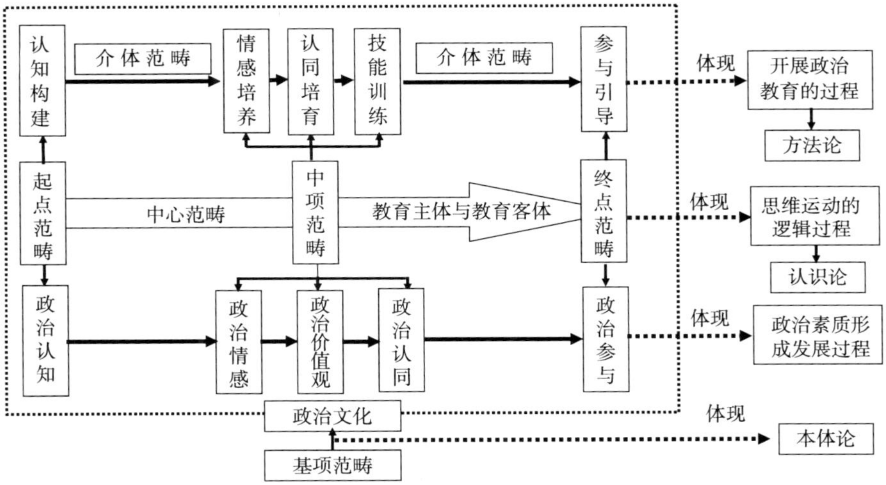

图5-1 政治教育学范畴逻辑结构图

在政治教育学范畴逻辑结构图中，政治教育学中心范畴处于逻辑结构图的中心，体现的是教育主体与教育客体在政治教育实践活动中贯穿始终的轴心位置；处于最底层的是基项范畴——政治文化，体现的是本体论；处于中间部分的是从起点范畴经中项范畴再到终点范畴的逻辑范畴的思维过程及其对应的类属概念，即政治认知、政治情感、政治价值观、政治认同、政治参与等，反映的是思维运动的逻辑过程与人的政治素质的形成发展相一致的过程和原则，体现的政治教育学范畴研究的认识论；最顶端的介体范畴，对应的是认知构建、情感培养、认同培育、技能训练、参与引导五个类属概念，体现的是政治教育学范畴研究的方法论。

第三节 政治教育学介体范畴及简释

政治教育学范畴的逻辑行程体现的是一个自然人的政治素养形成发展的自然历史过程。当然，一个政治人如何从最初幼稚、感性、简单的自然人，发展成为成熟、理性、深刻的政治人的中间过程，在上述逻辑结构中并没有体现出来。换句话说，一个政治人如何从幼稚到成熟、从感性到理性、从简单到深刻，都是广义“教育”意义上的结果。但是，这个广义“教育”的意义，在上述范畴体系中并没有体现出应有的方法论意义，也就没有更加直观地体现出政治教育的“教育”色彩。

政治教育学研究领域的基本规律包含着两个方面的内容：一是人的政治素养的形成发展规律；二是对人开展政治教育的规律。在一定意义上，上述政治教育学范畴逻辑形成及其结构，更多反映和概括的是合格政治人的形成发展过程及其规律，而对人开展政治教育的过程和规律并没有得到恰当的反映和体现。

对人开展政治教育的过程及其相应规律的范畴，是通过对特定教育的教育方式、方法和手段抽象概括出来的。在完整的范畴体系中，特定教育的教育方式、方法和手段抽象出来的范畴一般称为介体范畴，是范畴体系中的逻辑中介。列宁曾指出，要真正地认识事物，必须把握研究它的一切方面、一切联系和“中介”。[1]这个中介，实质是教育主体对教育客体施加作用的教育手段和教

---

[1] 中共中央马克思恩格斯列宁斯大林著作编译局. 列宁全集：第32卷[M]. 北京：人民出版社，1992：71-72.

育方式，揭示的是对人开展政治教育过程的规律。

鉴于此，本研究也根据政治教育的特性和政治教育实践活动经验，拟定了政治教育学的五个介体范畴，即认知构建、情感培养、认同培育、技能训练、参与引导。

（1）认知构建是政治教育学首要的介体范畴。这里认知构建的主要内容是政治认知。政治认知是政治观念体系中最基本的要素，是指“政治主体对于政治生活中各种人物、事件、活动及其规律等方面的认识、判断和评价，即对各种政治现象的认识和理解”。[1]认知构建则是指教育主体使教育客体认识和把握政治现象、政治知识和政治理论的基本的教育手段和方式的统称。

（2）情感培养是政治教育的重要的介体范畴。政治情感是政治心理的构成要素之一，是指受教育者在政治生活中对政治体系、政治活动、政治事件和政治人物等所产生的内心体验和感受的统称。政治情感是政治认知转化为政治认同，再到政治行为的重要催化剂，对受教育者的政治行为具有重要的调控和支配作用。因此，情感培育是教育主体培育教育客体对现实政治所秉持的好恶感、爱憎感、受拒感、亲疏感的重要手段。

（3）认同培育是政治教育的重要的介体范畴。政治认同也是政治心理的构成要素之一，是人们在社会政治生活中产生的一种感情和意识上的归属感。政治认同是社会成员政治心理发展变化上升到政治行为的至关重要的一环。认同培育主要是通过一定的方式增强社会成员对其所在的国家、政治制度、阶级、政党、政治理想、政策等认同的意识，其核心问题是解决政治合法性问题。

（4）技能训练是政治教育学的基本介体范畴。它是政治教育主体通过特定方式对政治教育客体认识、理解和参与政治社会实践活动的基本技巧和能力进行训练的过程，以培养政治教育客体对政治事件描述、解释、分析、评估、判断等基本技能。

（5）参与引导是政治教育的重要的介体范畴，是针对政治参与行为的政治教育的基本方式。现代的政治教育，不仅要使社会成员对现实政治认同，更重要的是要激发、引导社会成员能够参与到现实政治生活之中。在一定意义上，

[1] 王浦劬.政治学基础[M].北京：北京大学出版社，2006：253.

社会成员参与政治的主动性越强、比例越高，现实政治的决策民主程序的认可度就越高，统治者的统治地位就越会得到相应的认可，也就越巩固。因此，参与引导是当代政治教育实践活动的关键一环，也是政治教育范畴体系的重要的介体范畴。

上述五个介体范畴，从一定视角上反映了政治教育实践活动基本途径和方法，同时也从一定程度上丰富了政治教育学范畴的方法论意义。但是，由于以下几个原因，本研究不再单独对政治教育学介体范畴进行专门阐述。

首先，政治教育社会实践活动的介体范畴基本上都属于跨学科的范畴，单个的政治教育学介体范畴尚未完全体现政治教育的“政治”色彩。前面已经述及，政治教育学是思想政治教育学的下位学科，政治教育实践活动是从思想政治教育中剥离出来的一类教育实践活动。其专业性更多地体现在“政治”色彩上。但是，本研究提及或者确立的认知构建、技能训练、情感培育、参与引导，以及教育实践活动中陶冶、熏陶、灌输等范畴，其单个范畴的内涵没有体现学科的特性。

其次，已经确立的上述五个介体范畴从个体上并不能反映或者包含政治教育实践过程中的本质和内在联系。一个自然人成为政治人历经的每一阶段，都必须通过不同的方式和手段来获得发展。认知构建、情感培育、认同培育、技能训练、参与引导五个范畴，更多的是从某一个点或者某几个点来反映政治教育的基本手段和方法。在一定意义上，这五个范畴的出现，更多的仅仅是从众多范畴中的一种“挑选”行为，而没有从教育与受教育的整个过程来抽象和概括政治教育的手段和方法，更没有体现出政治教育在方法论上的规律性。这与政治教育实践活动自身的发展，以及学界对政治教育实践活动及其理论的认知程度相关，即政治教育的实践越成熟，政治教育的理论发展水平就越高，政治教育学范畴的认知也就越深刻，反之亦然。

最后，在论述政治教育学的其他范畴过程中，隐含着对政治教育方法的论述。政治人的最终形成，离不开相应的独特的“教育”方法。在探索、论述政治教育学其他范畴过程中，不可避免地、直接或间接地包含着对政治教育方式方法的阐释，即本书在论述政治教育学其他范畴的过程中包含着丰富的方法论意义的内容，如对政治认知的论述，包含或隐含着对政治认知习得的论述；对政治情感的论述，包含着对政治情感培育的论述；对政治价值观的论述，包含着对政治价值观培养的论述；对政治认同的论述，包含着对政治认同增进的论述；对政治参与的论述，包含着对政治参与引导的论述等。

总体而言，由于笔者对政治教育实践活动及其理论的研究基础、个人能力和阅历的限制，本研究对政治教育学介体范畴及其内涵的研究和把握，还不能完全达到逻辑中介范畴的高度和内在要求。但本研究提出的五个介体范畴，是从政治教育实践活动的方式和方法的思维方式和视角进行的探索和思考，对于构建政治教育学范畴体系的逻辑结构仍具有一定的方法论意义。

第六章　政治教育学的基项范畴
——政治文化

对一个完整的逻辑范畴体系进行研究，必须首先找到一个切入点。这一切入点也是逻辑范畴体系的基点，即逻辑基项范畴。本书认为，政治文化是政治教育学范畴体系研究的切入点，也是这一体系的逻辑基项范畴。

第一节　政治教育学逻辑基项范畴释义

一、逻辑基项概念辨析

如果将范畴比作人们认识和掌握自然现象及社会科学之网上的纽结，那么，在这些网上的纽结中，必然要有一个纽结是探索认识其他纽结的“切入点”。只有拧起这个所谓的“切入点”的网上纽结，整个认识之网才能纲举目张、网结一体、错落有致。这个“切入点”就是政治教育学范畴体系中的逻辑基项范畴。

逻辑基项范畴是逻辑学中的一个基本概念。黑格尔认为，逻辑基项范畴就是逻辑基点，哲学和其他科学必须有一个逻辑基点，但“找出哲学中的逻辑基点是一个很困难的事情”。[1]国内著名的逻辑学家彭漪涟曾经对逻辑基项范畴有过较为清晰的界定。他指出，任何范畴体系之所以能够成为一个范畴体系，必须首先有这样一个范畴：它是该领域中具有最大统一性的范畴，只有它才足以

---

[1] 黑格尔．逻辑学：上卷［M］．杨一之，译．北京：商务印书馆，1966：51.

把其他范畴和所研究领域的主要过程、主要方面都贯穿起来。[1]这个范畴就是逻辑基项范畴。发现和确立逻辑基项范畴，对于建构任何一门科学体系来说都是至关重要的。它是建构一个逻辑范畴体系的基本要素和基石。在一定意义上，逻辑基项范畴就是事物的起源点、基本点和生长点。

二、政治教育学逻辑基项范畴的特征

探索政治教育学逻辑基项范畴的内涵特征，对于最终确定政治教育学逻辑基项范畴，把握政治教育学逻辑基项范畴客观性具有重要意义。作为范畴体系逻辑结构中的一个节点，政治教育学逻辑基项范畴只有在与其他逻辑范畴进行对比辨析的过程中才能突显出其特殊之处。政治教育学的逻辑基项范畴有以下三个方面的特征。

（1）逻辑基项范畴是政治教育学其他范畴的起源和源点，同时政治教育学逻辑基项范畴也是形式主观与内容客观的对立统一体。马克思认为，“人们按照自己的物质生产方式建立相应的社会关系，正是这些人又按照自己的社会关系创造了相应的原理、观念和范畴。”[2]在马克思看来，社会关系、原理、观念和范畴等都是外部社会的本质联系在头脑中的客观反映。逻辑基项范畴也不例外。逻辑基项范畴应当且必定显示其作为政治教育学范畴体系逻辑基点的作用。这里的逻辑基点，就是逻辑基项范畴客观性的重要体现。这种客观性在很大程度上反映的是一种客观的关系，即政治教育学逻辑基项范畴与其他范畴之间的关系。政治教育社会实践活动及其类似的活动产生于阶级社会，它并不是人类社会与生俱来的产物，而是有其形成、发展历史过程的社会实践活动，这就决定了政治教育学及其范畴必然有一个形成、发展的历史过程。由于政治教育社会实践活动的形成和发展是一个历史过程，因此就必然有一个客观存在的“开始”，政治教育学及其范畴的形成发展也就必然也有一个客观存在的“起点”。按照逻辑思维与历史发展相一致的原则，这个客观存在的起点，就是政治教育学范畴的逻辑基点，即逻辑基项范畴。它是对政治教育及其理论形成发

---

[1] 彭漪涟. 逻辑范畴论［M］. 上海：华东师范大学出版社，2000：67.

[2] 中共中央马克思恩格斯列宁斯大林著作编译局. 马克思恩格斯选集：第1卷［M］. 北京：人民出版社，1995：142.

展过程中“起源地”或“发源地”的客观反映。在一定意义上，这个客观存在同时也是逻辑基点，将深刻地体现政治教育及其理论形态的本源性特征。

（2）政治教育学的逻辑基项范畴本身蕴含着非常丰富的矛盾。政治教育学逻辑基项范畴丰富的矛盾源自逻辑基项范畴自身特有的功能和作用。黑格尔对作为逻辑基点的事物的作用作了深刻的阐述。他说：“最初的东西，同样又是根据，而最后的东西同样又是被演绎出来的东西。因为从最初的东西出发，经过正确的推论，而到最后的东西，即根据，所以根据就是结果。从逻辑基点而前进，应当看作只不过是逻辑基点的进一步规定，所以，逻辑基点的东西仍然是一切后继者的基础，并不因后继者而消灭。”[1]政治教育学的逻辑基项范畴作为政治教育学范畴体系及学科体系的“最初的东西”，同样会以逻辑的推理方式“演绎”出其他东西。政治教育学的其他一切范畴都是政治教育学的逻辑基项范畴自身内部矛盾的展开，都会或多或少、或简单或复杂地反映出、揭示出政治教育学的逻辑基项范畴自身的矛盾的某一个或几个方面，并且总是试图去解决政治教育学的逻辑基项范畴自身的矛盾的某一个或几个方面的问题，即政治教育学的其他一切范畴都是政治教育学逻辑基项范畴这个逻辑基点的进一步的“演绎”或者规定。可见，政治教育学逻辑基项范畴是政治教育学其他一切范畴的根据，是始终贯穿于政治教育学其他一切范畴之中的。在一定意义上，逻辑基点的“演绎”性和规定性深刻体现出政治教育学逻辑基项范畴所蕴含的丰富矛盾性特征。[2]

（3）政治教育学逻辑基项范畴与其他范畴之间存在着深刻的联系。列宁曾将范畴比喻成“网上的纽结”，重要原因在于只要范畴与范畴之间有“网丝”联系在一起，范畴与范畴之间本质上就存在着必然的联系。对政治教育学逻辑基项范畴的理解，只有将其与政治教育学其他范畴、基本原理和整体学科内容联系起来才具有意义。一方面，政治教育学的逻辑基项范畴，本身也是政治教育学范畴体系中的一个范畴，是政治教育学的构成部分，具有政治教育学范畴的一般性。它是建构任何一个逻辑范畴体系的基本要素和最重要的组成部分。

---

❶ 黑格尔. 逻辑学：上卷［M］. 杨一之，译. 北京：商务印书馆，1966：56.

❷ 李兴建. 思想政治教育逻辑起点范畴研究［D］. 南昌：江西师范大学，2005：25.

另一方面，政治教育学的逻辑基项范畴是一种主观思维形式，目的在于通过一个逻辑基项范畴的逻辑基点作用，引申出其他相关的各个范畴。因此，只有明确了这个逻辑基项，体系的其他要素才能相应地确定下来。这些逻辑要素是逻辑始项（体系的初始范畴）、逻辑终项（体系的终结范畴）、逻辑中项（联结逻辑始项与逻辑终项的一系列范畴）。[1]当然，这个逻辑基项范畴本质上是客观的。与其他范畴相比，逻辑基项范畴与其他范畴之间的关系并不一样，体现在两方面：一是逻辑基项范畴与其他范畴之间是一种引导与被引导的关系，也就是以政治教育学逻辑基项范畴作为逻辑基点把政治教育学的其他范畴合乎逻辑地引申出来；二是政治教育学逻辑基项范畴相对于其他范畴的基础作用，即没有这个逻辑基项范畴作为基础，政治教育学的其他范畴的逻辑行程就会失去支点，甚至无法开启。在一定意义上，政治教育学的逻辑基项范畴不仅能够把政治教育学的其他范畴“表述”出来，而且能够从一定的逻辑视角说明这些范畴为什么是政治教育学的范畴，这些范畴源自何处，这些范畴与逻辑基项范畴是否能够合乎逻辑地相互连接，并构成一个有机体系。这种特殊的关系只存在于逻辑基项范畴与其他范畴之间。

第二节 政治文化的含义辨析

基于逻辑基项范畴的含义和政治教育学逻辑基项范畴的特征，本书认为，政治文化是政治教育学的范畴，同时政治文化在政治教育学的范畴体系中符合逻辑基点的基本特征，它是政治教育学范畴体系的逻辑基项范畴。

政治文化这一概念在20世纪50年代之前并未出现，但对政治文化的研究却历史久远。早在2000多年前，古希腊哲学家亚里士多德就曾专门研究了与政治文化内容十分相近的政治革命和政治变迁的心理因素。此外，近代思想家孟德斯鸠（Montesquieu）的《论法的精神》和《罗马盛衰原因论》，马克斯·韦伯（Max Weber）的《新教伦理与资本主义精神》，托克维尔

[1] 彭漪涟. 逻辑范畴论[M]. 上海：华东师范大学出版社，2000：69.

(Tocqueville）的《旧制度与大革命》和《论美国的民主》等著作都可以看作政治文化研究的典型案例。尽管如此，在上述大家及其著作中，并没有直接使用“政治文化”一词，而是更多地使用了诸如“政治心理”“国民性格”“民族性格”和“民族精神”等概念。

直到1956年，美国政治学家G. A. 阿尔蒙德才首先提出并使用了“政治文化”一词，上述相近概念才逐步被取代。政治文化也逐步成为政治学中最重要的概念之一。阿尔蒙德认为，政治文化是一个民族在特定时期流行的一套政治态度、政治信仰和感情，它由本民族的历史和当代社会、经济和政治活动进程所促成。[1]在阿尔蒙德定义的基础上，派伊（Lucian Pye）认为，政治文化是政治系统中存在的政治主观因素，包括一个社会的政治传统、政治意识、民族精神和气质、政治心理、个人价值观、公众舆论等，其作用在于赋予政治系统以价值取向，规范个人政治行为，使政治系统保持一致。维巴在分析政治文化的构成和作用时进一步指出，一个社会的政治文化由经验基础上形成的一系列信念、符号和价值所构成，它决定了人们行为的条件，为人们提供了参与政治的主观意向。国内也有很多学者对政治文化的概念进行了解读和界定，孙东方等学者认为，政治文化是由一定文化环境孕育，经过长期社会历史过程在人们内心积淀、形成的相对稳定的政治认知、政治信念和政治态度的综合。[2]

根据上述解释，本书认为政治文化的内涵包含了以下几个方面：一是政治文化在内容上包含了政治认知、政治情感和政治评价三个方面的内容。政治认知是政治文化体系中社会成员对政治体系进行行为方式的基础；政治情感是政治文化体系中社会成员对政治体系及其活动的感情要素；政治评价是政治文化体系中社会成员对政治体系的价值判断，表现为政治价值观。二是政治文化是社会成员在一定的民族文化和政治环境的双重作用下，经过长期的心理积淀而形成的一种心理倾向。这种心理倾向不同于公众舆论或民意（Public Opinion），前者具有稳定性，反映的是长期形成的比较稳定的一贯性的政治倾向和心理，

[1] ALMOND G. Comparative political system[J]. The Journal of Politics，1956，18：393.

[2] 孙东方. 政治文化与政治教育[J]. 学校党建与思想教育，2006（6）：20.

后者指的是人们对于某一具体事物或问题而产生的一时性的反应。三是政治文化是政治体系中的主观因素，但其形成却主要是一种潜移默化的过程，其内容不具备系统的理论形态，其作用的发挥也基本是以风俗习惯这样一些惯性的方式进行。从这个意义上说，政治文化具有自发性与直观感受性的特点。当然，这并不排斥政治文化中含有理性的因素。政治文化的形成，也是政治体系包括政治制度、规范、意识形态等各方面被社会成员认识、接受并内化为政治行为的心理过程，其对政治体系各层面的认识、判断、取舍都不能完全摆脱人的自觉意识活动。

因此，本书认为，政治文化是由一定文化环境孕育，经过长期社会历史过程在人们内心积淀、形成的包含了政治认知、政治情感、政治信念和政治态度在内的一贯的政治倾向和心理的综合。同时，“一贯的政治倾向和心理的综合”还包括了社会成员的政治价值观、政治认同、政治参与意识等因素。

政治文化是由多种不同的政治文化因素构成的一个文化系统，在整个系统中各种政治文化因素的地位并不是完全对等的，有的政治文化居于主导地位，有的政治文化居于从属地位。一般而言，学界将居于主导地位的政治文化称为主流政治文化，其他居于从属地位或次要地位的政治文化称为政治亚文化。主流政治文化在整个文化体系中处于支配地位，为整个政治文化体系设定基本的政治价值观，使整个政治文化形成一种基本的政治文化倾向，并因此影响整个政治文化的面貌。政治亚文化具有正负两方面的作用，它既能够丰富政治文化的内容，促进政治生活的民主程度，同时它又对主流政治文化有消解和制约作用，会在不同的程度上影响政治稳定。在主流政治文化的影响下，各种政治亚文化间的认同和共识得到有效的发展，各种政治亚文化有了协调的基础。

第三节　政治文化作为政治教育学基项范畴的缘由

政治文化这一概念自20世纪50年代被提出以来，学术界将其主要作为政治学中的一个概念来解读和使用。理解政治文化作为政治教育学基项范畴的特征，必须明确政治文化对政治教育的重大影响与作用。

第一，政治教育的重要目的在于维系、发展、创造特定的政治文化。政治教育对政治文化的维系，主要表现为老一代人在向新一代传递社会的政治认知、政治观点、政治规范和政治信仰过程中所表现出来的某种选择倾向性。社会的主流政治文化经过长期的积淀，浸润于实施政治教育的相关机构中，并向新一代社会成员反复地传送这些政治价值观，引导他们掌握相应的政治规范，达到维系主流政治文化的目的。政治教育对政治文化的创造改变，主要通过外力推进和潜移默化两种方式。所谓外力推进，是指在一定的社会条件下，政治系统中的部门和机构采取大规模集成或较为强硬的手段，进行快速的、大信息量的传递，使社会成员接受他们并不十分理解的政治规范，从而部分地或全部地改变他们已有的政治文化框架，引起政治文化的变革。潜移默化是指外部的政治现实反映并融入到政治文化系统，并通过渐进的、平缓的过程，逐步改变政治文化的某些内容，在相当长的时期内完成政治文化的改变。这样的方式是自然的、习惯的、渐变的，无需多少外力推动的政治文化的变化过程。这种方式是政治教育改变政治文化的最主要方式，也是最平稳的方式。[1]无论是外力推进还是潜移默化的方式，都离不开政治教育发挥的重要作用。特别是在信息技术、传播媒介和传播手段高度发达的今天，政治教育对于发展主流政治文化具有更加特殊而深远的意义。政治教育对政治文化的创造作用主要通过正规的社会渠道和民间的非正式渠道进行。无论是正规渠道还是非正式渠道，其基本过程都是对现有政治文化特质进行组合或分解，以形成新的文化特质。正规渠道创造的政治文化具有鲜明的组织性和计划性，非正式渠道创造的政治文化实质也反映了政治结构在其中的引导作用。可见，政治教育是政治文化的维系、发展和创造的重要手段和方式，政治文化也就成为政治教育的重要目的和内容。

第二，政治文化为政治教育提供赖以存在的土壤和条件。分析政治文化与政治教育的结构关系，须厘清政治文化与政治体系的关系。如果将政治体系分为“硬件”（Hardware）和“软件”（Soft-ware）两个部分，那么，各种制度化

---

❶ 孙东方，等.政治文化与政治教育[J].学校党建与思想教育，2006（6）：21.

和结构化的政治组织、机构和规则，可以说是政治体系的“硬件”部分，而构成“软件”的东西则是政治文化（Political Culture）。一定的政治文化孕育了一定的政治组织、机构与规则，而一定的政治组织、机构和规则必定承载一定的政治文化。两者相辅相成，不可人为分割。没有政治组织、机构和规则等政治体系作为“硬件”，政治文化将失去依附，成为无源之水、无本之木；没有政治文化这一政治体系的“软件”，政治组织、机构和规则也不会有良好的运行状态。因此，作为“硬件”部分的政治组织、机构和规则与作为“软件”部分的政治文化共同构成政治体系中最基础的组成部分。与政治组织和政治文化作为基础部分相比，政治教育作为一项社会实践活动，居于政治体系的“外层”或“上层”。政治文化作为政治体系的基础组成部分，并不是以实体形式内置其中，而是以文化特有的形态渗透浸润其中。政治文化为政治教育的开展提供了丰富的给养，成为政治教育的重要基础和支撑条件。反之，如果没有特定的政治文化为政治教育提供丰沃土壤，政治教育就不可能获得发展并取得相应的效果。

第三，政治教育的本质属性、阶级属性、价值取向，是由其所巩固、维系、发展的主导的政治文化所决定的。政治教育实施的内容，反映的是一定政治体系及统治者特殊的利益和要求，同时还必须符合一定政治体系及统治者所倡导和确认的政治文化的内在要求。政治教育的阶级属性，与主导的政治文化的阶级属性是一致的。统治阶级倡导的包含特定政治思想、政治价值、政治态度、政治信仰的政治文化，是统治者实施的政治教育的重要内容。主流政治文化的阶级属性决定了相应政治教育的阶级属性。同时，政治文化的变迁，对政治教育的发展变革产生着推启、界定（政治教育的价值目标、内容是由主流政治文化决定的）、匡正和促进作用。在政治体系的实践中，政治教育的理论与实践创新，在一定意义上是对政治文化变迁的积极响应，并推动政治教育价值取向的转换和创新发展。

第四，政治文化的内在要素、结构及其矛盾，蕴含着政治教育基本矛盾的胚芽。政治教育传递的内容正是政治文化所包含的基本成分。具体而言，政治教育包含了政治认知、政治情感、政治价值观、政治认同等方面的内容，而政治文化则是上述内容在社会成员内心形成的心理倾向和综合。在社会政治系统中，主导政治文化与政治亚文化之间的矛盾，反映在政治教育过程中，即统治者的政治思想水平与社会成员现实的政治素养之间的矛盾。主流政治文化所要求的政治认知、政治情感、政治价值观、政治认同、政治参与等成分（或意蕴），都是政治教育需要积极构建、培养、塑造、培育或引导的。政治文化从个体发育到系统发生的过程，反映着政治教育的基本规律。在特定的政治系统中，政治文化从个体发育到系统发生，反映在政治教育过程中，恰恰是通过认知构建、情感培养、认同培育、技能训练、参与引导等方式促成的社会成员个体的知、情、意、信、行的发展到社会成员整体政治素养提升的过程。

综上，政治文化在政治教育中体现的是一种本源性的特征，并发挥着基础性的作用，这也是政治文化成为政治教育学基项范畴的根本原因。同时，在与政治教育学其他范畴的关系方面，政治文化也深刻地体现出“基项范畴”的特征。

（1）政治文化是政治教育学其他范畴的基点。从起源上看，政治文化的形成不仅先于政治教育学的其他范畴，而且也先于政治教育这一项具体的社会实践活动。政治文化具有文化的普遍性特征。文化的产生与人类的风俗、习惯、传统密切相关，优良的传统是社会文化的重要组成部分，或可称为文化的初级形态。最初的政治文化起源于人类社会早期约定俗成的部族治理模式，表现为一种自发的形成过程，自发地对社会成员产生潜移默化的影响。在阶级社会产生之前，政治文化的雏形就随着原始社会的初级文化一同产生。政治教育作为一项有目的、有计划的社会实践活动，产生于阶级社会，源自阶级的产生。因此，政治教育的产生在政治文化之后。也就是说，在一定的社会中，即便没有这种目标明确、计划周详的政治教育实践活动，社会成员也能够通过其特定政治文化的熏陶成长为符合统治者要求的政治人。按照政治文化和政治教育的自然历史发展过程，特定的部族习俗传统形成了特定的政治文化，统治者再依据这些特定的政治文化建立了相应的政治组织和政治制度。政治教育正是在特定的政治文化和政治组织制度的基础上开展的社会实践活动。反之，没有特定的政治文化，就没有特定的政治组织及制度，也就不会有相应的政治教育社会活动。从起源上看，特定的政治教育必须以特定的政治文化为基础，同时政治教育所在领域的学科范畴，也必须以政治文化为基础。

当然，政治文化与政治教育起源的先后顺序，并不否定当前的政治教育作为一门学问（或称为政治教育学）的范畴体系对政治文化的包含关系。随着经济、政治及信息技术的快速发展，当今社会的统治者对政治文化在合格政治人培育中的作用的认识越来越清晰和深刻。政治教育不仅传授知识、培养情感、培育认同和引导参与，更重要的方面还在于塑造、突显主流的政治文化。政治教育的最重要内容就是按照特定要求传承、维持、强化、改变和创造特定的政治文化。

（2）政治文化引申出了政治教育学的其他范畴。政治文化作为一种社会意识形态，以系统“软件”的方式嵌入政治体系之中。它作为政治体系中的主观因素，具有相对的独立性和能动性。一方面，它在现实生活中形成，将现实政治生活以观念的方式保留下来，并随着政治生活的变化和政治制度的改变而有所改变；另一方面，它对于社会政治生活和政治行为又具有巨大的精神和心理支配作用。所谓政治生活，是包含了政治教育社会实践活动在内的、有统治者参与或者直接组织的与政治相关的所有活动。政治文化就是通过特定的政治生活影响人们的政治感情、社会政治传统、公共舆论乃至政治制度、政治体系本身。政治文化自身包含了丰富的内容，具体以社会成员对政治体系的认知、情感、价值观、认同及参与意识等形式表现出来。换言之，政治文化包含了政治认知、政治情感、政治价值观、政治认同、政治参与等政治教育社会实践活动的因素。从辩证唯物主义的视角来看，政治教育社会实践活动作为社会存在，决定了政治教育所在的研究领域——政治教育学的一切范畴、原理和全部的内容，而这一切范畴、原理和全部的内容不外乎政治教育社会实践活动的理论抽象与概括。政治文化所包含的政治教育社会实践活动的因素，在一定意义上就是政治教育学一切范畴、原理和全部内容的萌芽。简言之，政治文化作为政治教育学的基项范畴的引申作用，表现为其作为根据，孕育了政治教育学其他范畴，并促进了政治教育学其他范畴的萌芽与生长。

（3）政治文化内部要素之间的关系反映了政治教育学范畴的逻辑关系。政治文化内部因素与政治文化的形成过程密切相关。政治文化的形成不是社会成员的个体现象，也没有一个明确时间点标志政治文化的形成，但是，要探索政治文化内部因素之间的关系，必须对政治文化进行解构，同时，必须将政治文化的形成过程置于一个相对静止并可被认知状态之下。因此，截取最初政治文化起源时的特定时段，才能科学分析政治文化内部因素的关系。政治文化的形成，受一定社会政治传统、政治习俗的影响，与社会成员对传统习俗的认识、消解及重构，以及一定时间的自我积淀密不可分。最初的政治文化形态主要是通过渗透和浸润的方式，影响着社会成员，并且前后相继、代际相传。

最初的政治文化形态同样包含着与政治相关的认知、情感、价值观、信念和态度。在特定时段中，政治文化的最终形成，实质表现为政治文化所包含的这些因素通过自我综合在社会成员身上体现出了共同的文化特质。政治文化包含的因素从政治认知、政治情感、政治信念，再到政治态度的过程，就是政治文化在社会成员心理上作用的过程。在一定意义上，最初的政治文化形态对社会成员产生影响的过程，就是社会成员自觉接受政治教育的过程。简言之，政治文化发挥作用的过程就是政治教育的过程。

按照思维逻辑与自然历史发展相一致的原则，政治教育学范畴从逻辑起点、经逻辑中项再到逻辑终点的过程，与政治文化所包含的因素对社会成员发生作用的过程是一致的。政治教育学逻辑范畴体系中每一个逻辑节点必须与政治文化的内部因素相对应，才符合逻辑的科学观点。反之，政治文化内部因素的相互关系也正好反映着政治教育学范畴的逻辑关系。

第四节　政治文化纳入政治教育学范畴的意义

当前，世界各国都已逐步认识到，国与国之间的竞争不再是单纯的经济、科技和军事力量的竞争，而是以政治文化作为核心的软实力之间的较量。政治文化对社会成员的政治价值观、政治信仰、政治认同乃至整个政治体系都会产生重要而深远的影响。政治教育作为当代各国政治生活实践中的重要内容和组成部分，在培育社会成员的政治认知、增进政治认同、促进政治参与等方面发挥着主导作用。将政治文化纳入政治教育所在的领域，并作为政治教育学的范畴具有重要意义。

（1）有利于进一步明晰政治文化的学科归属，深化政治教育学科建设。从学术研究的视角，政治文化概念的产生是一个很近期的事件，但政治文化的产生和存在都已有着久远的历史。政治文化这一概念自提出以来，已被广泛使用，很多学者对其进行了较为深入的研究和界定，如政治文化在学科归属上一直作为政治学的概念被界定、诠释和研究。本研究通过分析政治文化的起源、内涵和功能，以及政治文化与政治教育之间的密切关系，将政治文化纳入政治教育学，进一步明确了政治文化的学科归属，有利于政治文化在政治教育学领域的深化研究。从政治教育学视角来看，将政治文化纳入政治教育学范畴体系，能进一步拓宽政治教育学的研究领域，赋予政治教育社会实践活动的精神内涵，塑造政治教育作为一门学问的灵魂，增强政治教育学作为一门专门学科的厚重感。

（2）有利于加强对政治文化的专项研究，提升政治教育的效果。一直以来，对政治教育相关的研究和政治教育所在相关领域的研究，都没有过多地关注政治文化，甚至可以认为，在政治教育相关的实践和理论研究领域，政治文化的研究几乎成为一个盲点。将政治文化纳入政治教育学范畴体系，并且将其作为政治教育学的基项范畴，这是由政治文化自身的特点、功能及其在政治教育中的地位和作用决定的。这种对政治教育学与政治文化的学理构建思路，突显了政治文化在合格政治人培育过程中的能动作用，强化了政治文化在政治教育中作为核心内容和重要途径的地位。另外，对政治教育学中政治文化这一范畴开展研究，有利于深化政治文化在政治教育学领域的研究，有利于通过政治教育实践活动培育与政治体系相符的政治文化，有利于通过加强政治文化建设提升我国在国际社会竞争中的软实力。

（3）将政治文化确立为政治教育学逻辑范畴体系的基点，为构建政治教育学范畴完整体系奠定了坚实基础。这是将政治文化确定为政治教育学基项范畴最为特殊的意义。前文已经对逻辑基项范畴的内涵进行了辨析，确立了政治文化作为政治教育学逻辑基项范畴的地位，就能将其他范畴和所研究领域的主要过程、主要方面和内在的关键因素都贯穿起来；同时，也就搭起了政治教育学逻辑范畴体系之网上最为关键的纽结，并引申出政治教育实践活动中的政治认知、政治情感、政治价值观、政治认同、政治参与等关键因素，为政治教育学范畴体系开启从逻辑起点经逻辑中项到逻辑终点的逻辑行程提供了与自然历史相符合的元依据。

第七章　政治教育学中心范畴
——教育主体与教育客体

一个完整的逻辑范畴体系，除必须确立一个逻辑基点之外，还必须有一个（对）范畴能够贯穿逻辑范畴行程的始终，构成范畴体系的中枢或轴心，一直从逻辑范畴的起点通向逻辑范畴的终点，即从起点范畴通向终点范畴。只有确立了这样的范畴，逻辑范畴的结构才具备一个主干，逻辑范畴的体系才有可能得以构建。这个（对）范畴就是逻辑范畴体系中的中心范畴。

第一节　政治教育学中心范畴及其与基项范畴的关系

政治教育学的中心范畴，就是从政治教育学逻辑起点贯穿到逻辑终点，在政治教育学逻辑范畴体系中发挥“轴心”和“中枢”作用的那一个（对）范畴。本书认为，政治教育学的中心范畴是“教育主体与教育客体”这一对对偶范畴。为更好地理解政治教育学中心范畴的含义，有必要将政治教育学中心范畴与政治教育学基项范畴进行比较说明。同作为政治教育学范畴体系的逻辑节点，虽然政治教育学中心范畴与基项范畴的类属概念都是政治教育社会实践活动的理论抽象与概括，并且它们都从不同的侧面反映了政治教育社会实践活动本质和关系，但是两者作为政治教育学范畴体系不同的逻辑节点，其自身及其类属概念之间都有着明显的区别。

一是政治教育学中心范畴与基项范畴在政治教育学逻辑结构体系中的逻辑位置不同。作为政治教育学基项范畴的政治文化，是政治教育学范畴体系的基点，其他所有的范畴都必须立足于这个基点，特别是政治教育学范畴从起点到终点的逻辑行程也必须依托、立足于这个基点。因此，作为政治教育学基项范畴的政治文化，位于政治教育学逻辑结构的底部，是政治教育学范畴体系的基石。作为政治教育学中心范畴的教育主体与教育客体，是政治教育学范畴体系的中心，其他范畴必须围绕这一中心，同时这一轴心贯穿政治教育学从逻辑起点到逻辑终点的整个逻辑范畴体系结构。政治教育学范畴体系延伸、拓展到哪里，政治教育学中心范畴就会贯穿到哪里。更形象地说，作为政治教育学中心范畴的教育主体与教育客体，位于政治教育学范畴逻辑结构的轴心位置。

二是政治教育学中心范畴与基项范畴在政治教育社会实践中的体现方法与功能不同。作为政治教育学基项范畴的政治文化，在政治教育中的功能主要通过熏陶、陶冶、潜移默化等方式体现出来，特别是在阶级产生之前的社会，政治文化的雏形——部族文化，对社会成员的影响更是处于一种自发的状态。当然，在阶级产生以后，政治教育随之产生，特定的政治文化及其内在要素对政治教育主要起到推启、界定、匡正和促进作用。相比政治文化的自发性特征，作为政治教育学中心范畴的教育主体与教育客体，更明确地体现出了政治教育实践活动的“教”与“学”的关系，以及政治教育实践活动的计划性与目的性。因此，在一定意义上，政治教育学中心范畴——教育主体与教育客体体现出的是更有目的、更有计划、更直接的育人方式。尽管政治教育社会实践活动方式越来越丰富多样，直接的、明确的教育活动越来越被弱化，同时，教育主体与教育客体的主体间性，使双方的地位也并不绝对，但是，与作为基项范畴的政治文化相比，两者在政治教育社会实践活动中对社会成员产生影响的方式依然有着上述明显的区别。

三是政治教育学中心范畴和基项范畴与其他范畴的关系不同。作为政治教育学基项范畴的政治文化，反映的是政治教育的最初形态，孕育了政治教育过程的基本矛盾。在一定意义上，政治文化隐含、蕴藏着政治教育学其他范畴，并且能够引申出政治教育学的其他范畴。作为政治教育学中心范畴的教育主体与教育客体，指的是政治教育社会实践活动中的特定个人或者群体，它在政治教育学范畴体系中发挥着轴心作用。人的因素是最活跃的因素，并在政治教育社会实践活动中有着很强的能动性与主动性，其他所有的范畴都必须与人发生关系，才能成为这一领域的范畴。从实践的角度看，其他范畴所反映的客观实际必须依附于教育主体和教育客体，这些范畴才具备实际意义。因此，政治教育学中心范畴是政治教育学范畴体系从逻辑起点经逻辑中项到达逻辑终点的主干，它与政治教育学其他范畴的关系实质是一种关联交互关系。在这种关联交互中，政治教育学中心范畴处于主导地位。

第二节　政治教育学中心范畴——教育主体与教育客体概念辨析

政治教育社会实践活动是人类教育活动的重要组成部分，具有教育活动的一般特征。因此，政治教育学的中心范畴——教育主体与教育客体也具有教育学的基本范畴——教育主体与教育客体的一般特征。作为思想政治教育学的下位学科，政治教育学的中心范畴——教育主体与教育客体，与思想政治教育学的基本范畴——教育主体与教育客体更是一脉相承。

但是，与一般的教育实践活动相比，政治教育社会实践活动具有更加鲜明的意识形态特征；与思想政治教育实践活动相比，政治教育是一种更加精细化、专门化的意识形态领域的教育实践活动；在学科建设上，政治教育学是思想政治教育学深化和细分的结果。与思想政治教育学中心范畴相比，作为政治教育学中心范畴的教育主体与教育客体，有以下几个方面需要辨析说明。

对教育主体与教育客体的理解，首先是对主体与客体的理解，而其中的关键是对主体性与客体性的理解。主体与客体是哲学中的概念，这两者在相互作用和相互比较中获得对自身的规定性。具体而言，主体是指有目的、有意识地从事认识活动和实践活动的人。这里的“人”既可以是个体概念，也可以是群体概念。所谓客体，是主体在从事认识活动和实践活动时所指向的一切对象物。这里的一切对象物，既指以物质性为特征的物质世界，也指以精神性为特征的文化世界。同时，这里的对象物还包括人，这里的“人”也包含个体的人和群体的人。在一般意义上，教育客体实际上就特指“人”这一对象物。无论是哲学中的主体与客体的概念，还是政治教育学的中心范畴——教育主体与教育客体，其含义辨析的关键在于理解主体与客体对应的主体性特征和客体性特征。只有理解了主体性与客体性的特征，才能把握教育主体与教育客体的内涵。

主体性与客体性是在人类的社会实践活动中获得各自的规定性。本书认为，主体性就是主体在对客体进行认识和改造的对象性活动中表现出的主导性和支配性的地位和特征，如积极性、主动性、自觉性、创造性等；客体性则是在被主体认识和改造的过程中表现出来的被主导和被支配的地位和特征，这种特征首先应该表现为被认识、被改造等被动性特性，同时，作为客体的人，在人类的社会实践活动中，还表现为能动性与反作用的主体性特征。[1]

其次，是对政治教育学中心范畴——教育主体与教育客体的理解。教育主体和教育客体都特指政治教育社会实践活动中的个人和群体，其中主体性和客体性分别是教育主体和教育客体最本质的规定性特征。具体而言，教育主体就是政治教育社会实践活动中的组织者和教育者，教育客体则是政治教育主体认识和施加可控性影响的对象。如果截取一个固定时段的单向教育实践活动，那么这一对象可称为受教育者。在这种单向性的教育实践活动中，教育主体与教育客体之间表现为改造与被改造、掌握与被掌握、认识与被认识、反映与被反映、评价与被评价等关系。

但是，任何一项教育实践活动都不是单纯的、单向的仅由教育者针对受教育者开展的。教育主体的主体性和教育客体的客体性都具有相对性特征，即主体间性。作为教育实践活动中的关键因素，教育主体在教育实践活动中不仅表现出主体性特征，还表现出客体性特征；同时，教育客体在教育实践活动中不仅表现出客体性特征，还表现出主体性特征。在教育实践活动中，教育主体可以转化为教育客体，教育客体也可以转化为教育主体，主体客体化和客体主体化的过程，也贯穿于政治教育社会实践活动。

最后，是对政治教育学中心范畴——教育主体和教育客体对偶性的理解。前文已经概述政治教育学范畴的逻辑结构及相应的类属范畴。在诸多的范畴中，唯有中心范畴以对偶形态出现。这与思想政治教育学8对基本范畴全部以对偶形态出现的情况并不一致。本书认为，思想政治教育学的研究对象及其领域和政治教育学的研究对象及其领域有着显著的差异，其各自所在领域的学科

---

❶ 张耀灿，郑永廷，刘书林，等.现代思想政治教育学[M].北京：人民出版社，2001：189.

范畴体系各有其特性。对偶形态的范畴概括和反映的是一个事物的两个方面，体现的是唯物主义辩证法的认识方式和思维方式；单个形态的范畴也是对研究对象的客观反映与理论抽象，也体现着唯物主义认识论和特定的思维方式。无论是对偶形态的范畴还是单个形态的范畴，都是对所在领域研究对象的客观反映与理论抽象。政治经济学中的剩余价值、思想政治教育学中的思想与行为的范畴，分别以不同的范畴形态抽象、概括了各自所在领域的客观实际，并揭示了所在领域的相应规律。

因此，学科范畴的形态本身并没有固定的模式，同一学科中不同形态的范畴正是对学科所在领域研究对象的科学的、客观的概括与抽象。具体到作为政治教育学中心范畴的教育主体与教育客体，也是因为政治教育学领域的研究对象——政治教育具有教育实践活动的一般性特征。教育实践活动中的人是教育主客体的统一体，这一客观实际一直存在并贯穿于一般的教育实践活动、思想政治教育实践活动和政治教育实践活动中。因此，作为政治教育学中心范畴的教育主体与教育客体以对偶形态呈现，并与教育学和思想政治教育学中心范畴一脉相承，既是对政治教育实践活动的客观反映，也是对政治教育学学科归属与定位在范畴上的科学回应。

第三节　教育主体与教育客体作为政治教育学中心范畴的特征

教育主体与教育客体之所以被确定为政治教育学的中心范畴，是因为其反映和概括了政治教育社会实践活动特定的关系，揭示了政治教育社会实践活动关键的、具有“中心”意义的规律。

（1）教育主体与教育客体反映和概括了政治教育实践活动最普遍、最一般的特性。这个最普遍、最一般的特性就是教育主体与教育客体之间在教育实践活动中的相互关系。首先，教育主体与教育客体之间的关系表现为两者之间对立统一的辩证关系。教育主体与教育客体之间的对立性，表现为两者之间主动与被动、支配与服从、主导与响应的关系；统一性表现为两者之间相互依存、不可分离，在一定条件下相互转化的关系。两者之间的对立性是相对的，统一性是绝对的，教育实践活动中的人成为两者关系的统一体。其次，教育主体与教育客体之间的关系还表现为教育主体与教育客体互为对方特性的双向互动关系，即教育主体的客体性和教育客体的主体性。教育主体的客体性和教育客体的主体性也是教育实践活动的基本特征。人作为自觉行为的主体，其一生都处于发展之中，教育主体的工作对象——教育客体的认知、情感、行为也在不断的发展之中，教育主体虽然是接受社会（统治者）委托从事教育实践活动，但其对教育客体施加影响时，必须根据受教育者的实际情况主动适应和调整与受教育者之间的关系，才能达到教育的效果。教育客体的认知、情感、行为现状是教育主体开展教育实践活动的出发点和落脚点，教育的效果最终是要通过教育客体表现出来。教育主体根据教育客体的实际情况主动调整教育的内容、方式及相互之间关系的过程，就是客体性的体现过程；教育客体有选择性地接受教育主体施加的影响，实现自我认识、自我控制、自我完善、自我发展的过程，就是其主体性的体现过程。最后，政治教育活动的教育主体和教育客体，概括和反映了政治教育学研究领域最普遍、最一般的特征和关系。具体的教育活动必须遵循一般教育活动的基本规律，并且体现出一般教育活动的特性。因此，政治教育社会实践活动的教育主体与教育客体的相互关系，也体现着教育实践活动中主客体的普遍的关系。具体而言，教育主体与教育客体概括和反映了政治教育学研究领域主客体的对立统一的辩证关系和两者相互作用、双向互动的关系。反之，如果没有教育主体和教育客体，政治教育学研究领域中的最普遍、最一般的关系就会被抽掉，政治教育就会失去教育的基本特性，不能称其为教育实践活动，其相应的学问也就丧失了实践基础。

（2）教育主体与教育客体揭示了政治教育学领域最重要的特征和关系，这一关系表现为政治教育学的中心范畴与其他范畴之间的相互关系。政治教育学的起点范畴、中项范畴、终点范畴及基项范畴必须在中心范畴的作用下才具有实际意义，政治教育学的中心范畴深刻揭示了“中心”之义。在政治教育实践活动中，社会成员政治认知的构建、政治情感的培养、政治价值观的塑造、政治认同的培育、政治参与意识与能力的形成，都离不开政治教育主客体之间的相互作用。一个合格政治人形成的完整过程，就是教育主体以一定的教育方式和手段，使教育客体从获得政治认知到培养政治情感、塑造政治价值观，再到增进政治认同并参与政治实践的过程。这一过程反映到逻辑范畴的思维行程之中，就是逻辑范畴从起点经中项到终点的全过程，这一过程必须依附于中心范畴。没有教育主体与教育客体这一中心范畴，政治认知、政治情感、政治价值观、政治认同和政治参与等构成的范畴体系将是无心之木，整个范畴体系将失去轴心和中枢。

（3）教育主体与教育客体揭示了政治教育学领域最本质的特征和关系。其特征和关系具体表现为政治教育实践活动的目的性和计划性。政治教育实践活动的根本目的是维护统治者的统治地位和利益，基本途径就是特定社会政治共同体委托一定的群体和个人即教育主体，对社会成员实施政治教育的社会实践活动。当然，政治教育实践活动的内容、方式、途径，无论是直接的还是间接的，显性的还是隐性的，都是统治者有组织、有计划的系统的活动。这就要求教育主体必须首先接受委托者（统治者）较长时间的专业训练和理论与实践的锻炼，并具备一定的理论知识、教育经验和实际能力，掌握一定的教育方法和手段，才能在政治教育实践活动中，根据教育客体的认知、情感、价值观的实际因材施教，发挥作用。

在一定意义上，政治教育学的范畴体系中，唯有教育主体与教育客体这一范畴，才能更直接、更深刻地体现政治教育社会实践活动鲜明的目的性和计划性，这也是政治教育学研究领域最本质的特征和关系。

第四节　教育主体与教育客体作为政治教育学中心范畴的意义

教育主体与教育客体既是教育学的中心范畴，也是思想政治教育学的中心范畴。本研究将其纳入政治教育学的范畴体系，并将其作为中心范畴，具有特殊的意义。

首先，将教育主体与教育客体纳入政治教育学的中心范畴，体现了人在政治教育社会实践活动中具有的中心意义的关键性特征。在任何一项教育实践活动中，人都是最活跃、最关键的因素。离开了人这一因素，任何一项实践活动都将不复存在。教育主体与教育客体，不仅是教育学中的基本范畴，同时也必须而且可以成为政治教育学的中心范畴。从当前研究的广度和深度来看，唯有教育主体与教育客体这一对范畴，最直接地体现了政治教育实践活动中人的因素，体现了人在政治教育实践活动中的中心地位和作用。在一定意义上，将教育主体与教育客体纳入政治教育学的中心范畴，揭示了政治教育实践活动的一般教育特性和教育的基本规律，强化了人不仅在一般性的教育实践活动，而且在政治教育实践活动中具有的重要地位和作用，从而也就突显了政治教育实践活动的目的性和计划性。

其次，将教育主体与教育客体纳入政治教育学中心范畴，有利于认识教育主体与教育客体的主客体性之间的关系，特别是深刻认识政治教育实践活动的主体间性特征。教育主体与教育客体是政治教育实践活动中最基础、最重要的关系。将其作为政治教育学的中心范畴，有利于学界更为深入地探索两者之间的关系，进一步揭示政治教育的主体间性特征与规律。强化教育主体与教育客体的中心范畴特征，不仅在于教育主体的主体性和教育客体的客体性，更在于强调教育客体的主体性特征。政治教育的基本规律首先表现为社会成员个体的政治素养的形成发展规律，即社会成员个体的政治认知、政治情感、政治价值观、政治认同和政治参与的形成发展规律。从教育主客体的视角看，政治教育的基本规律首先是教育客体政治素养的形成发展规律。在一定意义上，对政治教育开展研究，就是研究教育客体的主体性特征。只有把握了教育客体的主体性特征，才能使政治教育实践活动具有更强的针对性和实效性。

最后，只有将教育主体与教育客体纳入政治教育学范畴体系，并将其作为政治教育学中心范畴，才能使政治教育学范畴体系真正运转起来。教育主体与教育客体作为政治教育学的中心范畴，如同系统轴心，贯穿政治教育学范畴体系的起点和终点。这一轴心使教育主体和教育客体与政治教育学中的其他范畴保持着密切的关联关系，政治教育学研究领域的各种关系也因此更加丰富多元、复杂多变，政治教育学的范畴体系和政治教育学也才随之变动发展，政治教育学及其范畴体系的研究才具有意义。

第八章　政治教育学的起点范畴
——政治认知

在确定了政治教育学范畴体系的逻辑基项和中心范畴后，开启以逻辑基项为基础、以中心范畴为轴心的政治教育学范畴体系的逻辑行程，并确立这一行程的逻辑起点，就成为探索范畴体系的重要一环，而这一逻辑起点对应的类属概念也正是政治教育学范畴体系的起点范畴。

第一节　政治教育学逻辑起点范畴释义

探索逻辑起点范畴的含义，必须理解逻辑起点之义。逻辑起点也是一个哲学概念。黑格尔认为，哲学、科学必须有一个逻辑起点。他曾说："必须用什么作科学的逻辑起点。"[1]列宁也认为科学必须有逻辑起点，他将逻辑起点比作"最简单的最基本的东西"。他说："必须从最简单的基本的东西出发……在这里，在这些基本的东西里，全部发展就在这个萌芽中。"[2]在一定意义上，"逻辑起点"就是逻辑行程的思维起点。

逻辑起点成为思维起点的重要依据，在于逻辑起点指向的内容实质上是相关事物自身或历史发展的起点，具体到政治教育学的逻辑起点范畴，反映的是人的政治素养形成发展过程的起点，也就是一个人从自然人成长为合格政治人经历的自然历史过程的起点。所谓"自然"的过程，是指人作为一种机体在政

---

❶ 黑格尔. 逻辑学：上卷［M］. 杨一之，译. 北京：商务印书馆，1966：51.

❷ 中共中央马克思恩格斯列宁斯大林著作编译局. 列宁全集：第55卷［M］. 北京：人民出版社，1990：79.

治素养形成过程中发挥作用的过程；“历史”的过程，则是指合格政治人形成发展从幼稚到成熟、从感性到理性、从简单到深刻的变化发展历程。人的机体机能的自然规律和合格政治人形成发展的历史规律决定着政治教育学范畴体系的逻辑行程。政治教育学的逻辑起点就是人的机体机能在人的政治素养和合格政治人形成发展过程中的自然的、历史的起点。

基于此，一个政治人的最终形成，无论是否符合统治者的要求，即无论是否成其为一个合格的政治人，其对整个政治的看法和态度都源于其基本的政治认知。当然，这些政治认知可能是由于以文化为主导自发形成的认知，也可能是统治者有目的、有组织地通过教育实践活动获取的认知。但无论是自发形成的认知还是通过统治者教育获得的认知，它在客观上都成为人的政治素养形成发展的起点。人的思维的逻辑起点也就从自然历史的起点形成，并由此出发。从这个意义上说，政治认知在成为政治素养形成发展过程起点的同时，也就成为政治教育学范畴体系的逻辑起点范畴。

第二节 政治认知的含义

政治认知也是政治学的一个概念，具体而言，它属于政治心理学的范畴，是指“政治主体对于政治生活中各种人物、事件、活动及其规律等方面的认识、判断和评价，即对各种政治现象的认识和理解”。[1]

从这一概念可以看出，在一定时期一定社会中，人们的政治认知具有鲜明的层次性特征。层次性特征指人们对政治的认识是一个由浅入深、由感性认知到理性认知、由认识现象到认识本质的逐步上升的过程。具体到认知的内容，可以分为对政治现象和事实的认知、对政治知识的认知、对系统的政治理论的认知及对这些现象、事实、知识、理论进行判断评价的能力等几个层面。[2]

---

❶ 王浦劬. 政治学基础[M]. 北京：北京大学出版社，2006：253.

❷ 傅安洲，阮一帆，彭涛. 德国政治教育研究[M]. 北京：人民出版社，2010：223.

（1）关于政治现象和事实层面的政治认知。政治现象层面的政治认知包括重大政治事件的发生、重要规章制度的颁布实施、重要政治会议的召开、重要政治人物的讲话，以及政府对公众关注事情的态度和处理等。政治事实层面的政治认知包括本国自阶级社会产生以来政治体制变更发展的历史，国家主要政治团体、党派成立与发展的历史，当前社会制度形成发展的历史等。

（2）关于政治知识层面的政治认知。这一类认知在国内知识层面主要包括政治的基本概念、国家的政党制度、国家的基本民族政策、国家政治体制的基本运行方式、民主制度的实现及其基本方式；在国际知识层面主要包括国际政治的基本含义，国际关系与国际公约，本国在国际关系中的地位，各主要国家的政党制度，世界各国面临的主要政治、经济、生态等方面的问题，如国际恐怖主义、极端主义、种族主义等。

（3）关于系统的政治理论层面的政治认知。这一类认知首先是掌握政治学相关的基础理论，包括利益与政治、权力与政治的关系，以及政治权利、政治统治、政治管理、政治参与、社会责任、社会公正、社会保障等系统的政治理论知识。具体到当前国家政治理论层面的认知，包括系统地掌握马克思主义的基本原理，特别要掌握马克思列宁主义、毛泽东思想及中国特色社会主义理论体系基本内容。

（4）关于能力层面的政治认知。西方国家对政治认知能力的界定一般包含了三个层面：一是观察与描述能力；二是解释与评价能力；三是表达能力。观察和描述能力是指社会成员对政治现象、过程、结果进行关注和语言还原的能力；解释与评价能力是指社会成员对政治现象、过程、结果按照已有的知识阐释、评价的能力；表达能力是指社会成员采取恰当的方式表达自己思想、观点的能力，如开展辩论、讨论、演讲、报告、评论等。本书认为，除上述几个方面的能力外，对政治理论知识的迁移能力也属于政治认知能力的重要范畴。这包括利用哲学、社会学、心理学的知识去分析、评论政治现象和政治实践活动，如以哲学中的两分法的观点、联系的观点、发展的观点及全面的观点分析政治现象和政治事件等。这是对社会成员政治认知能力的高层次要求。

政治认知的内容如表8-1所示。

表8-1 政治认知的内容

层次	具体内容	
现象与事实	政治现象	重要政治事件、重要政治规章制度、重大政治会议、重要政治人物讲话、公众关注事项
	政治事实	政治体制变革及发展史，国家主要政治团体、党派成立与发展史，当前社会制度的形成与发展史
政治知识	国内	政治的概念内涵、国家政党制度、国家民族政策、国家政治体制及其运行方式、民主制度的实现及其运行方式
	国际	国际政治的含义，国家在国际关系中的地位，国际关系与国际公约，主要国家政党制度，国际社会面临的主要政治、经济、生态问题
政治理论	基础理论	政治权利、政治统治、政治管理、政治参与、社会责任、社会公正、社会保障，利益与政治、权力与政治的关系
	具体理论	马克思列宁主义毛泽东思想，中国特色社会主义理论体系（邓小平理论、“三个代表”重要思想、科学发展观）
认知能力	观察描述	对政治现象、过程、结果进行关注和语言还原
	解释评价	对政治现象、过程、结果进行阐述和评价
	表达迁移	运用哲学、社会学、心理学等学科的知识，采取恰当的方式表达自己的思想、观点，如开展辩论、讨论、演讲、报告、评论等

第三节 逻辑基项范畴与逻辑起点范畴的区别和联系

不少学者将逻辑基项与逻辑起点完全等同起来，认为基项范畴就是起点范畴。本书认为，在不同的学科中，学科范畴体系逻辑结构的组合呈现方式并不完全一致。具体科学范畴体系逻辑结构的组合呈现方式取决于两个方面的因素：一是具体科学研究对象自身独特的客观性和内在的规律性；二是人们对具体科学研究对象的理解和把握程度，即在人们对具体科学研究对象特定的认知水平时期，研究对象在学科范畴上呈现出来的结构方式的差异性。因此，不同学科范畴体系逻辑结构的组合呈现方式，并没有一个统一的规定性。只有根据具体科学的独特性及其内在规律性和对具体科学研究对象的理解与把握，来构建相应学科的逻辑范畴体系，才符合范畴研究的科学性与规律性。

政治教育学范畴体系在符合一般具体科学范畴逻辑结构原则的同时，也有其独特的逻辑结构组合呈现方式。其中，政治教育学逻辑基项与逻辑起点的差异性，也正体现了政治教育学范畴体系逻辑结构的不同组合呈现方式。政治教育学范畴体系的逻辑基项和逻辑起点的区别主要体现在以下几个方面。

首先，政治教育学的基项范畴——政治文化，与政治教育学起点范畴——政治认知，两者之间的相互关系不一致。从政治教育学范畴的逻辑结构体系上看，基项范畴与起点范畴体现的是蕴含与被含的关系，基项范畴的诸多矛盾中蕴含着起点范畴的胚芽，基项范畴在整个逻辑范畴体系中起基础性作用。从基项范畴与起点范畴类属概念对象政治文化与政治认知的关系上看，政治认知是形成政治文化的重要因素，一定的政治认知是政治文化形成的前提，因此，政治认知是在政治文化形成中起基础作用的因素。在一定意义上，基项范畴与起点范畴之间体现的是系统与个别、整体与部分的关系。

其次，两者在政治教育学范畴体系逻辑结构中所处的位置及其对整个逻辑体系的作用不同。逻辑基项范畴是政治教育学范畴体系的基点，整个范畴体系都必须立足于这个基点。这个基点是整个范畴的基石和土壤，不具备这一基点，整个范畴体系就会失去立足之基。政治教育学起点范畴处于政治教学范畴体系的起始位置，它开启了政治教育学体系逻辑行程，也规定着这一逻辑行程上的逻辑中项和逻辑终点。但是，从逻辑起点经逻辑中项到逻辑终点，都是建立在政治文化这一逻辑基项之上。

最后，两者体现和反映了人的政治素养形成发展的不同方面。政治文化反映的是特定社会人的政治素养的整体态势或状况，政治认知则是人的政治素养形成发展过程中的一个点，这个点在人的政治素养的形成发展历史过程中处于开端之处。在一定意义上，当某种政治文化形成或者产生的时候，这种政治文化就包含了包括政治认知在内的所有的政治教育学范畴所具有的含义（假设任何一种社会都存在着政治教育学及相应的范畴）。从学科建设的视角而言，政治文化孕育包含了政治教育学的范畴。但是人的特定的政治认知的形成，只是表明人的政治素养形成的开端，并不能规定之后政治教育学逻辑中项和逻辑终点等类属概念所包含的具体内容。

当然，政治教育学的基项范畴与起点范畴之间也存在着一定的联系。政治教育学基项范畴——政治文化，包含了政治教育学起点范畴——政治认知。一方面，一定社会中的任何一个成员，都会获得一定的政治认知，而这种政治认知的重要来源是其所处政治文化的影响，同时，社会成员的政治认知的内核也体现着特定的政治文化；另一方面，任何一种特定政治文化的形成，首先是政治认知的获取。没有基本的政治认知，就不可能形成特定的政治文化。政治认知不仅仅在人的政治素质形成发展中处于先行的位置，在特定的政治文化形成发展中，也是处于起点的位置。因此，政治认知不仅是政治教育学范畴体系的起点范畴，也是政治文化形成发展的起始之处。

第四节　政治认知作为政治教育学起点范畴的基本特征

政治教育学的范畴反映的是政治教育学研究客体——政治教育社会实践活动的本质特征和内在联系。作为政治教育学的起点范畴，政治认知还必须体现逻辑思维起点的特征。政治认知作为政治教育学的起点范畴必须体现以下几个特点。

（1）政治认知体现了政治教育学范畴体系中的“起点”特征。政治认知的起点特征体现在两个方面，即自然历史发展的起点和人的思维的逻辑起点。在人的政治素养形成发展的自然历史过程中，政治认知始终处于这一过程的起点位置。一个合格政治人首先必须以特定的政治认知作为基础。只有形成并具备了这些认知，即对政治现象、事实、知识、理论和能力的认知，政治素养才能发展到政治情感、政治价值观乃至政治认同和政治参与的阶段。政治认知作为人在政治教育学范畴体系思维中逻辑起点的特征体现为，政治认知是最简单、最普遍、最抽象的范畴。政治认知作为政治教育学范畴体系逻辑起点有“三最”，即它不以任何东西为前提，不以任何东西为中介，并且可以用来说明其他范畴。马克思认为，一门科学理论体系的最终形成，除了借助从具体上升到抽象的基本方法外，还必须深化到从抽象再上升到具体的方法，即在将表象上升为抽象规定的基础上，通过抽象规定在思维行程中（精神上）再现具体。列宁指出，“马克思在《资本论》中首先分析资产阶级社会（商品社会）里最简单、最普通、最基本、最常见、最平凡、碰到过亿万次的关系：商品交换。”❶政治认知作为政治教育学范畴体系的逻辑起点范畴，其本身已经并不需要说明。这就如同数学上不证自明的公理一样，一旦对它进行说明，就会引入比它更为复杂的东西。❷这就是说，在政治教育学研究领域中，政治认知作为范畴不以任何东西为前提、不经任何事物为中介，因而是政治教育学中最简单、最普遍、最抽象的范畴。

（2）政治认知反映了政治教育社会实践活动的本质特性和联系。与思想教育、道德教育等其他教育社会实践活动相比，政治教育具有更加明确的导向性、控制性特征。政治认知正好体现了政治教育的这些本质特征。

首先，政治认知体现了政治教育的方向性特征。政治认知要求社会成员对政治知识有不同程度的理解和掌握。对政治知识的理解和掌握，是观察政治现象，理解政治史实，评价政治事件的基础。对于一定社会的成员而言，他们并没有权利去选择学习和掌握哪些政治知识，因为一定社会的政治知识的内容是由该社会的统治阶级决定的。统治阶级向社会成员传播的政治知识，都是蕴含了统治阶级的政治理想、政治信念和政治观点的知识。社会成员无论在主观上还是客观上，都只能接受符合统治阶级政治理想、政治信念和政治观点的政治知识。因此，社会成员观察、描述、评价政治现象和政治史实，都只能以既有的符合统治阶级利益的政治观点和思想来进行。政治认知的上述特征深刻地体现了政治教育的方向性特征。江泽民同志曾经指出，“只有讲政治，才能保证把党的基本理论、基本路线、基本方针和各项政策，把国家的法律、法规，贯彻到经济建设和各项工作中去，防止和排除各种错误思想、错误倾向的干扰，保持正确的方向。”❸江泽民同志提出的“讲政治”的概念，是政治教育的一种特殊形式，强调了新时期政治教育的阶级性、方向性。

---

❶ 中共中央马克思恩格斯列宁斯大林著作编译局. 列宁全集：第55卷［M］. 北京：人民出版社，1990：85-86.

❷ 徐志远. 现代思想政治教育学范畴研究［M］. 北京：人民出版社，2009：72.

❸ 中共中央文献研究室. 毛泽东、邓小平、江泽民论世界观、人生观、价值观［M］. 北京：人民出版社，1997：562.

其次，政治认知体现了政治教育的控制性特征。马克思曾指出，“一个阶级是社会上占统治地位的物质力量，同时也是社会上占统治地位的精神力量。支配着物质生产资料的阶级，同时也支配着精神生产资料。”[1]毫无疑问，政治认知由占统治地位的精神力量来支配。政治认知的控制性体现在政治认知的内容、政治认知的来源途径，以及政治认知的场所都具有控制性。政治认知的内容必须符合统治阶级的方针、政策及统治阶级的根本利益。政治认知中的政治理论知识、重大政治事件、各种政治现象都来自书刊、报纸、杂志、影视等媒介，这些媒介都由统治阶级的各种机构所控制，这些媒介传播的内容必然受到统治阶级的控制。获取政治知识的场所包括学校、学习中心及其他公共机构，它们多由政府兴办、设立和领导，其传播的内容及传播方式必然受到控制。由此可见，政治认知深刻地体现了政治教育的控制性特征。

此外，政治教育的隐蔽性特征也是由政治认知的隐蔽性体现出来的。很多西方国家表面上或者形式上并不承认政治教育这种具有鲜明意识形态特征的教育。但是，不承认政治教育，并不代表没有开展政治教育。相反，很多国家以非常隐蔽的形式进行类似政治教育的活动。如20世纪80年代始于美国并在西方社会普遍开展的标准化运动中的社会科课程改革，成为加强政治认知的重要方式。在社会科的标准化改革中，美国相关机构在较短的时间内先后制定了《期望卓越：社会科课程标准》（NCSS）、《全国经济学内容标准》（NCEE）、《地理为了生活：全国地理标准1994》（GESP）、《全国世界历史和美国历史标准》（NCHS）、《中学心理学教学》（APA）。这些社会科标准的制定，对于加强学生的政治认知起到重要的影响。在政治教育实践活动中，政治认知往往被转换成历史认知、公民认知、爱国认知等理论知识体系灌输给社会成员，这些认知实质上是政治认知的基础理论知识，它们使社会成员进一步认识所在国家的历史、政治体系及自己负有的责任，为培养社会成员对所在国家的感情奠定了坚实的基础。

（3）政治认知反映了政治教育过程中的必然性特征。这种必然性特征体现

---

❶ 中共中央马克思恩格斯列宁斯大林著作编译局．马克思恩格斯选集：第1卷［M］．北京：人民出版社，1995：98.

了政治教育社会实践活动过程本身的必要性，揭示了人的政治素养形成发展规律的必然性特征。政治教育学思考的逻辑起点是由政治教育学研究领域的特殊矛盾决定的，但是政治教育社会实践活动开展的逻辑起点或者叫切入点，首先必须是认知性教育。对社会成员开展政治教育，目的在于促进社会成员对现实政治的认同。政治教育社会实践活动本身具有强制性，但社会成员对现实政治是否真正认同，不能靠强迫的手段来使其选择是或者不是。社会成员对现实政治的认同，是经历了由认知到情感、价值取向再到认同的完整的心理转变过程。没有一定的认知为基础，认同便是无源之水、无本之木。无论是高层次的理性的政治认知，还是较低层次的感性的政治认知，都是培养社会成员政治情感及帮助其树立价值观的基础。

政治认知的必然性特征反映了人的政治心理受所在社会物质条件影响的必然性特征。政治认知的水平由所在社会物质条件决定。马克思主义基本原理认为，物质决定意识，意识受到物质支配。政治认知作为一种心理活动，属于意识的范畴。政治认知的来源，不是简单的政治理论知识或者对社会政治现象的感知，它还受到所在社会物质环境的深刻影响。马克思曾说，“人们为了能‘创造历史’，必须能够生活。但是为了生活，首先需要吃喝住穿以及其他一些东西。”[1]物质需求是人的基本需求，社会成员的政治认知首先受到社会对成员物质满足状况的影响，物质条件的水平直接决定了政治认知的水平。有什么水平或者层次的物质条件，就有什么样的政治及政治认知。作为政治教育学的范畴，政治认知深刻地揭示了人的政治心理形成发展过程中的基本规律，即政治教育的基本规律。

第五节　政治认知作为政治教育学起点范畴的意义

政治认知是形成政治素养的重要方面，同时也是政治教育最重要、最基础

---

[1] 中共中央马克思恩格斯列宁斯大林著作编译局. 马克思恩格斯选集：第1卷［M］. 北京：人民出版社，1995：79.

的方面。开展政治教育活动，首要的工作就是开展认知教育。政治认知教育的关键是政治知识的灌输与认知能力的提升。因此，对政治认知开展研究具有重要的实践意义。

一是有利于重视灌输在政治认知中的地位和作用。在思想政治教育学中，灌输是开展思想政治理论教育的基本手段。在政治教育社会实践活动中，理论灌输仍然是帮助社会成员获取政治理论知识的最重要的手段。所谓灌输，就是教育者将教育内容传授给教育对象。灌输作为政治教育特别是政治认知教育的重要手段，连资产阶级的理论家也不否认这一点。美国实用主义思想家杜威就曾经说过，“教育不是唯一的工具，但这是第一工具，通过这种工具，任何社会团体所珍惜的价值，其所欲实现的目标，都被分配和提供给个人，让其思考、观察、选择。”[1]杜威在此处的教育，实质上包含了灌输之意。革命导师列宁则指出，“工人群众自己决不能创造独立的思想体系，阶级的政治意识只能从外面灌输给他们。因此，我们在进行社会主义理想信念教育时，必须不断地对人们进行社会主义的政治理论的灌输。”[2]在当前对我国社会成员开展的政治认知教育中，要加强对社会成员基本政治理论知识的教育，重点是加强对中国特色社会主义理论体系的认知教育，要使社会成员学会运用马克思主义的基本原理和方法，观察和看待当前的社会政治现象和政治事件。因此，作为政治教育最基础、最重要的过程，政治认知教育关键是要把理论知识的灌输和认知能力的提高作为重点。这也是政治认知作为政治教育学范畴的要求所在。

二是有利于加强社会成员政治认知能力的教育。政治认知能力的重要方面，就是社会成员在掌握政治基本知识的前提下描述、解释、分析、评估、判断政治现象和政治事件。开展政治认知能力的教育，要善于借鉴和使用良好的教育方式和教育技巧，引导受教育者提高认知能力。具体而言，即要求教育主体认真思考当前政治教育中的不合理的因素，特别是在学校教育中，要通过改革政治理论课教育教学的基本方式，充分调动受教育者的主观能动性，培养受教育者对政治现象、政治事件的兴趣，提高他们描述、解释、分析、评估、判

---

❶ 杜威. 民主主义与教育[M]. 王承绪，译. 北京：人民教育出版社，1990：254.

❷ 中共中央马克思恩格斯列宁斯大林著作编译局. 列宁选集：第1卷[M]. 北京：人民出版社，1975：247.

断政治问题的能力。

三是明确了探索政治教育学范畴体系的基本线索。政治教育学范畴及其体系探索的基本原则之一就是逻辑要与历史相一致。政治教育学范畴的逻辑起点必须在人的政治素养形成发展的自然历史起点上来归纳、整理、提炼。一旦这个自然历史的起点被确立为逻辑的起点，整个逻辑的线索也就变得清晰起来了。当人的政治素养形成发展的起点——政治认知——被确立为政治教育学范畴逻辑起点的时候，政治教育学范畴的逻辑线索也就会沿着政治认知发展的道路前进，政治教育学的中项范畴和终点范畴也一定会在这个道路上被提炼抽象，并最终确立下来。在一定意义上，政治认知作为逻辑起点范畴的确立，为政治教育学范畴体系的构建，标明了一条线索，指明了一条道路，也提供了一种方法。

第九章　政治教育学的中项范畴
——政治情感、政治价值观与政治认同

政治教育学的中项范畴是政治教育学范畴体系的逻辑中项。政治教育学范畴体系的逻辑中项既是逻辑思维形式的中项，也是政治教育社会实践活动内在的、具有规定性的中间过程。政治教育学范畴体系的逻辑中项是政治教育学范畴从起点到终点的必经之路，是连接起点范畴与终点范畴的中间环节。政治教育学起点范畴不可能跨越中项范畴或者其中的某一个中项范畴，达到政治教育学的终点范畴。政治教育学的中项范畴表现的是思维形式的一个个节点，反映的是政治教育社会实践活动的逻辑过程，具有本质性、必然性和普遍性特征。本书认为，政治教育学的中项范畴包含了政治情感、政治价值观和政治认同。

第一节　政治教育学的中项范畴之一——政治情感

一、政治情感的含义

政治教育的重要内容之一就是培养社会成员的政治情感。政治情感作为一种心理活动，以政治认知为基础，具体指社会成员在政治生活中对政治体系、政治活动、政治事件和政治人物等方面所产生的内心体验和感受，是对于各种政治客体的好恶之感、美丑之感、亲疏之感、信疑之感等的心理反应的统称。[1]政治

[1] 徐建康，李青凤. 论党的执政理念的政治情感基础[J]. 理论与探索，2007（3）：56.

情感具有非常明显的层次性特征，包括较低层次的政治情绪和较高层次的政治感情。

政治情绪是社会成员在政治生活中根据其政治需求或政治期望被满足的程度而产生的短暂的主观体验。这种体验可分为积极、肯定的情绪体验（如愉悦、满意、兴趣、自豪、感激、爱等）和消极否定的情绪体验（如懊丧、忧愁、恐惧、痛苦、愤怒等）两大类（见表9-1）。政治情绪带有较多的生理性和原始性特征，因而呈现出易变、不稳定、不易控制的特点，如在政治生活中，因政府工作人员的腐败行为而使社会成员表现出的愤怒情绪等。

表9-1 政治情感的内容

层次	具体内容		特点
情绪	积极	愉悦、满意、兴趣、自豪、感激	易变、不稳定、不易控制
	消极	懊丧、忧愁、恐惧、痛苦、愤怒	
情感	积极	认可、热爱	持久、稳定、可控
	消极	冷漠、焦虑	

政治感情是社会成员在对政治客体认知过程中产生的一种复杂的心理体验，如社会成员对祖国和民族的热爱之情，对国家政治体系的深度认可之情，或者对空洞政治教条的冷漠之情等。相对于政治情绪而言，这是一种持久、稳定的心理体验，是一种理性和可自我控制的心理体验。

政治情感是政治心理向政治行为转变的重要环节，是社会成员政治生活的感情纽带，是产生一定的政治价值观和政治行为的动力源泉与感情基础。

二、政治情感作为政治教育学中项范畴的特点

政治情感是政治情感主体即受教育者在政治生活中的基本心理体验和心理状态，它同时也反映了政治教育活动的本质特征和内在联系。作为政治教育学的中项范畴，政治情感的本质特征和内在联系体现在以下几个方面。

（1）政治情感是社会成员政治素养形成的最基本的要素，同时，政治情感对政治教育活动和其他政治行为都会产生重要的影响。社会成员的政治情感是社会成员的主观感受与客观现实的统一。政治情感是社会成员对政治客观现实

的一种特殊反映。情感是人的个性心理的基本要素，是人对客观现实的一种特殊反映，是客观现实是否符合人的需要在人身上产生的一种体验。情感的表现形式是主观的，但内容却是客观的。其客观性表现在，社会成员的政治情感产生于政治生活，并可以在政治生活中得到发展与完善。政治情感的主观性表现在，其对政治现实具有很强的能动作用，社会成员的政治情感贯穿于政治教育社会活动的始终，对人的政治行为具有很强的发动和导向功能。如在西方国家的政党制度中，哪一个政党能够上台执政，很大程度上决定于一定时期社会成员对某一个政党的政治情感，因为政治情感会引导社会成员将选票投向自己所喜好的政党。

（2）政治情感具有明显的“中项”特征。情感以认知为前提，是个体的基本心理要素，是个体对客观现实的一种特殊反映形式，是主体对于客体是否符合其需要而产生的态度体验。政治情感以政治认知为基础，是政治主体（政治权利和政治义务的承担者）与政治客体（是与政治主体相对应的概念，包括政党、领袖、政治组织等）之间的桥梁、媒介，具有极明显的选择性和价值方向性，是政治主体认识政治客体，产生政治行为的一种内在驱动力。因此，政治情感的“中项”特征首先体现在政治情感的主体必须以一定的政治认知作为前提。没有一定的政治认知，如对政治现象和政治实践观察、分析和评价的能力，就不会对现实政治产生或喜或忧、或满意或愤怒的政治情感，社会成员对政治表现出的是无知、冷漠甚至麻木。政治情感的“中项”特征还表现在，政治情感必须以一定的价值取向来表现。这种价值取向，可能源自情感主体的经验、印象，或者是其对政治价值观的理解等方面。但是，无论这种价值取向源于何处，政治情感的主体都会本能地表现出一定的政治态度、政治信念或政治信仰，即政治情感必定会以与之相一致的政治价值观念表现出来。由此可以看出，政治情感在政治心理过程中也是一个必不可少的环节。有政治认知必然会产生政治情感，有政治情感必定会产生与之相适应的政治价值观。政治情感是连接政治认知和政治价值观的重要纽带。

当然，对政治认知中项范畴特征的分析，是以一种主观的思维方式对政治情感进行了切割。在政治教育实践过程中，政治情感的心理状态伴随政治教育客体的始终，无论是在政治认知阶段还是在形成政治价值观阶段，政治教育客体都会表现出不同的政治情感。但是，在政治教育客体心理变化过程中，政治情感对教育客体作用的机理不会发生变化。政治情感总是在有利与有害两个方向上，对政治价值观起到或强化或消解的作用。这种作用并不仅仅是依靠人的清晰或理智的思考进行的，它还通过一系列情感体验，在达到对自己政治利益的观照时发生。政治情感积极意义上的“催化剂”作用，以及在消极意义上的“腐蚀”作用，正是中项范畴特征的深刻表现。

（3）在政治教育实践活动中，社会成员的政治情感仍然由所在社会的物质关系决定。社会物质关系是情感的源泉，社会物质关系有多复杂，情感就有多复杂。价值是社会物质关系的表现形式，价值与情感的对应关系表现为：“情感所反映的事物必定是价值，价值的主观形式必定是情感。”❶从本质上讲，政治情感就是情感主体对价值关系的一种心理体验或主观反映形式。这种心理体验归根到底决定于所在社会的物质生产关系，以及政治情感主体在社会中的地位。有什么样的物质生产关系，就有什么样的政治情感；情感主体在社会中处于不同的位置，也会有不同的政治情感。如处于物质高度匮乏的社会中的人们的政治情感与处于物质非常丰富的社会中的人们的政治情感是不一样的，同时，处于底层社会的人们和处于中上层社会的人们的政治情感也不一样。此外，政治情感受物质条件的相对性影响也很大。在物质极度丰富、信息高度畅通的条件下，社会成员物质条件的满足不仅是绝对的满足，更大程度上还有相对的满足，即一个人的政治情感除了受所在社会物质生活条件的影响，还受到同一历史时期其他社会成员相互比较下的物质生活满足情况的影响。如北非及阿拉伯国家的“茉莉花”革命事件造成的不断流血冲突及贫民死伤事件，一定程度上增进了其他国家社会成员对和平的珍惜与热爱，以及对所在国家执政党执政的满意的情感等。

政治情感由所处社会物质关系决定的观点，与通过政治教育培育政治情感并不矛盾。与社会物质有关的很多内容、关系和问题，都需要通过政治教育的途径对社会成员进行解释和回应，因此，在既定的社会物质关系的基础上，政治教育实践活动对于增进社会成员对现实政治客体的情感具有重要作用。

---

❶ 仇德辉. 价值与发展［M］. 西安：陕西人民教育出版社，1999：441.

三、政治情感作为政治教育学中项范畴的意义

将政治情感纳入政治教育学的范畴体系是由政治情感自身的特点及政治教育学学科体系所决定的。将政治情感纳入政治教育学范畴体系，具有重要的理论和现实意义。

（1）有利于加强对政治情感的研究。政治情感是一个非常复杂的概念，它是一个涉及政治学、心理学、社会学、管理学等多学科的知识体系。政治情感之所以复杂，是因为其产生的原因、情感的内容及表现方式都非常复杂。首先，政治情感归根结底是由物质利益决定的。正如有学者研究指出，“人们奋斗所争取的一切，都同他们的利益有关”[1]，政治情感的产生也不例外。因物质利益引起的矛盾和冲突，以及对矛盾和冲突的协调解决贯穿于整个人类历史的全过程。因此，物质利益这一起点呈现出扑朔迷离、迂回曲折的特点。反映到人的政治特性方面，就是政治情感的异常复杂性。其次，就政治情感的内容而言，按照不同的方式有不同的分类，如有学者从情感形式的角度，将政治情感又分为个人情感、人际情感和相关人际情感。个人情感表现为惊喜（狂喜）、欢欣、庆幸、释重、痛惜、恐惧、失望（绝望）、悲哀八种；人际情感表现为热爱、感激、愤怒、仇恨四类；相关人际情感表现为欣慰、快意、怜惜、嫉妒四类。[2]最后，政治情感的表现方式复杂多样。处于较低层次的消极政治情绪表现出来的可能是激动、愤怒甚至暴力的政治行为，处于较高层次的积极的政治感情表现出来的可能是坚定、顽强，如对政治理想的追求、对政治信仰的坚持等。基于政治情感的重要作用及其复杂性特征，加强对政治情感的研究对社会成员政治情感的培养具有重要作用。

（2）有利于政治情感在政治教育中作用的发挥。列宁曾经指出，没有人的感情，就从来没有也不可能有人对于真理的追求。[3]情感是主体活动的心理动

---

[1] 仇德辉. 价值与发展［M］. 西安：陕西人民教育出版社，1999：441.

[2] 潘松文，阎高程. 论政治情感与政治观教育［J］. 党政干部论坛，2002（7）：29.

[3] 中共中央马克思恩格斯列宁斯大林著作编译局. 列宁全集：第20卷［M］. 北京：人民出版社，1995：225.

力，情感状态影响着主体能力的发挥，影响着主体活动的效果。[1]政治教育的过程，是一个知、情、意、行相互转换，最终统一于人的政治行为的过程。政治情感在政治教育过程中，对受教育者具有重要作用。一是政治情感对受教育者具有情感发动作用。人们从事一定的活动，都是为了获得某种物质或者精神上的需要，这种需要与人的内心情感体验关系密切。人的需求产生某种情感体验，而情感体验反过来又会促进人对需求的强烈愿望。因此，一定社会成员的政治情感以政治认知为基础，对于树立符合社会需要的政治价值观和坚定正确的政治信仰具有强烈的激发作用。政治情感往往成为社会成员形成政治价值观、增进政治认同的重要条件。二是政治情感对受教育者产生控制作用。根据心理学的情绪动机—分化理论，人的情感具有一定的自由度和可变性。人可以根据环境的变化，改变和调整自身活动的目标。政治情感的这种可控性特征，有利于统治者在政治教育活动过程中，通过适时调节和控制社会成员的政治情感，使社会成员的政治情感符合国家或者统治者的利益需求，同时保持社会成员情感和心理上的平衡。三是政治情感对受教育者的导向作用。人与其他任何动物的本质区别在于，动物的活动是本能的活动，而人的活动则是有目的、有计划、有意识的活动。政治教育活动中的客体作出的任何选择，都是以受教育者的政治情感为导向的。受教育者的政治需求、政治价值观及政治行为与其政治情感密切相关。在政治教育过程中，受教育者的选择性活动包括接受政治教育主体施教的内容、方法等。政治教育客体的这种方向性选择，才使受教育的社会成员作出符合国家和统治阶级利益的政治行为。

（3）有利于加强政治情感的培养。受教育者政治情感的产生虽然是一个自发的过程，但政治情感并不是完全不受控制的。在政治教育过程中，政治情感的培养对政治教育目标的实现具有重要意义。因此，加强政治教育必须强化政治情感的培养。从方法论的视角而言，社会成员政治情感的培养，受到以下几个方面的影响。

第一，如何让社会成员感受到物质生活条件的改善及物质条件的预期改

---

[1] 胡敏中. 理性的彼岸：人的非理性因素研究［M］. 北京：北京师范大学出版社，1994：175.

善，是执政党或者政府培养社会成员政治情感的首要任务。利益是一切社会关系产生的根源，物质条件的改善是解决利益矛盾最根本、最有效的方法。在现阶段，我国社会的根本任务是解放生产力和发展生产力，解决的主要矛盾是不断满足人民群众日益增长的物质文化需要。这些基本的政策定位为培养社会成员对中国特色社会主义的政治情感奠定了坚实的基础。

第二，社会成员是否能够感受到政治体制带来的整个社会的公平正义，是培养政治情感的关键所在。政治教育的客体是全体社会成员，不是统治阶级内部的成员，也不是占据相当数量的所谓的“中产阶级”。要想赢得全体社会成员的普遍认可，获得社会成员政治情感的支持，建立健全能够平衡各阶级、各阶层利益的政治制度尤为关键。温家宝在2010年3月14日回答中外记者提问时明确指出，“公平正义比太阳还要有光辉”。培养社会成员对所在社会深厚的政治情感，倡导、建立带来公平正义的政治制度十分重要。

第三，执政党和政权是否能做到立党为公、执政为民，对社会成员政治情感的培养起到重要作用。政治情感的重要对象即现实政府和执政党。一个政权和政党的存亡兴衰，最终取决于人心向背。如果一个政权和政党脱离群众，不能为群众谋利益，滋生腐败，政党将会丧失凝聚力和战斗力，失去民心，政权将会最终丢失。相反，执政党和政权如果“全心全意谋发展，聚精会神搞建设”，不断加强自身建设，努力做到立党为公、执政为民，人民群众（社会成员）对执政党和政权的信赖和信心会不断增强，对现实政府和执政党的情感会愈加深厚。

第四，对政治情感的培养必须增强社会成员的情感体验。在政治教育的过程中，社会成员的政治知识在很大程度上是经由灌输产生的。但社会成员情感的产生，只有经由真实的情感体验才会产生良好的效果。因此，对社会成员政治情感的培养，可以在政治理论知识的基础上，结合社会政治现实，联系实际案例，将成员个体置于案例之中，让其进行分析讨论，使其身临实境，增强其情感体验，培养其政治情感。

此外，在一定时期内，社会成员的政治情感还受到重大政治现象、政治事件的重要影响。如现实政治生活中产生的恐怖事件，重要政治人物的政治行为、讲话等都会对社会成员的政治情绪产生重要影响。

第二节　政治教育学的中项范畴之二——政治价值观

一、政治价值观的含义

哲学意义上的价值是揭示外部客观世界对于满足人的需要的意义关系的范畴，泛指具有特定属性的客体对于主体需要的意义。价值体现的关系是指主客体的关系，即客体的属性、功能是否满足主体的需要，是否同主体相一致，为主体服务的关系。对价值的这种哲学理解包含以下三层含义：第一，从客体对主体的关系看，价值是客体满足主体需要的关系。第二，从价值实现的过程看，价值是主客体相互转化的过程。价值是主体本身对象化的过程，即主体客体化；同时，价值也是客体对主体的积极效应，即客体主体化。这种积极效应在客体主体化的过程中发挥重要作用，能够促进事物发展；同时，价值客体主体化过程，分别包括了价值形成、创造及实现过程。第三，从价值形成之后对人的意义而言，价值是客体对实现人的自由解放的意义。价值的大小归根到底在于能在多大程度上促进人的自由解放，这是衡量价值大小的标准，也是主体在实践活动中进行价值选择的依据。[1]

政治价值作为价值的一种，反映的是政治主客体关系的范畴，是政治客体对政治主体需要的满足程度，它包含了政治个体和政治组织在内的“政治人”对政治生活的需求。[2]概括而言，政治价值就是政治客体对政治主体所具有的意义。

价值观是人们在认识价值和创造价值的过程中逐步培养起来的。所谓价值观，是指“主体关于客观对象的作用意义，亦即关于客观对象的价值总观点、总看法”。[3]价值观是价值主体在长期的社会生活实践中产生、发展、形成的，它是关于价值主体——人的社会生活实践及其意义的相对稳定的认识，这种认

---

❶ 丁勇. 新时期我国政治价值观的现代化探析[D]. 福州：福建师范大学，2006：5.

❷ 丁志刚. 政治价值研究论纲[J]. 政治学研究，2004（3）：68.

❸ 袁贵仁. 价值学引论[M]. 北京：北京师范大学出版社，1991：379.

识以观念、判断、理论的形态，表达价值主体的情感、愿望、态度、选择倾向、理想、信念及信仰等心理状态。个体价值观的形成是随着知识的增长、生活经验的积累在社会实践活动中逐步确立起来的。个体价值观一旦确立，便具有相对稳定性，在一定的时期内，具有比较明确的价值取向和行为定势。群体的价值观会随着社会成员的不断更替及社会环境的变化而变化。这一变化体现在传统的价值观会不断地受到新价值观的挑战，呈现的总体趋势是新的价值观总会逐步取代旧的价值观。价值观的变化既是社会改革的前提，也是社会改革的必然结果。

按照客体的不同，可以将价值观分为政治价值观、法律价值观、道德价值观、婚姻家庭价值观、生活价值观等。

政治价值观一般指的是社会成员对政治世界的看法，包括社会成员看待、评价某种政治系统及其政治活动的标准，以及由此形成的政治主体的价值观念和行为模式的选择标准。在某种政治文化影响下，社会成员在总体上都存在一种基本一致的政治价值观念，它直接影响着政治行为主体的政治信念、信仰和态度。[1]政治价值观是政治主体在长期的政治社会生活实践中形成的一系列关于政治行为、政治关系、政治事件等政治现象所具有的意义的认识。这种认识以观念判断或理论形态表达了政治主体的政治情感、政治愿望、政治态度、政治倾向、政治信仰和政治理想。

二、政治价值观作为政治教育学范畴的特点

政治价值观是一个内涵十分丰富的概念。社会成员的政治情感、政治愿望、政治态度、政治倾向、政治信仰和政治理想都可以归入政治价值观的范畴。政治价值观之所以被纳入政治教育学的范畴体系，是因为政治价值观的以下几个特点。

（1）政治价值观深刻体现了政治教育活动的价值性和目的性，是对政治教育活动及其价值的高度概括和抽象。从政治价值观的内容上看，它包含了政治价值主体的政治情感、政治愿望、政治态度、政治倾向、政治信仰和政治理想

---

[1] 王惠岩. 政治学原理［M］. 北京：高等教育出版社，1999：240.

等心理状态；从政治价值观的组成结构上看，它由政治价值的本质观、目标观、标准观、选择观及创新观等组成。

政治价值观包含的内容在政治教育过程中是不可或缺的。政治教育的重要过程是使受教育者树立正确的政治价值观。让社会成员树立符合全社会要求的政治价值观不是一蹴而就的事情，它与社会成员的政治需求、政治情感、政治态度、政治信仰和政治理想都密切相关。社会成员符合社会要求的政治价值观树立的过程，是教育者了解受教育者政治需求，促其形成科学的政治认知，培养受教育者政治情感，以使其树立符合全社会要求的政治信仰和远大政治理想的过程。由此可以看出，培养社会成员符合社会需求的政治价值观，在政治教育过程中占据了相当重要的位置。

对政治价值观的组成部分进行合理的解构，是分析政治价值观内涵的重要渠道和有效方法。政治价值观的培养作为政治教育实践活动过程的子系统，本身也是由一个个部分有机组合而成。分析政治价值观的内涵，必须分析政治价值的本质观、目标观、标准观、选择观及创新观等一系列结构要素，这样才能立体动态地理解政治价值观的含义。同时，对受教育者的政治价值观的教育过程，也是对受教育者政治价值的本质观、目标观、标准观、选择观及创新观的教育过程。政治价值的本质观教育要求受教育者深刻认识和全面理解不同社会形态的民主制度及政治体制；政治价值的目标观教育是帮助受教育者确立、实现其政治价值目标，并有机统一国家政治价值目标与个人政治价值目标之间的关系；政治价值的标准观教育重在让受教育者理解政治活动价值的尺度，特别是社会成员的需求对国家、社会发展进步的意义；政治价值的选择观教育在于帮助受教育者在诸多的政治活动中选取最有价值意义的政治活动；政治价值的创新观教育是受教育者在充分理解掌握政治价值相关理论基础上，促进受教育者将政治知识、政治思想、政治方法等在政治实践中的创新性应用并实现其价值。

政治价值观的内容组成部分和结构组成部分并不是相互孤立的，而是相互融合、相互贯通的。政治价值观是这些丰富内容和有机组成高度抽象后的集合体，是政治教育活动过程中受教育者政治心理状态的重要方面，反映了政治教育活动内在的规律性。

（2）政治价值观体现了受教育者与政治客体之间的最稳定的关系。所谓的稳定，即不会轻易发生改变。具体到受教育者与政治客体之间的关系，则是指受教育者对政治客体的理性认识不会因为政治生活中的某一偶然事件、受教育者的情绪波动或者受到强制外力而轻易改变。这里的政治客体，主要指受教育者所在社会的民主制度、政治体制、政党制度及其运行的方式等。

当然，政治价值观的稳定也是一种相对的稳定。这一是相对于受教育者的政治情感而言，二是相对于是否可以“被强制”而言。在前文中，我们对政治情感已经作了较为详细的阐述。从稳定性的角度而言，无论是处于较低层次的情绪还是处于较高层次的政治感情，相比政治价值观而言，都更容易发生改变。而且，个体只有在政治情感发生彻底的变化以后，其政治价值观才会逐渐改变。从政治教育的特点来看，政治教育活动首要的特点即具有强制性。此外，受教育者的政治认知、政治参与及所有的政治行为都可以“被强制”，即被认知、被参与、被教育，唯独受教育者的政治价值观不能“被强制”。虽然政治价值观也是可以被改变的内容，但是它的改变不是一朝一夕或者一次性就能完成的。政治价值观总是以受教育者“主动”的方式呈现出来。

政治价值观的稳定性特征，深刻地体现了政治教育活动的本质特征和内在联系。无论是社会成员的政治价值观以主动的方式呈现出来，还是社会成员的政治行为以被动的方式表达出来，政治教育的根本目的都是要使社会成员对现实社会政治产生认同。对社会成员的政治价值观教育，与对社会成员开展的政治教育活动的基本特征和内在联系是完全一致的。

（3）政治价值观的培养是政治教育过程中必不可少的环节，具有政治教育学中项范畴的特征。政治教育的最终目的是解决社会成员的政治认同问题。社会成员政治认同的过程，是一个由政治心理向政治行为转变的过程。个体政治价值观的形成与发展处于政治心理发展的最后环节，是形成一定政治行为的决定性因素。从人的心理发展的逻辑过程看，个体政治价值观的产生在政治情感形成之后，政治价值观的发展变化以政治情感的发展变化为前提。个体或者群体的政治价值观的最终呈现，必须以一定的政治行为表现出来，如社会成员通过参与政治选举活动，选出自己认可的执政党，或者以暴力的方式推翻所在社会的政府等。当然，无论是选举出符合个人或群体意志的执政党，还是以暴力的手段推翻政府，都是积极主动的政治价值观的体现。此外，对政治活动不闻不问、不参与的方式也是一种政治价值观的体现，只是这种政治价值观是一种消极的行为方式。

当然，在政治教育的过程中，从政治情感、政治价值观再到政治行为的各阶段和各过程，并不是截然分开和毫无瓜葛的。如果说政治价值观的内容和各组成部分是相互融合、相互贯通的，那么在政治教育活动过程中，受教育者从政治认知到政治情感、政治价值观再到政治行为的过程，同样是一脉相承、相互贯通的过程。教育者在施教过程中，只有政治教育的意识或者概念，并没有严格对政治认知、政治情感、政治价值观、政治行为等阶段或过程进行区分。原因在于政治教育各阶段、各过程自成一体，孤立其中的任何一个环节都是非科学的做法。由此可知，政治价值观反映了受教育者由政治心理转变为政治行为的重要过程和本质特征，它被纳入了政治教育学的中项范畴是由其自身的特点决定的。

三、政治价值观作为政治教育学中项范畴的意义

（1）有利于进一步明确政治价值观与政治教育学其他范畴之间的关系。作为思想政治教育学的下位学科，同时也作为政治学的下位学科，政治教育学涉及的概念十分丰富。这些概念一方面对探索政治教育学的范畴具有很大的启示作用；另一方面，如何从这些概念中筛选、甄别出政治教育学的基本范畴具有重要意义。将政治价值观纳入政治教育学的基本范畴体系之中，是科学统筹了政治教育学的各个范畴之间的关系，特别是高度抽象和概括了相关的政治教育学的其他概念，这些概念包括政治态度、政治倾向、政治信仰和政治理想等体现受教育者政治价值取向和政治心理倾向的概念。政治价值观这一范畴自身并不能对政治教育学的其他范畴进行统筹，但政治教育观高度的抽象性和概括性，有机地协调了政治态度、政治倾向、政治信仰、政治理想等概念与政治教育学其他范畴之间的关系。政治价值观与政治教育学其他范畴的有机耦合，为政治教育学范畴体系的构建奠定了基础。

（2）有利于进一步厘清受教育者政治价值观的形成过程，揭示受教育者政治价值观形成的基本规律。作为政治教育学的范畴，政治价值观的形成过程及其内在规律对于探索政治教育社会实践过程的规律具有重要意义。受教育者的

政治价值观是一种十分稳定的价值取向和心理状态。这种稳定的价值取向和心理状态的产生和形成，并不能由受教育者自发产生，而是由教育、环境及受教育者自身综合建构产生。教育在人的政治价值观的形成过程中起着主导作用，因为受教育者的政治认知水平是其政治价值观形成发展的最基本的内容，没有一定的政治认知，就不可能形成一定的政治辨别、政治判断和政治情感，也就不可能有政治价值观的产生。受教育者政治认知的能力，即认识问题、分析问题的角度与具体方法，直接来源于施教一方，即社会中占统治地位的政治主张和政治要求。当然，受教育者的政治价值观还要受到所在社会政治、经济、文化等各种环境的影响，也与个人的接受能力有关。但是，政治教育作为一种强制手段，能够有效地决定受教育者的政治认知的基本内容、能力水平和思维方式，能使受教育者利用这些既有的知识、能力和思维方式逐步形成符合社会要求的政治价值观念。因此，政治教育活动在受教育者的政治价值观中起着决定性的影响和作用。

（3）有利于更好地开展政治价值观教育。个体形成符合社会要求的政治价值观念不是去加盖一座空中楼阁，而必须从政治价值观形成的源头寻找依据。从上述政治价值观形成发展的过程来看，政治价值观培养的过程，就是提高社会成员政治认知能力和水平，增强社会成员政治情感的过程。因此，培养社会成员符合社会要求的正确的价值观至少应做好以下两个方面的工作。

一是加强对社会成员的认知教育，提高社会成员的认知能力和认知水平。当前，我国党和政府要积极推进中国特色社会主义理论体系“进课堂、进教材、进学生头脑”的工作，要以重大政治事件和社会热点问题为实际案例，引导社会成员正确看待和分析各类政治现象，以此提高理论的说服力和感染力。

二是要以促进社会的进步与发展培养社会成员的政治情感。具体到当前的中国特色社会主义初级阶段，要以改善民生、防止贫富差距过大为重点，进一步强化以人为本的科学发展理念，把关心群众、服务群众、让群众得实惠落到实处。唯有如此，人民群众对中国特色社会主义的情感才会真实可靠，对人民群众的理论武装才能被人民群众主动接受。

培养社会成员符合社会要求的政治价值观的过程，与促进社会成员政治认同的过程是一致的。政治认同就是促进社会成员由政治心理向政治行为转变的过程。在这一过程中，社会成员的政治价值取向，即政治价值观至关重要。它是促使社会成员的政治心理向政治行为转变的具有核心作用的决定性环节。培养社会成员符合社会要求的政治价值观，是促进政治认同的核心内容。因此，对社会成员进行政治价值观教育具有重要的实践意义。

第三节　政治教育学的中项范畴之三——政治认同

一、政治认同的含义

政治认同中的认同一词，源于拉丁文“idem”，即“相同”，英文“the same”的意思。认同最先是一个心理学的概念。最早提出这一概念的是美国心理学家、精神病学家安娜·弗洛伊德（Anna Freud）。弗洛伊德的认同最初只是瘾症性认同和梦认同。她把认同看作一种换位思考的思维，即在心理上将自己放在别人的位置上进行思考，是潜意识中对其他人的模仿。同时，弗洛伊德认为，认同也是一种普遍的心理过程，其基础是人的发展是一个心理过程，是个人向另一个人或团体的价值、规范与面貌去模仿、内化并形成自己的行为模式的过程，认同是个体与他人有情感联系的原初形式。❶

认同一词的含义随着理论与实践的发展，逐步发展为社会心理学的范畴，并成为社会心理学的基石。美国心理学家埃里克森认为，认同十分强调过去的经历或体验，受到个性社会化积累和社会文化背景的影响。埃里克森从社会心理学的角度对认同一词的含义进行了扩充。他认为，在社会心理范围内仍有认同危机、认同构成、否定性或建设性认同等。他在使用认同这一概念后认为，“认同已经变成了一个到处弥漫，深不可测的术语了。”❷

国内学界主要从社会学的角度对认同一词的含义进行了界定。他们认为，社会认同是个人拥有关于其所从属的群体，以及这个群体身份所伴随而来的在

❶ 梁丽萍. 中国人的宗教心理[M]. 北京：社会科学文献出版社，2004：12.

❷ 方旭光. 政治认同的基础理论研究[D]. 上海：复旦大学，2006：5.

情感上与价值观上的重要性知识，亦即个体身为一个群体成员这方面的自我观念。每个人将他的社会世界区分为不同的等级或社会类别，社会身份涉及个人将自己或他人定位为某一社会类别的体系。个人用来定义本身社会身份的总和就是社会认同。

关于政治认同的含义，主要出现在政治学的研究中。美国政治学家罗森堡姆在《政治文化》一书中指出："政治认同，是指一个人感觉他属于什么政治单位（国家、民族、城镇、区域）、地理区域和团体，在某些重要的主观意识上，此是他自己的社会认同的一部分，特别地，这些认同包括那些他感觉要强烈效忠、尽义务或责任的单位和团体。"❶

《中国大百科全书——政治学》对政治认同的解释为："人们在社会政治生活中产生一种情感和意识上的归属感。它与人们的心理活动有密切的关系。人们在一定的社会生活中，总要在一定的社会联系中确定自己的身份，如把自己看作某一政党的党员、某一阶级的成员、某一政治过程的参与者或某一政治信念的追求者等，并自觉地以组织及过程的规范来规范自己的政治行为。这种现象就是政治认同。"❷

根据上述理解，政治认同首先是政治认同主体的一种心理活动的过程，因为政治认同本身反映的是一个由政治心理（政治情感、政治价值观）到政治行为（政治参与）的过程；其次，政治认同从本质属性上是一种实践活动，因为政治认同无非是"政治被认同"或者"去认同政治"两种方式，这两种方式反映的都是行为，或者叫实践活动，只不过一个是消极、被动的行为，一个是积极、主动的行为。政治认同反映的是一种复杂的关系，即政治认同主体与政治认同客体之间的关系。

这里的政治认同主体与政治认同客体，与政治教育学的主体和客体并不一致。如果把政治教育学中的政治教育主体与政治教育客体简单概括为教育者与被教育者，那么政治认同的主体则是指社会成员个体及组织、团体等群体，政治认同中的客体指政治制度、政治机制、政治因素、政治运作和政治效能

---

❶ 罗森堡姆. 政治文化[M]. 台湾：桂冠图书有限公司，1984：6.

❷ 张友渔，等. 中国大百科全书——政治学[M]. 北京：中国大百科全书出版社，1992：501.

等。[1]不过，政治教育的受教育者，即社会成员个体，与各阶级（阶层），则完整地包含了社会成员个体及社会组织、团体等群体。可以说，政治教育的客体与政治认同的主体基本上是两个重叠的群体。

通过对政治认同层次的划分可以看出，政治认同通过政治主体对政治客体的认知、认可、服从进而支持的政治心理和政治实践活动体现出来。其中，认知、认可属于政治心理的层面，而服从与支持则属于政治实践的层面。政治心理由政治认同主体的政治认知和政治情感来表达，政治实践由政治认同主体的政治价值观和政治参与体现。因此，政治认同反映的是一个从心理到行动的演化过程，即政治认知—政治情感—政治价值观—政治参与。[2]

二、政治认同作为政治教育学范畴的特征

政治认同是政治认同主体从政治心理到政治行为的完整的实践活动过程。政治认同反映了政治教育实践活动和政治教育学范畴逻辑结构的有机统一，它从不同方面体现了政治教育学范畴的特征。

（1）政治认同体现了政治教育的实践性特征。政治认同的实践性特征主要表现在政治认同的要素、对象及内容三个方面。首先，政治认同有着基本的实践要素，这些要素包括政治认同的目的、形式、结果等。政治认同一方面是认同主体对外在的客观现实政治关系的了解与认识，即对一定的政治体系的政治价值、政治机制、政治要素及政治运作的认知；另一方面，也是认同主体通过自己的认同活动表达政治诉求、影响和改变政治体系决策过程的主观意向。政治认同的形式是认同主体作用于一定的政治体系及其运作过程的各种方式和手段的总和，即通过各种政治行为，表达对政治体系的同向性、肯定性的情感和态度，以配合政治体系的需要，提供相应的支持。政治认同的后果是认同主体和客体相互作用的结果，这种后果可以是有形的，如一定的利益需要的实现和满足，政治体系的政策、机制、运作的调整与变化等；也可以是无形的，如认同主体对政治体系的政治价值、情感、态度、评价的确信、增强和提高等。其

---

❶ 方旭光. 政治认同——政治实践的范畴［J］. 兰州学刊，2006（9）：99.

❷ 袁其波. 政治认同的概念与特征初探［J］. 太原师范学院学报：社会科学版，2008（1）：46.

次，政治认同的对象——政治体系及其运转的全部要素和结构不是抽象的，而是现实的、具体的社会政治活动，是客观的物质过程。政治活动从主体性上就是人与人的政治关系的体现。政治认同主体作为活动的主体而存在，认同活动是在政治主体（包括社会成员和政治体系）的主导下进行的自觉、能动的作用过程。认同主体不是被动的、静止的接受者，而是以认同实践能动地作用和影响于政治体系；政治体系也不是单纯的输出者，也有来自认同主体的信息输入和反馈，并能依据社会成员对政治运作的反应而进行自身的调整。无论是社会成员还是政治体系，都是处在包含“输出”和“输入”双向相互作用的动态过程之中的政治主体。因此，政治认同是实践着的活动过程，是一定的政治主体之间围绕着一定主轴、以一定模式的取向、进行一定方式的作用和反作用的实践过程。最后，尽管从社会心理学的视角来看，政治认同属于人的心理过程的重要部分，但是，政治认同同时也属于社会政治生活的一部分，“全部社会生活在本质上是实践的”。[1]政治认同不仅关系着政治的主观意识领域，同时还专属于社会实践的领域。政治认同通过认同主体相应的政治行为，对政治体系发生一定的作用而体现其价值。在政治认同中，离开了相应的政治行为，政治心理、情感和态度就无从把握和体现，对认同主体和政治体系也不具有实质性的作用意义。同时，政治认同中思想意识和行为的形成和发展也是有规律可循的，有其客观的来源，“行动的一切动力，都一定要通过他的头脑，一定要转变为他的意志的动机，才能使他行动起来”。[2]可以说，政治认同的根本价值在于其实践的特性。

（2）政治认同反映了政治教育实践活动的本质内容。在阶级社会，政治活动的根源在于不同的阶级实现自己利益的需要。政治教育的本质同样根源于对利益的诉求。这里人们之间的关系，说到底是利益关系。人们从事政治活动，根本原因还是在于实现自己利益上的要求。马克思对人们开展政治活动的利益根源作了精辟论述。他说：“唯物主义的方法在这里往往只得局限于把政治冲

❶ 中共中央马克思恩格斯列宁斯大林著作编译局. 马克思恩格斯选集：第1卷［M］. 北京：人民出版社，1995：56.

❷ 中共中央马克思恩格斯列宁斯大林著作编译局. 马克思恩格斯选集：第4卷［M］. 北京：人民出版社，1995：251.

突归结于经济发展所造成的现有各个社会阶级以及各阶级集团的利益的斗争。”[1]可以认为，社会成员政治活动的根源在于利益的实现，政治活动是人们进行利益调节的最高平台，政治关系是利益关系最直接和最有效的表达。在一定意义上，政治认同深刻地体现了政治权力与经济利益之间的关系。

从概念的产生来看，政治认同首先是政治学中的范畴，它动态地反映着一定社会成员与政治体系的政治关系。一方面，一定政治体系的形成，集中体现了社会成员政治认同的取向与社会成员的民意聚焦；另一方面，政治认同体现的是社会成员对政治体系认同与否、认同何种政治内容、认同的程度、认同的形式等方面的相互关系的状况。在一定意义上，政治认同是政治体系存在的前提条件，是统治者维护统治的政治基础。政治认同的程度高低，决定着政治体系能否得到社会成员的拥护和支持，以及能得到怎样的拥护和支持。在一定的社会生活中，人们的政治关系在一定的时期内总是呈现出稳定的状态。这种稳定的政治关系表现为统治阶级与被统治阶级的关系、统治阶级与社会成员之间的关系，以及统治阶级内部之间的关系。但是，这种稳定关系不是固定的，也不是一成不变的。阶级社会的各种矛盾使不同的阶级、集团、政党、阶层、个人之间始终存在着错综复杂的各种关系。要使政治关系保持稳定，使统治阶级的利益得到保证和维护，其中的重要一环即要求社会成员个体、组织、团体对所在社会的政治认同，具体包括对当前政治制度、政治机制、政治因素、政治运作和政治效能等的认同。从这个意义上说，政治认同体现的是社会成员与政治体系之间的关系。

无论是消极、被动的政治认同，即“政治被认同”，还是积极、主动的政治认同，即“去认同政治”，最终都表现为政治认同主体从政治心理转变到政治行为的一个完整的实践活动过程。政治认同主体从政治心理转变到政治行为的过程，不是自发的过程，而是一个受到外力深刻影响的过程。如果将这些影响政治主体政治认同的因素概括为政治认同的资源，那么政治教育社会实践活动则是政治认同资源中最重要、最直接、最有效的一种资源。同时，为维护政

---

❶ 中共中央马克思恩格斯列宁斯大林著作编译局. 马克思恩格斯全集：第22卷［M］. 北京：人民出版社，1982：593.

治体系的稳定，统治者必然运用一切政治资源，通过一切途径和形式宣传其政治价值、政治统治的合理性和合法性，影响规范社会成员的政治意识和政治行为，整合社会政治意识和政治力量，尽最大可能地维持和提高社会成员对政治体系的拥护和支持。[1]从这个意义上说，政治认同教育是统治者维护政治体系的重要途径，也是政治教育的重要内容。因此，政治认同作为政治教育社会实践活动的重要内容，在本质上反映的是权力与利益、社会成员与政治体系之间的关系。

（3）政治认同体现政治教育学中项范畴特征。政治认同的中项特征体现在合格政治人的政治素养的形成过程之中。从认同产生的起源看，其与心理的变化发展过程密切相关；从属性上看，它属于心理学的名词，指体认与模仿他人或团体之态度行为，使其成为个人人格一个部分的心理历程。政治认同首先作为人们在社会政治生活中产生一种情感和意识上的归属，同时也是人的政治心理历程的重要环节，是人的政治素养形成的必不可少的一环。在政治教育社会实践活动中，人的政治素养的形成过程，是一个由浅入深、逐渐发展的过程。如果将政治认知作为人的政治素养形成过程的起点，将政治情感和政治价值观作为人的政治心理发展的初级过程和中级过程，那么政治认同已经发展成为政治心理的高级过程。在政治教育社会实践活动过程中，或者在培育社会成员的政治素养的过程中，政治情感是社会成员成为合格政治人的前提条件，成熟的、符合社会要求的政治价值观是合格政治人的基础，政治认同则是高层次的、理智的心理归属，并发展成为有具体认同对象的认同实践了。政治认同既具有包含了心理倾向的主观意识特征，同时也具有包含了具体内容的客观实践特征，从而成为社会成员由心理转向实践的关键一环。从逻辑思维的过程来看，政治认同是人的政治心理的高级阶段，位于中项范畴的更高层次。

三、政治认同作为政治教育学中项范畴的意义

在一定意义上，政治教育就是为了解决社会成员“为什么要认同”“怎样认同”及“去认同什么”的问题。政治认同教育作为政治教育的重要内容，理应成为政治教育学学科体系中的重要概念。基于此，将政治认同纳入政治教育

[1] 方旭光. 政治认同——政治实践的范畴[J]. 兰州学刊，2006（9）：100.

学范畴具有重要意义。

第一，将政治认同纳入政治教育学范畴体系，进一步明确了政治认同与政治教育实践活动之间的关系。从社会心理学的视角来看，认同属于主观意识的范畴，与认知、情感、评价等政治心理发展一脉相承。同样，政治认同与政治认知、政治情感、政治评价是人的政治素养形成发展必不可少的环节，而人的政治素养的形成与发展规律，恰恰是政治教育社会实践活动最基本的规律。同时，作为一项实践活动，政治认同也是政治教育实践活动的重要方面和目的。政治认同涉及的“为什么要认同”“怎样去认同”和“去认同什么”三个问题，都是政治教育需要面对和解决的问题。将政治认同纳入政治教育学范畴体系，一方面体现了政治教育社会实践活动的重要目的是解决社会成员的认同问题；另一方面也体现了政治认同在政治教育社会实践中的重要作用，它规定了政治教育的基本方向和基本内容。

第二，将政治认同纳入政治教育学范畴体系，确立了政治认同的学科属性，揭示了作为范畴的政治认同与政治教育学之间的规律性特征。尽管前文已经对政治教育学建立的意义进行了专门的论述，但是当政治认同这一交叉学科的概念被纳入政治教育学范畴体系之中时，政治教育学的建立就不仅仅局限在实践上的具体指导和理论上的深化拓展，而且为一些相关的交叉学科的概念找到了理论和学科归属。政治认同源自“认同”一词，自其产生起，就一直游离于心理学、社会学、政治学等学科的边缘交叉地带。政治教育学的建立，在一定程度上体现了新的概念对新的学科的催生作用，同时也深刻地反映了政治认同与政治教育学之间内在的、必然的范畴归属联系，进一步深化了政治教育学学科建立的意义。

第三，将政治认同纳入政治教育学范畴体系，反映了政治认同实践在政治教育实践活动中的重要性，强化了政治认同教育在政治教育中的必要性，深刻地体现了政治教育理论中与政治认同相关的三个问题的方法论意义。具体而言，“为什么要认同”是要解决政治权力的合法性和利益关系的协调；“怎样认同”主要是通过政治文化影响政治认同的模式；“去认同什么”则是要引导社会成员对认同对象的认可。政治认同作为政治教育学范畴的意义，就是进一步突出并解决上述三个问题。这也是政治教育学建立的重要实践意义所在。

第四节 政治教育学中项范畴与政治文化的关系

任何一个政治系统政治取向模式都由相应的政治文化主导或影响，并经由认知取向、情感取向、评价取向和认同取向表现出来。其中，认知取向是关于一定政治制度的功能、结构、运作、规范和执行者的状况，以及对政治体系输出的政治价值和政治信仰等的知识性了解；情感取向是对政治体系、结构要素和运作过程的情感；评价取向是凭借已有的知识信息、实践体验及一定的价值标准评判政治体系及运作，并形成一定的判断；认同取向是在一定的认知、情感和评价基础上所形成的心理倾向的总和，同时作为一种实践也是一种认可的行为表示。政治文化作为政治教育学的基项范畴，是社会成员政治取向的文化基础，规定着认知取向、情感取向、评价取向和认同取向的基本模式。

在一定社会政治体系中，社会成员对政治体系的情感、态度以及认同深深地体现着他们所处时代政治文化的烙印，是一定的政治文化在个体政治活动中的显现。社会成员对政治体系的情感、态度和认同除了自身利益诉求的基础之外，还受到一定政治文化的影响和制约。对整个政治系统而言，占统治地位的政治体系主导的政治文化必然成为政治情感、政治价值观和政治认同的文化基础，规定和影响着社会成员的政治实践活动：以政治、法律制度及政党、政府等力量规范各种政治行为；通过一定的政治价值取向和政治评价活动导向一定的政治信念；以各种方式消弭认同主体在政治信念和政治行为上的分歧和差异，促成与一定政治体系的一致性。

社会成员不是也不可能脱离政治文化来培育情感、树立价值观、开展认同实践，而只能是在特定的政治文化取向模式作用下获得相应的情感、价值观和认同。[1]因此，特定政治系统中的社会成员都是在特定政治文化的取向模式中开展相关的政治活动，政治教育学中项范畴所包含的具体内容同样也由特定的政治文化的取向模式所规定。

---

❶ 方旭光.政治认同的理论基础研究[D].上海：复旦大学，2006：74.

第十章 政治教育学的终点范畴
——政治参与

任何事物都遵循着从产生到发展再到消亡的自然历史过程的一般规律。人类逻辑思维的行程也只有做到有始有终，对自然界、人类社会以至思维的认识及其理论才能避免陷入诡辩论。政治教育学范畴无论是从人的政治素养的形成发展，还是从政治教育实践活动开展的视角，乃至从政治教育学逻辑范畴辩证运动整个历程的视角来看，都必须有一个历史的、逻辑的终结之处。尽管这个“终结”仍然只是一个相对意义的概念，但是这一概念反映的却是特定历史阶段人类认识的最高水平。本研究认为，政治教育学范畴体系的终结之处即政治教育学的终项范畴——政治参与。

第一节 政治参与的含义

政治参与是民主政治理论中的重要概念。国内外很多学者都对政治参与的概念进行了界定。其中主要的观点认为，政治参与是指普通公民通过各种方式参加政治生活，并直接或间接地影响政治体系的构成、运行方式和规则及公共政策的政治行为。[1]它是民主政治社会政治权利得以实现的重要方式，反映着公民在社会政治生活中的地位、作用和选择范围，体现着政治关系的内容。[2]

---

❶ 李良栋. 新编政治学原理[M]. 北京：中共中央党校出版社，2001：249.

❷ 王浦劬. 政治学基础[M]. 北京：北京大学出版社，2006：166.

尽管国内外学者对政治参与的理解和界定纷繁复杂，但基本上包含了以下几层含义。

第一，从政治参与的主体来看，只有普通的公民才能成为政治参与的主体。政府官员和政治活动家等政治职业者不在政治参与的主体之列。

第二，从政治参与的内容上看，政治参与是一种对共同利益主张的行为方式，不属于心理活动的范畴，政治参与者的政治认知、政治态度及心理过程不包含在政治参与的活动之中。

第三，从政治参与的目的来看，政治参与是指政治参与的主体试图通过参与行为影响政府决策的活动，政治参与的行为无论对政府决策是否产生影响，都列入政治参与的范畴。

第四，从政治参与的意愿来看，无论是本人自发进行的政治参与还是受他人影响策动进行的政治参与，都包含在政治参与的范畴之内。

对政治参与的含义除了上述比较一致的理解外，也有不一致的理解。对政治参与不一致的理解主要体现在对政治参与合法性的认识上。西方的部分学者认为，政治参与只局限于公民以合法的行为方式影响政府的活动，不包括非法的行为。[1]在西方学者看来，政治参与是民主政治社会的产物，公民通过政治参与表达自身的利益诉求，应该都在制度允许的范围之内，制度之外的政治行为都是非法的行为，不属于政治参与的范畴。国内学界对此则不以为然。他们认为，国内的政治参与应该包含公民在制度之外的政治行为，即政治参与包含了合法与非法的政治参与行为。[2]

本书认为，政治参与是社会成员直接或间接地以各种方式对与其利益相关的政治活动施加影响的活动，其目的是使自身的利益在公共政策中得到最大的满足。政治参与既包含合法的政治参与行为，也包含非法的政治参与行为。

---

❶ 塞缪尔·亨廷顿，琼·纳尔逊. 难以抉择——发展中国家的政治参与[M]. 汪晓寿，等，译. 北京：华夏出版社，1989：5-7.

❷ 杨光斌. 政治参与[M]. 北京：社会科学文献出版社，2008：55.

第二节　政治参与作为政治教育学范畴的特点

政治参与是民主政治社会公民的重要政治行为，是特定政治系统中公民政治权利得以实现的重要方式，体现着政治关系的本质。民主政治是主权在民的政治，其基本特点在于公民在政治生活中不仅有服从的义务，更有参与的权利，即行使政治权利与履行政治义务是民主政治的本质特征。没有现代政治教育，社会成员不可能获得系统的民主政治理论知识，不可能形成民主政治社会的公民意识，更不可能企图对民主政治政府产生任何影响。政治参与深刻地反映了现代政治教育活动的本质特征、基本内容和基本目标。

（1）政治参与体现了现代政治教育社会实践活动的本质特征。这里提到了一个新的概念，即现代政治教育。政治教育的社会实践活动可以追溯到原始社会时期。但是，从原始社会一直到资本主义社会产生之前，政治教育的主要目的都是将社会成员培养成臣民、顺民、草民、贱民。专制制度下的政治教育宣扬的是皇权文化，其结果往往是造就专制文化下社会成员的双重人格，即对皇权既崇拜又疏远、对政权既逆来顺受又官逼民反的根深蒂固的矛盾人格。专制制度下的政治教育，不可能产生政治参与的概念。相对于专制社会，民主政治体制下的政治教育，即现代政治教育的重要特征是使社会成员成为权利、义务和责任的主体。其中，政治参与作为政治权利的重要体现，成为民主政治社会的重要标志。此外，从一定程度上说，社会成员广泛的政治参与是实现政府（统治者）科学决策的重要手段。因此，政治参与首先体现了现代政治教育与传统的专制制度下政治教育社会实践活动的本质区别。

（2）政治参与深刻地反映了政治教育的基本内容。合法的政治参与是社会成员对民主政治认同的标志之一。社会成员良好的政治参与意识和政治参与技能，主要来源于政治教育发挥的作用。因此，政治参与体现的政治教育的内容有两个方面。

一方面，政治参与意识的培养与形成是政治教育的重要内容。政治参与意识的形成，必须以一定的政治理论知识作为前提条件。“文盲是站在政治之外，必须先教他们识字。”[1]政治教育的首要功能即使社会成员具备一定的政治理论知识，了解国家的民主制度和政治体制。西方资本主义国家的政治教育，则是通过使其社会成员了解认识以议会制度为核心，包括三权分立、政党政治、普选制、法治和监督等主要内容的一套民主政治理论和民主政治制度来增强社会成员的政治参与意识。具体到社会主义中国，则是通过政治教育使社会成员全面掌握和深刻理解马克思主义基本原理及中国特色社会主义理论体系，深刻认识中国共产党领导的多党合作和政治协商制度，以及人民代表大会制度等重要民主政治制度，提高社会成员政治参与意识。可以说，社会成员通过政治教育获得的基本政治理论知识及其对政治制度的认识，是其介入政治过程、自主参与政治活动、自由进行利益表达、切实行使政治权利与履行政治义务的前提和基础。

另一方面，政治参与技能的培养是政治教育的重要内容。政治参与技能的提高包含两个方面：一是政治参与智力技能的提高；二是政治参与行为技能的提高。政治参与智力技能，是指社会成员“能够对特定的政治现象和政治问题进行独立的、批判的思考”[2]，从而掌握的解释分析判断政治相关问题的智力工具和思考方法。从本质上说，政治参与智力技能是政治知识教育的内化扩展，或政治知识、学科方法向能力迁移转化的结果。政治参与智力技能的提高是政治教育社会实践活动的重要内容，是理性、自觉、有效的政治参与的前提条件。政治参与的行为技能，是社会成员知情、有效、负责地在现实政治过程中开展沟通与合作、表达意愿，并对现实政治进行民主监督的能力。在现代民主政治社会，社会成员旨在影响政治组织、公共机构的决策、立法、司法、行政，或对政治过程施加影响的政治参与行为，包括咨询、讨论、协商，请愿、集会、游行、示威、表决、投票，以及跟踪、监视、投诉、诉讼等活动。这些参与行为是否合法、是否符合社会制度规范、是否能够产生有效的影响，与所在社会的政治教育活动密切相关。现代民主政治社会政治教育的重要内容之一，即帮助社会成员提高其政治参与技巧，使其参与行为对政府和政治组织的

---

❶ 中共中央马克思恩格斯列宁斯大林著作编译局. 列宁全集：第55卷[M]. 北京：人民出版社，1995：158.

❷ 傅安洲，阮一帆，彭涛. 德国政治教育研究[M]. 北京：人民出版社，2010：4.

施政行为产生有效影响。

（3）政治参与本身就是现代政治教育的基本目标。在前文中已经述及，政治教育的根本目的在于解决社会成员对政治认同的问题。政治认同不仅是一种政治心理倾向和情感表达，更是一种现实的政治行为，是政治活动实践的结果。“全部社会生活在本质上是实践的。”[1]政治认同在于通过社会成员与政治倾向相关的政治行为，对政治系统发生一定的作用而体现其价值。政治参与是现代民主政治制度下，在社会成员政治认同过程中，由政治心理转变政治行为的直接体现。“行动的一切动力，都一定要通过他的头脑，一定要转变为他的意志的动机，才能使他行动起来。”[2]社会成员政治参与的意识、参与的技能、参与的合法性、有效性，从根本上反映了社会成员对所在社会民主政治的认同。因此，社会成员在制度内的政治参与意识越高、政治参与技能越好，其对现实政治的认同度也会越高，社会越会呈现良好稳定的趋势。从认识论的角度讲，社会成员的政治参与行为有利于进一步强化其对现实政治的认同。认识源于实践，实践深化认识。社会成员通过合法有效的政治参与，影响政府的施政方式及决策效果，表达政治诉求和实现政治意愿，强化对政治的认同。因此，社会成员合法有效的政治参与与其对政治的认同是相辅相成、相互促进的。可以说，政治参与既是政治认同的一种表现形式，也是政治教育的基本目标。

（4）政治参与具有政治教育学“终项”范畴的特征。政治参与是现代民主政治特有的产物。社会成员在一定社会的政治参与能力、水平及广泛性是检验政治教育，甚至是政治体系的最为重要的尺度。同时，政治参与也是人的政治素养形成发展过程中能够最直接体现政治教育效果和政治体系好坏的“最后”标准。尽管政治教育活动和人的政治素质的形成发展始终处于运动过程之中，即政治教育活动不是在人的政治心理发展逻辑过程的终点上就结束，但是，从人的政治素养形成发展过程和现代政治教育的基本目标来看，只有政治参与才能系统地检验统治者开展的以政治认知、政治情感、政治价值观、政治认同为

---

❶ 中共中央马克思恩格斯列宁斯大林著作编译局. 马克思恩格斯选集：第1卷[M]. 北京：人民出版社，1995：56-59.

❷ 中共中央马克思恩格斯列宁斯大林著作编译局. 马克思恩格斯选集：第4卷[M]. 北京：人民出版社，1995：251.

主要政治教育的效果。同时，从科学思维的角度看，对人的政治素养形成发展规律的分析，只有截取某一段相对静止的过程作为研究客体，才能真正获得科学、客观的研究成果。无论是在政治教育的客观实践过程中，还是在逻辑思维过程中，政治参与恰好都是处于这一过程的“终点”，具有鲜明的“终项”范畴特征。政治教育学范畴发展的自然历史线索和逻辑思维线索在政治参与这一范畴处会合，充分体现并再次证明了逻辑与历史相一致的基本原则。

第三节　政治参与作为政治教育学范畴的意义

政治参与作为民主社会的重要活动，在理论体系中是政治学的重要范畴。将政治参与纳入政治教育学中，具有重要的理论及现实意义。

（1）将政治参与纳入政治教育学范畴体系，深刻地体现了政治教育学的“现代”色彩。无论是我国的“政治参与”还是西方的“政治参与”，都可以追溯到古代相关的概念及其思想之中。但是，我国古代的政治参与“基本上是君臣共谋政治决策之一，并非现代意义上的政治参与”。[1]在西方，古希腊政治学中也蕴含了一些政治参与的思想。但是，真正现代意义上的政治参与，是古代政治参与所无法触及的。将政治参与纳入政治教育学的范畴体系，使政治教育学体现了鲜明的“现代”色彩。这种“现代”性表现在以下方面。

第一，政治教育不再是一种纯粹的单方面的强制性活动，而是在充分尊重受教育者主体地位基础上的政治教育活动。

第二，政治参与主体的普通公民的特有指向，充分反映了政治活动和政治教育活动过程中的人本主义倾向。民主政治中的普通公民通过政治参与对现实政治产生影响，政治教育使社会成员参与政治的意识、方式和机制进一步得到优化，政治教育成为人本主义思想形成发展的重要途径。无论这种人本主义思想的性质如何，与专制制度下的政治参与和政治教育相比，都具有非常重要的意义。

---

[1] 王浦劬．政治教育学基础［M］．北京：北京大学出版社，2006：164.

第三，引导社会成员适度有序的政治参与是政治教育的重要内容。社会成员的政治参与度是衡量民主政治的重要标尺。适度有序的公民参与有利于经济的发展、政治的稳定和社会的进步，也是人类政治文明的体现。现代民主政治的发展要求既要提高公民的政治参与水平，又要维护政治体系的稳定，在扩大政治参与中实现政治稳定。政治参与不足和过度都会给政治稳定和发展带来不利影响。因此，政治教育的“现代”性主要体现在对社会成员政治参与度的适当引导。

（2）将政治参与纳入政治教育学范畴体系，有利于进一步增强政治教育在社会成员政治参与中的重要作用。政治教育对社会成员在政治参与中的作用体现在培养参与意识，引导参与方向，提高参与技巧。

第一，培养良好的政治参与意识。良好的参与意识包括两个方面：一是引导社会成员参与政治的积极性。社会成员的政治参与情况，首先受到个人文化水平、经济水平、地理条件及获取信息上的限制。提高社会成员政治参与的积极性，应该提高社会成员政治理论知识水平，创造获取政治相关信息的方便条件，引导社会成员积极参与政治。二是唤醒政治冷漠者的政治参与热情。政治冷漠者往往因为现实政治事件和政治利益受到重大挫折而对政治活动刻意逃避、对政治事件“三缄其口”。培养他们的政治参与意识，重在培养他们对政治的情感，培养他们通过政治参与意识改变政治现状的积极性，唤醒他们参与政治的热情。

第二，引导正确的政治参与方向。政治参与方向的引导也包含两个方面：一是通过政治教育，帮助社会成员树立良好的法制观念，引导其合法、有序地参与政治，以确保政治参与正向功能的最大发挥。[1]二是对失范或者制度外政治参与行为进行纠正，最大限度地减少政治参与负向功能对社会的影响。通过政治参与意识相关教育活动，为某些事件上政治立场对立面的社会成员廓清是非曲直，阐述其中的利害关系，将其政治参与转化为社会政治运作过程中的积极因素，对社会稳定和进步具有重要意义。

---

[1] 段洪涛，黄伟力. 试论政治参与意识教育[J]. 上海交通大学学报：社会科学版，2002（4）：25.

第三，提高有效的政治参与技巧。提高政治参与的能力和技巧，是政治教育的重要内容，其主要包括了两个方面，即提高政治参与智力的技巧和政治参与行为的技巧。

当然，政治参与在政治教育中的作用，不仅仅局限于教育或引导的实践方法上，更重要的是确立政治参与在政治教育中的地位，进而加强政治参与的系统的理论建设。同时，通过政治参与的理论建设，促进政治教育实践与理论的发展，构建符合现代政治色彩的政治教育学科体系。

结束语

新的学科的建立往往是人们对科学研究深入细化的必然结果。同时，新学科建立的过程必然也是一个备受质疑的过程。学科所涉及的研究领域是否具有明确的研究对象，能不能确立规范、科学、符合学科特色的范畴，更是学科建立的基石。正是基于这样的目的和问题，本研究在明确了政治教育学的研究对象的前提下，试图构建政治教育学的另一基石——政治教育学范畴。本书也正是围绕这一目标逐步展开论证的。下面，笔者将对全书进行分析和总结，阐述研究的突破与不足，并对政治教育学未来的发展进行展望。

一、分析与总结

任何理论的研究和探索，其最终的目的并不是形成理论本身，而是在一定的社会和理论现实的基础上，以理论的方式来探索、揭示自然界和人类社会的客观规律。政治教育学范畴及其体系确立和构建的过程，也是一个遵循规律和揭示规律的过程。确立政治教育学范畴的直接目的，在于建立专门的政治教育学。探究政治教育学建立的原因，归根到底是由政治与道德的本质区别及由政治和道德的区别衍生出来的规律上的差异所决定的。这些差异包括政治和道德产生的根源、政治教育和道德教育的理论基础，以及人的政治素养和道德素养形成发展过程等方面的差异。之所以提及道德，是因为无论是在理论体系建构还是在实践活动开展中，国内学术界和教育界一直将政治教育与道德教育作为辩证的统一体置于思想政治教育之中。在一定意义上，建立专门的政治教育学是遵循政治和道德各自规律的深刻体现。

建立一门学科的基本途径之一，就是确立该门学科的范畴。探索、确立学科范畴的过程，实质上是揭示学科内在规律的过程。规律作为事物本质的、内在的、必然的联系，往往隐藏在纷繁复杂的现象之后。因此，对政治教育学范畴的研究与探索，离不开对政治现实、政治教育实践活动的关注。当前，以社会主义民主法治、自由平等、公平正义为主要内容的社会主义政治文明建设，培育“富强、民主、文明、和谐，自由、平等、公正、法治，爱国、敬业、诚信、友善”为主要内容的社会主义核心价值观，以及坚定对中国特色社会主义道路、中国特色社会主义理论和中国特色社会主义制度的自信，成为与政治教育社会实践活动相关的最大的政治现实。同时，培养以政治认知、政治情感、政治价值观、政治认同和政治参与能力为主要内容的社会成员良好的政治素养，成为社会主义政治教育实践活动的核心内容。政治教育学范畴是反映和概括政治教育学社会实践活动领域的各种现象及其特性、关系、方面等本质的基本概念。要确立这些基本概念，就必须客观、系统地分析当前的政治现实及政治教育社会实践活动领域的各种现象和现实。只有透过这些现象和现实，深入分析其中各个因素，总结梳理各种关系，才能最终确立、确定政治教育学范畴及其体系，揭示相应的规律。

范畴本质上是一个哲学概念，具体科学的范畴是该门学科中最重要、最基本的理论单元，范畴的研究属于基础理论研究。理论研究必须符合逻辑思维行程的一般原则。政治教育学范畴的探索，不是简单地在纷繁复杂的现象及数量众多的词汇中，盲目、无序、随意地挑选出某些概念，而是首先必须依据“逻辑起点—逻辑中项—逻辑终点”的基本原则，来框定研究对象所涉及的基本领域、规划逻辑思维行进的路线，这样才能更好地做到全面、客观、科学地探索、抽象并最终确立该门学科的范畴。同时，政治教育学范畴研究逻辑思维行进的总过程，以及在范畴探索过程中概念的归纳、推演等运动的逻辑过程，都必须与政治教育实践活动及人的政治素养形成发展的历史发展过程相一致。这是政治教育学范畴探索的另一个基本原则。政治教育实践活动的历史发展过程包括人的政治认知发展水平、政治素养形成发展的客观实际和对人开展政治教育的规律的客观“历史”状况。对政治教育学范畴研究探索的逻辑思维只有与政治教育实践活动中这三个方面的“历史”实际相一致，确立的政治教育学的范畴才可能是科学和符合客观实际的。

基于范畴的哲学属性对政治教育学范畴的研究，在一定意义上也属于哲学的基础理论研究的范畴。传统哲学往往是以本体论、认识论和方法论为支柱建立起来的学问。其中，本体论研究何物存在及以何种方式存在，认识论研究的是以主体为中心的事物之间的相互关系，方法论则是研究物质变化的规律和基本方式。本体论是哲学的基础部分，本体论的建立既需要认识论的验证，又需要方法论的支持。政治教育学范畴的研究，实质也是或者应该是以本体论、认识论和方法论为基础开展研究的过程。在研究过程中，本书一直试图贯穿本体论、认识论和方法论三位一体的哲学学术理路论和学术思想，并运用这一思想指导政治教育学范畴研究的深入与推进，进而构建政治教育学范畴研究的较为完整的理论构架。具体而言，政治教育学范畴研究中的本体论主要论述了政治文化与政治教育的关系，着重强调了政治文化在政治教育中的基础性作用，包括政治文化为政治教育提供了赖以存在的土壤，政治文化的内在要素、结构及其矛盾蕴含着政治教育基本矛盾，同时政治教育的主要目的在于维持、发展、创造特定的政治文化，政治教育的本质属性、阶级属性及价值取向也是由相应的、特定的政治文化所决定等；认识论包含了对政治教育与道德教育实践活动及理论关系的认知与辨析，对人的政治素养的形成发展和对人进行政治教育规律的认知，以及对拟定的政治教育学范畴及其在范畴体系中逻辑位置的认知和论述；方法论包含了对政治教育学范畴在政治教育学建立中的方法功能的阐述，以及在政治教育实践活动中，能够体现和反映教育方法的范畴的论证和阐述。

正是在科学研究的一般目的的指引下，同时按照哲学和具体科学研究的基本学术思路，本研究初步确立了政治教育学范畴研究的基本理论构架及政治教育学范畴逻辑结构体系。本书的基本理论构架由政治教育学建立的必要性阐述、与政治教育相关的各类关系梳理及政治教育学范畴体系构建三个部分组成。其中，政治教育学范畴体系是以政治文化为基项范畴，以教育主体与教育客体为中心范畴，以政治认知为起点范畴，以政治情感、政治价值观和政治认同为中项范畴，以政治参与为终点范畴确立起的基本逻辑结构为核心内容，这是本研究最重要的组成部分。同时，本书还提出了认知建构、情感培养、认同培育、技能训练、参与引导等介体范畴，丰富了政治教育学范畴体系的结构与内容。

二、突破与不足

对全书进行总结分析，目的在于厘清整个研究的基本脉络。同时，与相关学科的研究内容和研究方法相比，本研究的突破之处和不足之处也是总结的重要内容。

在研究的突破方面，一是理论思辨的方法成为政治教育学范畴研究的最基本、最重要的研究方法。具体体现在两个方面：一方面，是论证逻辑结构范畴与类属概念的对应关系；另一方面，是论证已有的专业术语在逻辑结构中应有的位置。

本研究按照逻辑范畴体系结构的一般原则，结合政治教育学研究领域的特殊矛盾和规律，确立了政治教育学范畴的逻辑结构。这个结构就是以政治教育学基项范畴为基础，以中心范畴为轴心，从逻辑起点经过逻辑中项到逻辑终点的逻辑范畴体系的结构。正是在这种结构的指引下，本研究按照一一对应的方式，确立了政治教育学逻辑范畴所对应的类属概念，即政治教育学的基项范畴对应政治文化，中心范畴对应教育主体与教育客体，起点范畴对应政治认知，中项范畴对应政治情感、政治价值观、政治认同，终点范畴对应政治参与。政治教育学的范畴正是以这种逻辑推导的方式被确立下来。这是思辨的研究方法在政治教育学范畴研究过程中的具体运用。

另外，随着国内政治实践特别是政治教育实践活动的发展，政治教育社会实践和理论领域中的某些概念已经成为政治教育学中重要的专业术语。政治教育学的建立可以说已经具备了一定的实践和理论基础。在一定意义上，探索确立政治教育学范畴的过程，就是将现有重要的专业理论术语按照一定的规则进行思辨、推导、组合的过程。本研究的关键，并不在于探索、推导或最终确定了多少个新的重要概念（或者范畴），而是如何将学界比较公认的政治教育领域已有的专业术语，恰如其分地嵌入政治教育学范畴的逻辑结构对应的位置中去。建立专门政治教育学的第一推动力源于开展政治教育实践的必要性，即政治教育的实践推动着政治教育理论的发展。政治教育实践领域的专业术语，同时也将具有政治教育学学科的鲜明特色。对于这一部分专业术语而言，政治教育学范畴研究的主要目的是确立其在范畴体系结构中的具体位置，揭示其在政治教育实践活动领域所反映的矛盾和规律，赋予其作为范畴的相应内涵。

因此，本研究最大的突破之一，不仅是明确提出了这些范畴，更重要的是将政治文化、教育主体与教育客体、政治认知、政治情感、政治价值观、政治认同、政治参与等范畴，确立在政治教育学的范畴体系结构应有的位置中，而论证确立范畴的过程恰恰就是理论思辨的过程。

二是综合运用了逻辑与历史相一致和历史与逻辑相一致的研究方法。纵观全书，政治教育学范畴研究不仅遵循了逻辑与历史相一致的基本原则，而且巧妙地运用了历史与逻辑相一致的研究方法。逻辑与历史相一致，即历史从哪里开始，逻辑就从哪里开始；历史的起点就是逻辑的起点；历史的进程就是逻辑的进程；历史的结论就是逻辑的结论。逻辑与历史相一致，反映的是物质作为第一性，物质决定意识的马克思主义基本的唯物史观的观点。在政治教育学范畴研究中，遵循逻辑与历史相一致，就是要求对政治教育学学科及其范畴的研究，必须遵循人的政治素养形成发展的自然历史规律和对人进行政治教育的自然历史规律。历史与逻辑相一致，就是对实践及历史的研究与探索，必须在已有的或已被证明的理论逻辑的指导下获得规范和发展。政治教育学范畴研究与探索的过程，就是运用范畴逻辑论探索并确立政治教育学范畴及其结构的过程。政治教育学范畴研究运用逻辑与历史相一致和历史与逻辑相一致的研究方法的过程实质上是马克思主义唯物史观和唯物辩证法的深刻体现。这是政治教育学范畴研究在方法论上的重要创新。

尽管如此，政治教育学范畴研究作为一项基础理论研究，其涉及的广度和深度仍有很大欠缺。这包括政治教育学范畴的逻辑结构能否支撑政治教育学学科的基本骨架，政治教育学逻辑范畴与对应类属概念是否具有一致性，在现有的政治教育学范畴的同一层次上是否确立了所有应该确立的范畴等。当前，国内专门的政治教育实践活动开展得并不广泛，对政治教育实践和理论都处于探索阶段。因此，随着国内政治实践的发展及专门的政治教育实践活动的深入开展，政治教育学范畴的逻辑及其结构都可能且必将得到进一步深化发展。

三、趋势与展望

科学研究的根本目的是揭示规律，并使人在知晓规律的情况下，更好地遵循规律。对政治教育学范畴的探索，归根到底是要通过建立专门的政治教育学，指导人们更好地开展政治教育实践活动，培养符合现代社会要求的、合格的政治人，以促进政治文明和政治实践的发展。从这一意义上看，政治教育学及其范畴的研究将成为国内政治实践发展的必然趋势，在思想政治教育学之下，建立专门的政治教育学是政治教育实践活动发展的必然要求，同时也是培养合格政治人的必然要求。

因此，对政治教育学范畴的研究，必须上升到对政治教育学的研究才具有实践和理论意义。政治教育学的研究应该是在广泛借鉴其他学科和其他国家的研究理论和方法的基础上，运用哲学思辨的方式，在思想政治教育学之下构建起的具有中国特色的政治教育学学科理论体系。具体而言，政治教育学研究在未来的发展必然要呈现多元化的趋势和特征。

一是政治教育学研究涉及的知识领域多元化。政治教育学研究不仅要具备政治学、教育学的相关理论知识，同时还要涉及心理学、社会学、伦理学、管理学、历史学、地理学、文化史等多学科和理论，否则就很难对人的政治素质形成发展的过程作出合理的解释，更不能揭示其中的规律。

二是政治教育学研究方法手段的多元化。政治教育学研究要借鉴和学习思想政治教育学的研究方法和其他传统的研究方法，同时要注重将政治教育学研究与其他社会学科、自然学科相互渗透、相互借鉴，创立政治教育学研究最新的研究方法，实现研究方法和手段的多元化。

三是政治教育学研究领域及其成果的多元化。在政治教育学范畴体系中，从政治认知经政治认同到政治参与的逻辑行程，从一定程度上说明了合格政治人形成的自然历史的一般过程和不同的阶段。因此，政治认知、政治认同、政治参与等概念或者范畴成为政治教育学研究深化、细化后的重要的研究领域和研究对象。同时，对政治教育的过程、规律、地位、作用、价值及其实现研究，对政治教育方法及国别研究等，都是政治教育学学科体系构建的重要组成部分，由此形成的成果将是多元化的。

当然，政治教育学学科的建设是一项系统工程。政治教育学研究的发展及其成果的多元化是一个长期的过程。一方面，政治教育实践活动的开展需要相关部门的高度重视；另一方面，政治教育学学科建设需要吸引更多的高素质的理论工作者参与其中，政治教育的理论和实践研究才能获得长足的发展，学科的建设也才能真正地落到实处。

参考文献

(一) 马列经典著作

[1] 马克思恩格斯选集：第1–4卷［M］. 北京：人民出版社，1995.

[2] 列宁全集：第55卷［M］. 北京：人民出版社，1995.

[3] 列宁选集：第1–4卷［M］. 北京：人民出版社，1995.

[4] 列宁. 哲学笔记［M］. 北京：人民出版社，1960.

[5] 斯大林全集：下卷［M］. 北京：人民出版社，1979.

[6] 毛泽东选集：第1–3卷［M］. 北京：人民出版社，1966.

[7] 毛泽东著作选读［M］. 北京：人民出版社，1986.

[8] 邓小平文选：第1–2卷［M］. 北京：人民出版社，1994.

[9] 邓小平文选：第3卷［M］. 北京：人民出版社，1993.

[10] 刘德华. 马克思主义思想政治教育著作选读［M］. 北京：高等教育出版社，2001.

[11] 毛泽东邓小平江泽民论思想政治工作［M］. 北京：学习出版社，2000.

(二) 国内专著

[1] 张耀灿. 思想政治教育学原理［M］. 武汉：华中师范大学出版社，1988.

[2] 张耀灿，陈万柏. 思想政治教育学概论［M］. 武汉：湖北科学技术出版社，1995.

[3] 张耀灿，陈万柏. 思想政治教育学原理［M］. 北京：高等教育出版社，2001.

[4] 邱伟光，张耀灿. 思想政治教育学原理［M］. 北京：高等教育出版社，1999.

[5] 张耀灿，郑永廷，刘书林，等. 现代思想政治教育学［M］. 北京：人民出版社，2001.

[6] 张耀灿，郑永廷，吴潜涛，等. 现代思想政治教育学［M］. 北京：人民出版社，2006.

[7] 张耀灿. 思想政治教育学前沿［M］. 北京：人民出版社，2006.

[8] 王茂胜. 思想政治教育评价论［M］. 北京：中国社会科学出版社，2006.

［9］郑永廷. 思想政治教育方法论［M］. 北京：高等教育出版社，1999.
［10］郑永廷. 现代思想道德教育理论与方法［M］. 广州：广东高等教育出版社，2000.
［11］徐志远. 现代思想政治教育学基础范畴研究［M］. 武汉：湖北人民出版社，2005.
［12］张耀灿，徐志远. 现代思想政治教育学科论［M］. 武汉：湖北人民出版社，2003.
［13］陈成文，徐志远，严华. 思想政治教育学研究［M］. 长沙：湖南师范大学出版社，1998.
［14］龚海泉. 当代大学德育史论［M］. 武汉：华中师范大学出版社，1997.
［15］陈秉公. 21世纪思想政治教育工作创新理论体系［M］. 长春：吉林教育出版社，2000.
［16］陈秉公. 思想政治教育学原理［M］. 沈阳：辽宁人民出版社，2001.
［17］陈万柏. 思想政治教育载体论［M］. 武汉：湖北人民出版社，2003.
［18］陈万柏，万美容，李东升. 思想政治教育学原理新编［M］. 武汉：华中师范大学出版社，2000.
［19］万福义. 思想政治工作简明读本［M］. 北京：人民出版社，2000.
［20］罗洪铁. 思想政治教育学专题研究［M］. 重庆：西南师范大学出版社，1999.
［21］苏振芳. 思想政治教育学原理［M］. 厦门：厦门大学出版社，2000.
［22］邱伟光，程延文，英烈. 思想政治教育管理学［M］. 成都：四川人民出版社，1992.
［23］陶文楼，邱法宗. 思想政治工作中的哲学问题［M］. 天津：天津大学出版社，1992.
［24］侯树栋. 思想政治工作与马克思主义哲学［M］. 北京：国防大学出版社，1990.
［25］刘书林，陈立思. 青年思想政治教育学原理［M］. 北京：中国青年出版社，1999.
［26］华中师范大学政治教育系. 毛泽东思想与中国社会主义实践［M］. 郑州：河南人民出版社，1991.
［27］仓道来. 思想政治教育学［M］. 北京：北京大学出版社，2004.
［28］王惠岩. 政治学原理［M］. 第二版. 北京：高等教育出版社，2006.
［29］余仰涛. 思想关系学——思想政治工作原理［M］. 武汉：武汉测绘科技大学出版社，2000.
［30］余仰涛. 思想政治工作学研究方法论［M］. 武汉：武汉大学出版社，2006.
［31］罗国杰. 中国传统道德：理论卷［M］. 北京：中国人民大学出版社，1995.
［32］王浦劬. 政治学基础［M］. 第二版. 北京：北京大学出版社，2006.
［33］鲁洁，王逢贤. 德育新论［M］. 南京：江苏教育出版社，1994.
［34］徐志远. 现代思想政治教育学范畴研究［M］. 北京：人民出版社，2009.
［35］北大学哲学系外国哲学史教研室. 古希腊罗马哲学［M］. 北京：商务印书馆，1961.

［36］傅安洲，阮一帆，彭涛. 德国政治教育研究［M］. 北京：人民出版社，2010.
［37］王玄武，骆郁廷. 思想教育、政治教育、道德教育比较研究［M］. 武汉：武汉大学出版社，2002.
［38］高峰. 比较思想政治教育专题研究［M］. 北京：红旗出版社，2005.
［39］王沪宁. 比较政治分析［M］. 上海：上海人民出版社，1987.
［40］俞可平. 政治与政治学［M］. 北京：社会科学文献出版社，2003.
［41］孙其昂. 社会学视野中的思想政治工作［M］. 北京：中国物价出版社，2001.
［42］蒋云根. 政治人的心理世界［M］. 上海：学林出版社，2002.
［43］仇德辉. 价值与发展［M］. 西安：陕西人民教育出版社，1999.
［44］李良栋. 新编政治学原理［M］. 北京：中央党校出版社，2001.
［45］孟樊. 后现代的政治认同［M］. 台北：扬智文化事业股份有限公司，2001.
［46］王乐理. 政治文化导论［M］. 北京：中国人民大学出版社，2000.
［47］吕元礼. 政治文化：传统与现代的会通［M］. 北京：人民出版社，2004.
［48］幺大中、罗炎. 亚里士多德［M］. 沈阳：辽海出版社，1998.
［49］杨寿堪. 亚里士多德范畴学说简论［M］. 福州：福建人民出版社，1983.
［50］袁贵仁. 价值学引论［M］. 北京：北京师范大学出版社，1991.
［51］王沪宁. 当代西方政治学分析［M］. 成都：四川人民出版社，1988.
［52］吕元礼. 政治文化：转型与整合［M］. 南昌：江西人民出版社，1999.
［53］张明澍. 中国“政治人”——中国公民政治素质调查报告［M］. 北京：中国社会科学出版社，1994.
［54］陶东明，陈明明. 当代中国政治参与［M］. 杭州：浙江人民出版社，1998.
［55］雷骥. 现代思想政治教育的人性基础研究［M］. 北京：人民出版社，2008.
［56］彭漪涟. 逻辑范畴论［M］. 上海：华东师范大学出版社，2000.
［57］张爱卿. 放射智慧之光——布鲁纳的认知与教育心理学［M］. 武汉：湖北教育出版社，2000.
［58］林崇德. 认知发展心理学［M］. 杭州：浙江教育出版社，1996.
［59］唐晓嘉. 认知的逻辑分析［M］. 重庆：西南师范大学出版社，2003.
［60］高峰. 美国的政治社会化研究［M］. 北京：首都师范大学出版社，2004.
［61］陈永国. 文化的政治阐释学：后现代语境中的詹姆逊［M］. 北京：中国社会科学出版社，2000.
［62］王卓君. 文化视野中的政治系统——政治文化研究引论［M］. 南京：东南大学出版社，1997.
［63］丛日云. 西方政治文化传统［M］. 南京：东南大学出版社，1997.

（三）国外专著

［1］W.C.丹皮尔. 科学史及其与哲学和宗教的关系［M］. 北京：商务印书馆，1979.
［2］阿・科辛. 马克思列宁主义哲学词典［M］. 北京：东方出版社，1991.
［3］亚里士多德. 范畴篇・解释篇［M］. 北京：商务印书馆，1959.
［4］亚里士多德. 形而上学［M］. 吴寿彭，译. 北京：商务印书馆，1959.
［5］康德. 纯粹理性批判［M］. 上海：三联书店，1957.
［6］黑格尔. 哲学史讲演录：第1卷［M］. 上海：三联书店，1956.
［7］黑格尔. 哲学史讲演录：第2–3卷［M］. 上海：三联书店，1957.
［8］黑格尔. 逻辑学：上卷［M］. 北京：商务印书馆，1966.
［9］黑格尔. 逻辑学：下卷［M］. 北京：商务印书馆，1976.
［10］黑格尔. 小逻辑［M］. 北京：商务印书馆，1980.
［11］海德格尔. 海德格尔选集：下［M］. 上海：三联书店，1996.
［12］塞缪尔・亨廷顿. 文明的冲突与世界秩序的重建［M］. 周琪，等，译. 北京：新华出版社，2002.
［13］加布里埃尔・A. 阿尔蒙德，西德尼・维巴. 公民文化——五国的政治态度和民主［M］. 杭州：浙江人民出版社，1989.
［14］格雷厄姆・沃拉斯. 政治中的人性［M］. 北京：商务印书馆，1995.
［15］威廉・F. 斯通. 政治心理学［M］. 哈尔滨：黑龙江人民出版社，1997.
［16］加布里埃尔・A. 阿尔蒙德，小G・宾厄姆・鲍威尔. 比较政治学：体系、过程和政策［M］. 上海：上海译文出版社，1987.

（四）中文报刊

［1］范树成. 西方国家政治教育与政治社会化理论与实践［J］. 比较教育研究，2003（2）.
［2］宋迎法. 西方政治教育和政治社会化研究概述［J］. 国外社会科学，1995（7）.
［3］丁志刚. 政治价值研究论纲［J］. 政治学研究，2004（3）.
［4］宋迎法. 论政治教育的本质、内容和途径［J］. 江苏社会科学，1997（2）.
［5］孙东方，傅安洲. 论政治文化与政治教育［J］. 学校党建与思想教育，2006（6）.
［6］李平贵. 近十年国内政治教育研究综述［J］. 思想政治工作研究，2007（11）.
［7］孙其昂. 政治教育的内涵及其在思想政治教育中的应有地位［J］. 南京师范大学学报，2001（4）.

[8] 傅安洲，阮一帆. 当代德国政治教育理论体系探析 [J]. 比较教育研究，2007 (5).

[9] 阮一帆，傅安洲. 德国政治教育若干理论问题研究 [J]. 战略与管理，2004 (3).

[10] 高峰. 美国公民教育的基本内涵 [J]. 比较教育研究，2005 (5).

[11] 李鸿义，霍绍周，谢圣明. 亟待建立一门相对独立的思想现象学 [J]. 学校党建与思想教育，1987 (3).

[12] 邱柏生. 浅析我国政治心理学研究的现状 [J]. 复旦学报，1996 (4).

[13] 方旭光. 政治认同：思想政治教育的取向 [J]. 思想理论教育，2006 (1).

[14] 郭春娥. 思想政治教育学范畴层次性探微 [J]. 高等函授学报：哲学社会科学版，1997 (1).

[15] 王荣科. 中国社会传统政治心理探析 [J]. 安徽大学学报：哲学社会科学版，2001 (3).

[16] 黄少成，陈拥军，傅安洲. 论思想政治教育学研究对象的单一性与思想政治教育规律多样性的对立统一 [J]. 学校党建与思想教育，2003 (2).

[17] 余仰涛. 论思想政治工作科学的研究对象——思想关系 [J]. 江汉论坛，1992 (9).

[18] 程竹汝. 论政治认知的两种范式 [J]. 教学与研究，2000 (3).

[19] 李有军. 中国公民政治参与度越来越高 [N]. 人民日报海外版，2006-04-08.

[20] 帕特里克·J. 孔奇. 政治参与概念如何形成定义 [J]. 国外政治学，1989 (4).

[21] 高峰. 美国公民教育的基本内涵 [J]. 比较教育研究，2005 (5).

[22] 张耀灿. 论我国思想政治教育目的的定位——基于马克思主义人学的视角 [J]. 江汉论坛，2008 (1).

[23] 张耀灿. 思想政治教育目的的人学思考 [J]. 广西教育学院学报，2008 (2).

[24] 张耀灿. 我国思想政治教育人学研究述评 [J]. 理论研究，2008 (3).

[25] 张耀灿. 改革开放30年与思想政治教育学科建设 [J]. 思想教育研究，2008 (5).

[26] 傅大友. 高校《思想道德修养》课程建设与改革的思考 [J]. 德育天地，1999 (4).

(五) 博士、硕士学位论文

[1] 方旭光. 政治认同基础理论研究 [D]. 上海：复旦大学，2006.

[2] 冯浩斌. 浅析思想现象是思想政治教育学的研究对象 [D]. 武汉：武汉理工大学，2004.

[3] 马奇柯. 思想政治教育机制论 [D]. 武汉：华中师范大学，2006.

[4] 邵献平. 思想政治教育的中介论 [D]. 武汉：华中师范大学，2007.

[5] 陈华洲. 思想政治教育的资源论 [D]. 武汉：华中师范大学，2007.

[6] 刘烨. 思想政治教育的过程研究 [D]. 武汉：武汉大学，2006.

（六）外文文献

[1] HAACK S. Philosophy of logics [M]. London: Cambridge University Press, 1978.

[2] QUINE W V. From a logical point of view [M]. Boston: Harvard University Press, 1980.

[3] READ S. Thinking about logic [M]. New York: Oxford University Press, 1995.

[4] NORMAN K. Logic and philosophy of language [M]. London: Cambridge University Press, 1988.

[5] KNEALE W, KNEALE M. The development of logic [M]. New York: Oxford University Press, 1984.

[6] VON WRIGHT G H. International institution of philosophy, logic and philosophy [M]. New York: Springer, 1980.

[7] LEAR J. Aristotle and logical theory [M]. London: Cambridge University Press, 1986.

[8] DAVIS J W.Philosophical logic [M]. New York: Springer, 1969.

[9] BROAD C D. Induction, probability and causation: selected papers [M]. Dordrecht: D. Reidel Pub. Co., 1968.

[10] PRZELECKI M. Twenty-five years of logical methodology in Poland [M]. Boston: D. Reidel Pub.Co., 1977.

[11] STENLUND S. Logical theory and semantic analysis: essays dedicated to Stig Kanger on his fiftieth birthday [M]. New York: Springer, 1974.

[12] PRAKKEN H, SARTOR G. Logical models of legal argumentation [M]. Boston: Kluwer Academic Publishers, 1996.

[13] BALLMER T T. Logical grammar: with special consideration of topics in context change [M]. New York: North-Holland Publishers, 1978.

[14] SAINSBURY M. Logical forms: an introduction to philosophical logic [M]. [S. l.]: Wiley-Blackwell, 2000.

[15] HANFLING O. Logical positivism [M]. Oxford: Columbia University Press, 1981.

[16] FREGE G. Logical investigations [M]. New Haven: Yale University Press, 1977.

[17] COGAN J J, PRINT M. Civic education in the Asia-Pacific region: case studies across six societies [M]. London; New York: Routledge, 2002.

[18] COGAN J J, DERRICOTT R. Citizenship for the 21st century: an international perspective on education [M]. London; New York: Routledge, 2000.

[19] KENNEDY K . Citizenship education and the modern state [M]. London; New York: Routledge Falmer , 1997.

[20] YATES M, YOUNISS J E. Roots of civic identity: international perspectives on community service and activism in youth [M]. Cambridge: Cambridge University Press, 2006.

[21] HAHN C L. Becoming political: comparative perspectives on citizenship education [M]. New York: State University of New York Press, 1998.

[22] ICHILOV O. Citizenship and citizenship education in a changing world [M]. London; New York: Routledge Falmer , 1998.

后 记

本书是以我的博士学位论文《政治教育学范畴研究》为主要内容，经过修改整理后完成的著作。

尽管正式开始攻读博士学位是在2008年，但是，实际上从2006年10月，我被安排到中国地质大学学校办公室工作伊始，就在我的博士生导师傅安洲教授指导下，谋划政治教育相关理论的选题，开展了博士论文的相关研究工作。掐指算来，从谋划选题到今天修改整理出版，完成这一著作已历时八年。

学术研究无捷径。在付梓之际再次细览全著，深刻地感受到这一著作不仅凝结了著者在撰写论著过程中的思考、辛劳与汗水，更从著作的选题、构思、框架，乃至学术思路、学术用语的组织、拟定中，都浸润着傅安洲教授缜密的学术思想。在这著作从选题定题、章节推敲、完成初稿、反复修改、不断丰富的过程中，我更深刻地感受到傅安洲教授严谨治学的学术态度，以及瞄准既定方向对学术研究几十年如一日坚持不懈追求的精神品质。还记得他因劳累两次生病住院，期间他还惦记并思考着我的论文结构和内容。犹记得我在广州军区总医院探望陪伴他时，他与我逐一探讨我们拟定的几个政治教育学范畴是否具有科学性和学科专属性。在日常工作中，他每次对论文有一些新的思考总是及时传递给我（由于我是他工作上的联络人，他总能将想法第一时间告知我），这也使我的论文能够及时地得到修改和完善。

正因为这长达七八年的积累、磨炼，《政治教育学范畴研究》的学位论文才能获得“全国高校思想政治教育专业优秀博士学位论文”的荣誉称号。同时，也正是在傅安洲教授可贵的学术态度和精神品质的熏陶下，我才得以对科学研究工作的基本路径及规律略有所获，并明确了今后学术研究的目标与方向。

在本著作的完成过程中，中国地质大学思想政治教育学科的博士生导师张锦高教授、丁振国教授、吴东华教授、李祖超教授、黄德林教授都对我给予了很多的关心、鼓励和指导，马克思主义学院的高翔莲、侯志军、阮一帆、王明华、杜海坤等老师都给予我很多学习和工作上的关心；我的领导和同事们包括万清祥、王林清、李素矿、刘彦博、张建和、陈华荣、魏海勇等老师对我的学业、研究、工作和生活也给予了很多帮助。特别要提及的是，本书能够获得知识产权出版社全额资助并得以顺利出版，其编辑李海波老师付出了辛勤的劳动。同时，还有很多其他的领导、同事、同学也对我的学习和工作给予了帮助和关心。尽管我不能在此一一列出他们的名字，但是，我会记住和珍惜曾经给我帮助的朋友们，在此，我一并谨致诚挚的谢意和崇高的敬意。

生活的精彩在于，在曲折的路途中，总有朋友给你带来希望，助你奔向坦途；生命的意义在于，用心铭记在人生旅途中给你带来温暖的人们，感恩他们；人生的真谛在于，永不言败、永不言迟、勇往直前。我会牢记这些忠言，不断鞭策自己，心怀感激向前迈进，我会尽量帮助在我生活中出现的每一个人。

当然，尽管得到傅安洲教授多年的指导，个人也本着兢兢业业和严肃认真的态度开展学术研究，但是鉴于个人资质、学习积累及学术功底上的欠缺与薄弱，对傅安洲教授缜密思维、严整逻辑下的学术思想的理解经常是心有余而力不足。因此，著作中可能还有很多粗糙错漏之处，希望得到有关专家的批评与指教，以便在今后的研究中予以完善。

黄少成

2014年8月于武汉